# 江西风景独好

—— 旅游文化丛书 ——

朱 虹◎主编

①

# 经典山水

JINGDIAN
SHANSHUI

分卷主编

**曾绍平**

副主编

**田 勇 汪源林**

编 著

曾群洲 钟国华 李春富 任小芳
王 猛 张宗亮 葛 麟 李 波
李小龙 郑静华 郭 航

江西教育出版社
JIANGXI EDUCATION PUBLISHING HOUSE

·南昌·

赣版权登字-02-2023-205

**版权所有 侵权必究**

**图书在版编目（CIP）数据**

经典山水 / 朱虹主编. — 南昌：江西教育出版社，
2024.4

（江西风景独好旅游文化丛书）

ISBN 978-7-5705-3732-7

Ⅰ.①经… Ⅱ.①朱… Ⅲ.①山－介绍－江西②水－
介绍－江西 Ⅳ.①K928.3②K928.4

中国国家版本馆CIP数据核字（2023）第138897号

**经典山水**
JINGDIAN SHANSHUI

朱　虹　主编

江西教育出版社出版
（南昌市学府大道 299 号　邮编：330038）

各地新华书店经销
南昌市印刷十二厂有限公司印刷
720 毫米 ×1000 毫米　16 开本　20.5 印张　280 千字
2024 年 4 月第 1 版　　2024 年 4 月第 1 次印刷

ISBN 978-7-5705-3732-7
**定价：38.00 元**

赣教版图书如有印装质量问题，请向我社调换　电话：0791-86710427
总编室电话：0791-86705643　　编辑部电话：0791-86700573
投稿邮箱：JXJYCBS@163.com　　网址：http://www.jxeph.com

# 总序

## 我们应该如何做旅游？

《江西风景独好旅游文化丛书》修订版序

　　江西的基本省情是"六山一水二分田，一分道路与庄园"。这70%的山水既不能办工厂，也不能种庄稼，旅游业就成为这些地区的特色产业。

　　2012年，为了进一步形成共识，做大做强江西旅游产业，我们组织全省旅游、文化、城建、社科、宗教、方志等方面的领导、专家、学者等，共同编写了十卷本的《江西风景独好旅游文化丛书》。这十本书，从不同侧面全景式展现和诠释了江西优美的自然风光、鲜活的红色印记、厚重的历史文化、浓郁的地方风情，成为各大院校的旅游培训教材，各旅游景区的导游词，报刊编辑查阅、检索江西旅游文化知识的百科全书，各图书馆的必藏书，

以及各地旅游文化爱好者积极购买的畅销书。丛书出版后多次重印，累计印刷20余万册，均已被购买一空，亟待修订再版，以飨读者。

丛书出版后的十余年，是江西旅游事业发生历史性变革的十余年，也是江西旅游高歌猛进的十余年。全省旅游接待总人数由2亿人次增至7.5亿人次，旅游总收入由1400亿元增至6770亿元，国家5A级旅游景区由3家增至14家，国家4A级旅游景区由33家增至212家，旅游企业快速发展，旅游业各项主要指标进入全国第一方阵。山水旅游扬优成势，红色旅游创新发展，乡村旅游转型升级，温泉旅游补足短板，森林旅游异军突起，旅游商品特色鲜明，演艺旅游精彩纷呈，江西迈出了成为旅游强省的铿锵步伐。形势的变化使我们不得不修订丛书并尽快出版，使其对今天江西的文化和旅游业发挥更大作用。

许多同志问，我们究竟应该怎样做旅游？编者有以下个人思考。

1.造景。景区是旅游的核心，也是发展旅游的重要抓手。江西16.69万平方千米的土地上，布满了丰富的旅游资源，但现在景区总量只有近700个，最有名的是"四大名山，一湖清水"，还有相当多的优质景区资源"藏在深山人未知"，或是虽然有一定知名度却并未打造好。我们要再定一个旅游发展目标，从现在开始至2033年，大力消灭旅游空白点，在全省再打造出300个新景区，使江西景区的数量达到1000个。要加强顶层设计，在所有重点景区实现一路（旅游公路）三道（栈道、索道、游步道）六中心（游客中心、智慧旅游中心、接待中心、旅游演艺中心、旅游商品中心、旅游观光中心），设立标准化的标识标牌、停车场、旅游厕所等基本配套设施，并将各个景区串联起来，由点到线，由线到面，建成旅游集群。

2.造势。旅游经济是眼球经济，旅游传播是旅游发展的基础性工作。要在每个市县落实"四个一工程"——一句旅游口号、一本旅游画册、一首旅游歌曲、一部视频短片。实施融媒体运营，策划一系列影响力大、美誉度高的营销推广活动，让"无活动、不旅游"成为旅游人的座右铭，使品牌的知名度和影响力不断攀升。突出国内中心城市、区域中心城市，经略周边重点城市，探索海外城市，不断提升江西旅游整体品牌形象。

3.融合。文化是旅游的灵魂，旅游是文化的载体，只有把诗与远方结合，才能使旅游业迸发出新的活力。我们要大力推进文化和旅游的内容融合、职能融合、资源融合、功能融合、技术融合、人才融合、市场融合发展。讲好群众喜爱的江西故事，做到大事不虚、小事不拘，研究怎样开头、怎样结尾，如何有背景、有人物，有吸引人的情节、打动人的细节，在矛盾斗争中推动故事的发展，使故事鲜活生动、高潮迭起、感人泪下、催人奋进，不仅是让人感动一下子，而且是记住一辈子。再过若干年，景点或可忘，经典永留传。

4.动能。发展旅游必须有强大的发展新动能。旅游业发展之初主要靠政府推动，现在不仅要靠政府，还要靠有文化情怀、实力强大的企业，尤其是民营企业的积极投入。江西省最大的几个新旅游景区，如篁岭、丫山、望仙谷、葛仙山、婺女洲都是靠本省民营企业投资的，现在可以说是生机勃勃、兴旺发达。同时也要看到人民群众是旅游的积极消费者，也是旅游业发展的生力军。如丰城市民间博物馆项目全是靠人民群众提供展品而成的；靖安县中源乡白沙坪村等避暑旅游产业就是当地群众自发创造的，体现出强大的生命力，暑期一房难求，傍晚时乘凉的人们摩肩接踵、势如潮水。

5.扩容。旅游不单是文旅部门的事，必须调动方方面面的积极性才能成功。要大力推进"旅游+"。促进"旅游+网络"，涉旅场所都要实现免费Wi-Fi、通信信号、视频监控和智慧旅游全覆盖。促进"旅游+工业"，要推进一批特色工业和科技旅游示范基地建设，将芯片、陶瓷、飞机、造纸、制酒等生产环节打造成工业旅游产品。促进"旅游+健康"，将生态旅游、森林康养、美容疗养、中医药、硒温泉等打造成健康旅游项目。促进"旅游+体育"，在景区举办国际马拉松、龙舟大赛、高山帐篷节、高山漂流、汽车拉力赛、国际钓鱼赛、国际观鸟节等，丰富人们的休闲旅游体验。促进"旅游+美食"，一道美食往往能吸引一桌游客，如淄博烧烤、江西米粉节就带动成千上万的

游客出行，我们要有更多的办法，将旅游与赣菜结合，与赣南脐橙、寻乌蜜橘、井冈蜜柚、泰和乌鸡等江西的农业土特产相结合，使赣菜成为吸引游客的中国名菜。

6.服务。游客满意度是检验旅游工作的根本标准。要落实《江西省旅游者权益保护条例》，建立健全市县两级旅游购物先行赔付制度，设立旅游赔付基金，使赔付真正落到实处。要实现旅游企业的体制机制改革，加强景区景点的管理，积极做好人才引进和培训工作。继续办好金牌讲解班和旅游领导干部培训班，促进旅游队伍素质的整体提高，使处处都是旅游环境，人人都是旅游形象。

这次《江西风景独好旅游文化丛书》的修订，正是依据以上关于旅游业高质量发展的要求，对初版中存在的瑕疵或不足进行了修订，增加了新的文化旅游信息和数据，展示旅游现代元素和最新研究成果，让内容更全面、更新颖、更具吸引力和可操作性。相信大家读过后会有深切的感受。

我们的愿景是，通过这套丛书帮助更多人了解江西历史文化和当代发展，学习更多的旅游知识，讲好江西故事、传播好江西声音，提高江西文旅的软实力，最终将江西打造成一个开窗见绿、推门见景的"四处可游、四季能游、四通八达、四海来客"的全域旅游目的地。

# 目录

# 概述

　　江西山清水秀，气候宜人，土地肥沃，物产丰富，有着优越的自然生态环境。江西北部的鄱阳湖是世界最大的候鸟栖息地和中国最大的淡水湖。江西东南西三面环山，东有怀玉、武夷等山，南有大庾岭和九连山，西有幕阜、九岭、武功、万洋等山，等等，众多的江河湖泊散布其间；还有丹霞岩溶、飞瀑流泉，独有的地形地貌，孕育了江西独特的自然山水和人文胜迹，为世人呈献多姿多彩的灵动画卷。

　　江西的山雄奇险秀，鬼斧神工。巅峰列座，庐山是首屈一指的中华名山，素有"匡庐奇秀甲天下"的美誉，巍峨挺拔的青峰秀峦、喷雪鸣雷的银泉飞瀑、瞬息万变的云海奇观、中西合璧的园林建筑，尽展文化山水的无穷魅力，是久负盛名的避暑胜地。井冈山是革命圣地，其峰峦叠嶂、峪壑幽深、溪流澄碧、林木荟郁，融自然山水与革命人文为一体，红绿景观交相辉映，朱德称之为"天下第一山"。三清山有着举世无双的花岗岩峰林景观，奇峰怪石、古树名花、流泉飞瀑、云海雾涛并称四绝，又称"江南第一仙峰，天下无双福地"。龙虎山是我国丹霞地貌的典型代表，又是中华道教第一仙境，秀美独特的碧水丹山、历史悠久的悬棺崖墓、源远流长的道教文化，构成了龙虎山"神仙都会"的绝

世奇观。

江西的水浩渺苍茫，百转千回。无数涓涓细流源源不断地流入赣江、抚河、信江、修河、饶河五大江河，最后都汇聚成鄱阳湖再注入长江。候鸟天堂鄱阳湖、人间仙境庐山西海、九天瑶池仙女湖、大地翡翠阳明湖等大小湖泊星罗棋布，湖体气势壮阔，湖面碧波荡漾，湖水质地清澈，风光秀丽旖旎，与周边起伏的山峦遥相映衬，美轮美奂的四季变换，仿佛天地间升腾起妖冶的精灵，舞练于青翠的赣鄱大地。

江西的名楼奇洞依山傍水，引人入胜。时来风送滕王阁、周郎点将烟水亭、郁然孤峙郁孤台、景德官窑龙珠阁，其建筑之精妙，艺术之绝响，让人抚今追昔，浮想联翩。世界稻作起源地之一的神农源、江南第一石窟通天岩、世界岩溶奇观龙宫洞等溶洞摩崖，其历史之悠久，造化之神奇，令人发古幽思，怦然心动。

江西独特的地貌和风景历来受到世人关注。古往今来很多墨客文人寻访过江西山水，留下大量脍炙人口的隽永诗篇、传世佳作。如王勃的"落霞与孤鹜齐飞，秋水共长天一色"、李白的"飞流直下三千尺，疑是银河落九天"、苏轼的"江西山水真吾邦，白沙翠竹石底江"以及"不识庐山真面目，只缘身在此山中"、徐霞客的"千峰嵯峨碧玉簪，五岭堪比武功山。观日景如金在冶，游人履步彩云间"等。李白还这样赞美庐山："予行天下，所览山水甚富，然俊伟诡特，鲜有能过者，真天下之壮观也。"徐霞客足迹遍布江西的名山大川，曾六次叩访上饶山水，把考察中的发现详细地写进游记。美学家王朝闻在他的《审美谈》一书中多次提到江西的龟峰，对其奇峰怪石情有独钟。"中国最美乡村"的发现得益于摄影家陈复礼对婺源民居及所处自然环境的独到审美眼光。毛泽东同志更是激情写下"东方欲晓，莫道君行早。踏遍青山人未老，风景这边独好"，这成为对江西风景的最高礼赞！

子曰："智者乐水，仁者乐山；智者动，仁者静；智者乐，仁者寿。"江西的经典山水，瑰伟绝特，气象万千，滋养护佑着世世代代勤劳淳朴的赣鄱儿女。从游人流连的目光中，我们能时刻感受到山的睿智风韵与水的妩媚灵性。人生苦短，学会欣赏山水之美，生活就充满乐趣。回首浮华皆如梦，寄情山水别样天。生命的高度中，不能跨越的，唯有山水之永恒。

# 第 一 篇
## 层 峦 叠 翠

奇秀甲天下庐山

红色摇篮井冈山

峰林奇观三清山

道教祖庭龙虎山

人间瑰宝龟峰

云中草原武功山

月亮之都明月山

林海瓷源高岭－瑶里

东江之源三百山

瑰石海洋灵山

西山积翠梅岭

冠世绝境云居山

绿色明珠三爪仑

觉者天堂大觉山

其他山岳景区

# 第一章
# 奇秀甲天下庐山

## 第一节 概　况

　　庐山雄踞于江西省北部，位于九江市南部，东西伸张，南北收缩，像片枇杷树叶。其东临高垄，西接赛阳，南濒黄龙山麓，北靠莲花，可谓一山飞峙，斜落而俯视着万里长江，侧濒着千顷阔湖。庐山风景区著名胜迹有：小天池、大天池、花径、白鹿洞、仙人洞、三叠泉、含鄱口、五老峰、香炉峰、龙首崖、庐山温泉等。庐山风景区外围景区包括：浔阳景区、龙宫洞景区、石钟山景区、鞋山景区。庐山风景区被评为世界地质公园、国家级风景名胜区、国家5A级旅游景区。1996年，联合国教科文组织世界遗产委员会第20届会议批准庐山以"世界文化景观"列入《世界遗产名录》。2022年，庐山被列为全国首批"天气气候景观观赏地"。

　　庐山地处我国东部亚热带季风区域，气候状况受到大范围气候状况的制约，具有鲜明的季风气候特点。盛夏时，长江中下游河谷和鄱阳湖盆地一片热浪，而庐山虽处于这片夏热中心，却与"长江火炉"形成鲜明对照。其7月平均气温为22.6℃，比山下九江市区约低7℃，这与大气温度垂直分布规律基本相符，在相同天气状况下，夏日午后最热的时刻，庐山最高气温也只有32℃，气温比九江市约低10℃。故而庐山有"清凉世界"的美誉。

　　庐山的山地气候特色明显，具有夏短冬长、春迟秋早的特点。庐山的夏季比山下晚一个半月，"走走过场"便悄然而去；冬季早早"叩响山门"，提前一个月来临，延后一个月也迟迟不愿离去，几乎比山下长两个月；春季姗姗来迟，三月桃花四月开，明媚的春光常常伴随着云雾，使庐山如女神，犹抱琵琶半遮面；秋季则天高云淡，显现庐山真面目的机会增多，和九江市区相比，庐山秋季的来去都提前一个月左右，秋季的长短差别不明显。

📍 含鄱口

## 第二节　特色景观

　　庐山是世界文化景观，它以自然景观为载体，以积淀数千年的融合中外文化的人文景观为内涵，构成了丰富而独特、在世界上也具有突出价值的美景。

### 一、自然景观

#### 1.具有独特价值的地质、地貌

　　十亿年前，庐山地区是浅海。中生代燕山运动使庐山在两亿年前形成了一座独峙的"地垒式断块山"。庐山地质构造复杂、古老，集中了地壳演化史的主要过程，其前寒武系地层分布较广，出露比较齐全，在地质学上具有很高的研究价值。

　　在第四纪时期，中国青藏高原强烈抬升，大陆东部包括庐山地区处于相对下降地区，但庐山本身又处于东部相对下降地区的局部隆升地区。在庐山地区山体隆升的同时，古赣江却又渐渐下降，形成了鄱阳湖，它与庐山形成的湖光山色，是一种绝妙、独特的壮丽浩大的景观。

　　庐山为研究地质发展史提供了丰富的地质记录，是地质、地理科学研究的理想基地，表现了"科学主题"的国家公园的突出价值。庐山地区有着河流、湖泊、平原、坡地、冰川、山峰、溶洞等类型齐全而奇特的地貌，不仅有着重要的科学价值，而且构成了庐山自然美的永恒魅力。

#### 2.丰富的植物、动物资源

　　庐山山地自然环境的复杂性，提供了保存植物的古老物种和引种新的植物种类的有利环境，因此，庐山有着丰富的植物资源和濒临灭绝的物种。

　　其山麓的鄱阳湖还有世界著名的候鸟保护区，在鄱阳湖区越冬的候鸟多达百万，世界上最大的鹤群在水天之间翩翩起舞，展翅翱翔，形成了鹤飞千点的世界奇观。其丰富的植被给庐山四季的自然美披上了绚丽各异的色彩，也给庐山地表蓄积了丰富的水源。庐山以丰富的植物、动物资源，成为一个良好的生物研究基地。

### 3.绝妙的山水景观

"无限风光在险峰"，是毛泽东对庐山由衷的赞叹。庐山重峦叠嶂、群峰竞秀：大汉阳峰入夜可观千里之外的汉阳灯火；含鄱口有鲸吞鄱阳湖水之势；紫霄峰上接霄汉；铁壁峰崭然斧削；九奇峰角立争雄；双剑峰如芙蓉插天；姊妹峰玉立于冉冉凌云之中；香炉峰则终年云蒸雾绕；龙首崖为一巨大的奇石，凌空突兀，苍松虬立，宛如青龙翘首，仰天长啸。

庐山遍布峡谷岩洞。锦绣谷四季红紫匝地，花团锦簇，谷间断崖危立，雾聚云落，极具风韵；龙宫洞是罕见的地下暗河型岩溶洞穴，岩溶景观千姿百态，奇异瑰丽。

庐山的玉树琼花为中国一绝。严冬初春，寒潮来临，雪凇、雾凇、雨凇、混合凇凝华在满山遍野的苍松翠竹之上，雪霁日出，银光四射，呈现出一片奇异的琉璃世界。

### 4.久负盛名的瀑布、温泉、云雾

庐山的水系发育，呈放射状由山顶向山麓的北、北西、东、东南方向伸展。由于山体的断裂发育和多次抬升，这些水系所流经之处，形成了二十余处形态各有特色的瀑布。

匡庐瀑布天下奇。在庐山瀑布之中，扬名最久的当为开先瀑布。它悬挂在庐山山体朝外的大陡壁上，如素练垂天，玉虹倒挂。大雨初晴，在鄱阳湖上便可眺望它狂奔怒泻的雄姿。李白、孟浩然等诗人都为它留下了不朽的诗篇。以形态之奇、落差之高，当首推三叠泉瀑布。它如百幅冰绡倾注磐石而成三叠，落差约达215米，气势磅礴。瀑水飘者如发，断者如雾，挂者如帘。风飘日映，瀑帘前常出现彩虹和彩球，漂浮滚动，如梦如幻。因而，有"不到三叠泉，不为庐山客"之说。

◎ 小天池

　　庐山的温泉在晋朝就已经很有名气。明朝李时珍将它的医疗价值写进了世界著名的医学巨著《本草纲目》。庐山温泉水温达72℃，是大气降水和地下水，在庐山的古老地层下渗的过程中增温。其下渗深度达3700米，再上升涌出地面。温泉水中含有三十多种微量元素。

　　庐山之奇莫若云。庐山全年雾日可达近两百天，云雾景观有玉带云、云梯云、瀑布云、乱云、云海、朝霞、夕霭、霓虹等。在逆温条件下，云涛千顷，浩荡的云流，翻过高峰，顺坡奔泻而下，如瀑布俯冲谷底，汹涌澎湃。形成了最具特色的庐山瀑布云。云海的形成与系统性的天气变化有关。庐山云海气势沉雄，铺天盖地，瞬息万变，青峰秀峦出没在万顷云涛之上，幻变成大海中的蓬莱仙岛，时隐时现。云海越峰连天宇，蔚为壮观。毛泽东则赞美它为"云横九派浮黄鹤，浪下三吴起白烟"。

## 二、人文景观

　　庐山的文化遗产，历史悠久，内涵丰富，独具特色，体现着中国历史发展的许多重要方面。

## 1.独特的庐山文化

庐山从古至今，几度成为辐射地域广大的文化中心，历史的特定象征让它形成了独特的庐山文化。

（1）中国山水诗的策源地之一。谢灵运是中国第一个大量创作山水诗的作家，热情讴歌庐山的自然美是其诗歌的主要特色。他和陶渊明、慧远等人对中国山水诗的发展起了开创性作用。自晋朝以来，约有一千五百名文学家、哲学家、政治家、艺术家、科学家，留下了四千余首歌颂庐山自然美景的诗歌。其中许多诗歌，是中国文学史上的名作。

（2）繁荣的宗教文化。庐山最早的道教建筑真人坛、最早的佛寺归宗寺均建于4世纪中叶。庐山是佛、道两教开创宗教思想、弘扬教义的重要地区。

唐朝庐山是禅宗的重要佛场，并有净土宗、律宗、临济宗、沩仰宗、曹洞宗等六个佛教派别。唐玄宗时敕建道教"九天使者庙"，在北宋改称为"庐山太平宫"；宋朝有八代皇帝均在庐山太平宫设"宫观使""提举"等官位；明王朝对庐山佛寺尊崇备至，曾敕建了多处寺庙，佛教十分兴旺。

（3）教育和理学的圣地。白鹿洞书院是中国古代四大书院之首。朱熹于此提出的教育思想，在中国教育史上留下了光辉的一页，在世界教育史上也

白鹿洞书院

有重要影响。

由于朱熹的倡导，白鹿洞书院还是儒学主流——理学的圣地。理学影响了宋朝以来七百年的中国历史。它在中国哲学史上也有着重要的地位。

陆九渊、胡居仁、王守仁等历代著名的儒家学者，也在这里培养了大批人才。

（4）杰出的科技文化。庐山的科技文化，在中国科技史上有着重要的地位。庐山温泉，是中国最早的医疗温泉之一。太平宫的旋玑玉衡，是中国古代著名的天文观测仪器。观音桥，以石条凹凸相楔，其结构奇特，是全国重点文物保护单位。鄱阳湖紫阳堤，是中国湖泊最大、最早的港口石堤。李四光的庐山第四纪冰川学说震动了世界地质学界。胡先骕等科学家创建了中国第一个供科学研究的庐山植物园。

（5）历代帝王文化。秦至清朝，有三十余位皇帝对庐山的文化发展有着重要的建树。其中传说登临庐山的有秦始皇、汉武帝、晋安帝、梁元帝、南唐中主李璟。唐玄宗建"九天使者庙"，南唐朝廷建"庐山国学"，明太祖封庐山为"庐岳"并为此建造了御碑亭，明神宗建造了赐经亭，清康熙帝赐名秀峰寺。这些帝王以各种方式弘扬了庐山的儒、佛、道文化。有些帝王还以自己的文学艺术作品歌颂庐山。明成祖则诏令禁山，保护庐山的自然环境。

（6）别墅历史。庐山别墅群始于19世纪下半叶。英国传教士李德立到达现在牯岭镇的地方时，惊讶于这里凉爽的气候和美好的风光，于是向清政府租下这片土地，开发建设成别墅群。在中国工作的外国人纷纷上山购建别墅，庐山开始进入辉煌时期。更令庐山别墅名扬天下的是民国时期，蒋介石夫妇住进"美庐"之后，每年经常到这里避暑，一班国民党官员也随同上山，继而使庐山成为中国有名的"夏都"。

庐山别墅均为欧美建筑风格，依山就势，在幽谷之侧，溪涧之畔，峭岩之旁，俨然别墅博览会。至今仍保留着美、英、法、德、俄、芬兰、荷兰、奥地利、意大利等二十多个国家风格各异的若干别墅。庐山别墅是我国第一

📍 庐山湖畔别墅

大别墅群，与大自然和谐相融是庐山别墅美的主要表现。西方建筑美学思想在庐山别墅中打下了特有的文化烙印。在牯岭镇漫步，小巧的别墅时常映入眼帘，透过历史烟云，那些神秘和幽远的往事，仿佛拂去尘埃，重新鲜活。

### 2.历经千百年的中外文化交流史

在中国的名山中，最早有记录中外学者共同从事学术活动的就是庐山。

北印度罽宾国禅师僧伽提婆和印度禅师佛陀跋陀罗先后应慧远法师之邀来到庐山翻译佛经。慧远本人也为这些佛经译本作序。罽宾禅师佛陀耶舍也曾到庐山住持归宗寺。

南朝慧皎所著的《高僧传》道："外国众僧，咸称汉地有大乘道士，每至烧香礼拜，辄东向稽首，献心庐岳。"慧远的净土学说和竺道生的顿悟学说由庐山发源，是中国佛教哲学思想的重要组成之一，并且影响了中国和东方的

文学艺术发展。唐朝鉴真法师把慧远的净土学说带到了日本，现在日本佛教净土宗仍把庐山东林寺视为祖庭。

1595年至1598年，意大利传教士利玛窦在江西期间，曾多次到庐山白鹿洞书院讲学。他介绍的天文、地理、数学等科学知识，非常受书院师生的欢迎。1804年，英国公使馆参赞巴罗著的英文《中国游记》中详细介绍了庐山的风光、植物和文化。外国人中第一个向世界介绍庐山地方志的是英国基督教大英圣公会驻华负责人伟烈亚力。他于1867年著的英文《中国文献记略》中，着重记叙了宋朝陈舜俞的《庐山记》。

美国女作家、诺贝尔文学奖获得者赛珍珠，自少年至中年常上庐山，在这里，她获得了文学艺术的营养。其父葬于庐山。

# 第三节　人文典故

庐山名人辈出、文化深厚、源远流长，其人文景观博大精深，发源于此的中国古代"山水诗画"、体现理学思想精华的书院文化、震撼中国的近现代政坛风云、风格各异的各国近代别墅建筑、各领风骚的主要宗教的流传之地等都是庐山人文景观典型的代表。

## 一、名字起源

关于庐山名字的起源有三种传说。

第一种传说：早在周初（约公元前11世纪），也有说在周威烈王时期（约公元前4世纪），有一位匡俗先生，在庐山学道求仙。据说，他的事迹为朝廷所获悉。于是，周天子屡次请他出山相助，匡俗屡次回避，潜入深山。后来，匡俗其人无影无踪。有人说他成仙去了，这自然是无稽之谈。后来人们为了美化这件事，把匡俗求仙的地方称为"神仙之庐"。据说庐山这一名称，就是这样出现的。因为"成仙"的人姓匡，所以庐山又称匡山、匡庐。到了宋朝，

📍 *庐山花径之春*

为了避宋太祖赵匡胤"匡"字的讳，而改称康山。

第二种传说：在周武王时期，有一位方辅先生，他同老子李耳一道骑着白色驴子入山炼丹。相传二人都得道成仙，山上只留下一座空庐。人们把这座人去庐存的山，称为庐山。成仙的先生名辅，所以庐山又称为辅山。但是老子与武王并不同时，这同样是神话故事。

第三种传说：仍然是匡俗先生的故事，但与第一种传说相比，其时间较晚，情节也有些不同。说是匡俗的父亲东野王，曾经同吴芮一道，辅佐刘邦平定天下，东野王不幸中途牺牲。朝廷为了表彰他的功勋，封东野王的儿子匡俗于鄡阳（鄡，音xiāo；鄡阳为今都阳县一部分），号越庐君。越庐君匡俗，有兄弟七人，爱好道术，都到鄱阳湖边大山里学道求仙。这座越庐君兄弟们学道求仙的山，被人们称为庐山。

关于庐山别名"牯岭"的由来。

英国传教士李德立鉴于长江沿岸城市每到夏季都是酷热，洋人们忍受不了这种炎热，便开始找寻阴凉避暑之处。他选址时发现地势平坦、林木茂盛

的庐山牯牛岭东谷，即长冲一带，是最理想的地方。几经周折，李德立拿到了长冲一带约4500亩地永久的租约。得到租地的李德立，结合英文Cooling（清凉之意），将其称为"牯岭"。

## 二、民间故事

### 1.白鹿的传说

一千二百多年前的唐朝，正值青春年少的李渤隐居在五老峰东南麓的一个山洞里读书，整整两年都未离开一步。

五老峰巅的一群雪白的神鹿脚踏祥云，日复一日在高空俯视日夜攻读的李渤。他刻苦的精神感动了其中一只白鹿，它飞下云际来到李渤身边，成为其形影不离的伴侣。

黎明，白鹿引颈长鸣唤醒李渤，李渤便离开山洞，迎着朝霞读书；傍晚，山风飕飕，白鹿衔过一件长袍，轻轻给李渤披上御寒；深夜，李渤疲惫地伏案而睡，白鹿只身奔进深山，衔来山参送到书案之上，给李渤食用振作精神。

五老峰

有一次李渤躺在山岩上读书，渐渐掩着书睡熟了。这时，乌云四起，山雨欲来，白鹿当即一声鸣叫，唤来五老峰巅的鹿群，簇拥着李渤为他遮风挡雨。李渤醒来看到为他遮风挡雨的白鹿，不禁热泪盈眶。从此，他们之间的感情更加深厚。

为使李渤专心读书，白鹿还主动承担了"购买"纸墨笔砚的任务。只要李渤将钱与所购物品的清单放在袋子里，挂在鹿角上，它就从洞里出发，抄松林小径，跑到落星湖畔的小镇将李渤要买的东西如数购回。后来，李渤功成名就，当了江州刺史，再来洞中寻找白鹿时，白鹿早已返回天庭了。为了纪念白鹿，李渤就将当年读书的山洞改名为白鹿洞。

### 2.道士的传说

庐山太平宫住着一位姓胡的道士。一天，一个仪表堂堂、穿着讲究、气宇轩昂、风采奕奕，自称"回道人"的道士路过太平宫，宫中却无人理睬他，只有胡道士用一杯茶招待了他。两人边喝茶边谈笑起来。不一会儿，"回道人"用手指指胸口，向胡道士讨酒喝，胡道士当即拿出一壶酒，那"回道人"一口气喝了一百多杯还嫌不够，从清晨一直喝到傍晚也毫无醉意。"回道人"邀请胡道士再到他的住处去喝酒，胡道士看天色已晚，便婉言谢绝了。数年之后，一个衣衫褴褛、蓬头垢面，自称"大宋客"的人来找胡道士。这个"大宋客"肩上扛着两个大酒坛，说是他的行李。他将坛子往地上一倒，地上瞬间尽是黄金、白银。"大宋客"取出其中的一点碎银子，买了酒便与胡道士一起喝起来，一直喝到日头偏西。这时，"大宋客"用刀撮了一些土，倒上剩下的酒，一搅将土和酒拌成了墨汁，房间也变得异香弥漫。胡道士宿醉醒来后，口渴难耐的他看见墨汁便吃，吃了一口，精神一振，老病全消，直到七十多岁时，还颜面如春，好似少年一般，连酒量都不减当年。

### 3.天桥和康王谷的传说

锦绣谷中的天桥，位于"仙人盘"上方。这里两座悬崖拱峙，一石突兀前伸，与对面悬崖几欲连通。相传明太祖朱元璋与陈友谅大战于鄱阳湖时，

芦林湖静秋

一时战败，只好逃往庐山，谁知那陈友谅紧追不舍。朱元璋逃到一座悬崖边，前是绝壁，后有追兵，正无奈间，忽然天上降下一条金龙，化身为桥，朱元璋这才逃过一劫。陈友谅正要追过桥时，却听得一声巨雷轰响，桥炸为两截。陈友谅无法过此深渊，只得眼睁睁看着朱元璋离去。

康王谷之得名，与战国时楚国亡君有关。相传秦灭六国，楚怀王之子楚康王熊绎为秦国大将王翦所追杀，天忽降大雨，追兵前行受阻，楚康王见状也寻得一山谷暂避。逃出生天的楚康王便隐居于此。

### 4.掷笔峰的传说

由于慧远大师在庐山的巨大声望，后人以其为主人公，编纂出一些神话来为当地一些景物取名。传说，慧远大师在东林寺除了开庭讲法，也一直著述不断。他写完《涅槃经》后，奋力将笔朝远处掷去，那笔竟悬空不坠，化为庐山有名的掷笔峰。

### 5.羲之洞的传说

庐山金轮峰下，有道玉帘泉。泉旁有一幢苔藓斑斓的石屋。相传，大书法家王羲之隐居庐山时，就常在被称作羲之洞的石屋里埋头练字，并在洞外山涧里养了一群惹人喜爱的白鹅。王羲之为什么要养鹅呢？因为他觉得"鹅"字很难写，便养了一群白鹅，每日观察白鹅凫水嬉戏的姿态，以求得其精神奥妙，融入自己笔下。后来他的"鹅"字写得简直具有呼之欲出、展翅将飞的神态。

一天，王羲之写字手写酸了，就到石屋外散心，忽然看到山路上有个人驮着一卷草，一边哭一边往山上去。他上前问那人为何事伤心。那人回道："老母病死，无钱买棺木，只得用稻草卷埋，故而心中悲伤。"王羲之听罢，当即回屋写了一个"鹅"字，交给那人说："你拿这个'鹅'字，到当铺去当一百两银子，买一口棺木葬你的老母吧。"那人半信半疑，拿着"鹅"字来到当铺说："老板，这张字，当一百两银子。"老板听了，哈哈大笑说："你想必是穷疯了？一张白纸，一个'鹅'字，饥不能当食，寒不能当衣，要它何用？不收。"旁边的账房先生听了也凑上前去，只见那"鹅"字龙飞凤舞，势欲凌云，认出这是王羲之的真迹，就对老板说："此字非比寻常，乃是右军墨宝，收下了吧。"经过账房先生的劝说，老板才勉强出五十两银子收了下来。收下来后，老板又觉得五十两白花花的银子，买一个"鹅"字，实在划不来！不久后，当铺着了火，浓烟滚滚，烈焰冲天……忽然，火光里飞出了一只白色的鹅，扑扇着两只大翅膀，不一会儿就把火扑灭了。账房先生惊喜地对老板说："如何？得亏买了这个'鹅'字吧？"老板也大声赞道："真宝、真宝！"抬头望向那只鹅时，它早已扇着翅膀飞向天边。老板急忙去追赶。账房先生摇摇头，说："谁叫你当初只肯出一半价钱，如今哪里收得回来！"老板连声叹气，懊悔不已。

传说，那只鹅飞回了玉帘泉，又还原成一个"鹅"字，落在水中的一块石头上。此后，传说每逢农历三月初三、六月初六、九月初九艳阳天气，人们便能看到那"鹅"字，变成一只活生生的白鹅，白毛红掌在碧波中嬉戏畅游。凡到羲之洞来游玩的人，都把寻找这"鹅"字当作一桩赏心乐事呢！

# 第二章
# 红色摇篮井冈山

## 第一节  概  况

井冈山位于江西省西部，地处湘赣两省交界的罗霄山脉万洋山北段。1982年被列为首批国家级风景名胜区，2005年被评为国家5A级旅游景区。

厚重的历史赋予井冈山成为成功的山、英雄的山。大自然殷勤造化，赐它奇峰绵亘、飞瀑流泉。旖旎的风光孕育它灵性的山、奇美的山。井冈山不仅是红色的，更是绿色的。它既有气势磅礴的云海、奇妙独特的飞瀑、瑰丽璀璨的日出、蜚声中外的十里杜鹃长廊，又有名垂史册的朱毛会师广场、享誉全球的黄洋界、灯火照亮九州的茅坪八角楼，以及被载入中华货币史册的第四版百元人民币背面主景的五指峰，更有亚热带次原始森林、稀有的珍贵树种、栖息林海的珍禽异兽。一代文豪郭沫若畅游井冈山后，挥笔写下了"井冈山下后，万岭不思游"的诗句。

井冈山属亚热带季风气候。井冈山的气候特点可归纳为：春季湿润多云雾，夏天凉爽多阵雨，秋季干燥降水少，冬无苦寒雪雨霏。全年皆适宜旅游。

由于井冈山地形复杂，中西部地势高，气温变化大，往往山前山后天气不同，峰顶峪地气候异样，经常出现"同山不同季，十里温差大"的气候特征。

井冈山春秋多云雾，春节前后，大约有一个月的时间，山上大雪纷飞，银装素裹，呈现一派北国风光。

# 第二节 特色景观

井冈山景区是以中国革命摇篮胜迹、峰峦峡谷、飞瀑流云及高山田园为主要特色，集革命教育、生态旅游、考察探险于一体的山岳型国家级风景名胜区。主要有茨坪、龙潭、黄洋界、主峰、笔架山、桐木岭、湘洲、仙口、茅坪、砻市、鹅岭等景区。

### 1.茨坪景区

茨坪是井冈山旅游中心所在地，是一座美丽的公园式山城。其中央是挹翠湖公园，绿荫如盖，湖面如镜，亭台楼阁相映成趣。茨坪是井冈山革命遗址最为集中的地方。毛泽东同志曾率领中国工农革命军到达茨坪，建立第一个农村革命根据地。茨坪是井冈山革命时期党政军最高机关所在地。这里的革命遗址被列为全国重点文物保护单位，并对外开放。其主要景点有革命博物馆、革命旧居旧址群、革命烈士纪念塔、革命烈士陵园、南山公园、挹翠湖公园、兰花坪、五马朝天崖等。

### 2.黄洋界景区

黄洋界——井冈山五大哨口之一，有"一夫当关，万夫莫开"之险。四周崇山峻岭，万峰竞险：南部山冈星罗棋布，古称"万箩倒米"；北部峭壁深渊，长满松竹杜鹃。黄洋界峰雄谷深，气象变化无常。黄洋界的云海，可谓既奇又壮。有时云雾蜂拥而至，又突然跌落深谷，形成汹涌的瀑布云；有时朵朵白云轻轻飘拂，仿佛孤帆远影。毛泽东同志曾赋词曰："过了黄洋界，险处不须看。"景点有黄洋界保卫战旧址、红军挑粮休息处旧址——黄洋界荷树、八面山红军哨口工事旧址、双马石红军哨口工事旧址、雷打石革命旧址、大井革命旧址群、上井红军造币厂旧址、百竹园、荆竹山、领袖峰景区等，景

黄洋界纪念碑

景相扣，层层相叠。

### 3. 龙潭景区

龙潭景区坐落在井冈山北面、黄洋界南麓，距茨坪7千米。龙潭景区五龙潭素有"五潭十八瀑"之称，以瀑布多、落差大、形态优美而著称。碧玉潭、锁龙潭、珍珠潭、击鼓潭和仙女潭等五潭惟妙惟肖，形态各异，秀丽无比。尤其是那仙女潭瀑布，其形似一位仙女在沐浴，堪称绝景。金狮面峰峦奇石，鬼斧神工，金溪三叠瀑更是缥缈奇特，宛如天虹。主要景点有龙潭、金狮面、小井中国工农红军第四军医院旧址、小井红军伤病员殉难处等。

### 4. 主峰景区

主峰景区位于茨坪西南面，主峰又名五指峰，因五座山峰状如握拳的五指而得名。五指峰峰峦由东南至西北走向，绵亘数十千米，气势磅礴，巍峨险峻，杳无人迹，有保护完好的原始森林。五指峰群山巍列，峰岩叠嶂，葱茏峻拔。间藏群湖，湖光山色，美不胜收。当地有一首民谣形容它的险势："高高井冈山，离天三尺三，飞鸟难过去，人走无命还。"

五指峰

### 5.笔架山景区

笔架山景区位于井冈山的西南面,主要由中峰(扬眉峰)、西峰(望指身)、东峰(观岛峰)三大峰组成,远望犹如古代的"山"字形笔架,因而得名。该景区巨峰林立,气势磅礴。奇石怪状,神态各异,古木参天,蔚为壮观。笔架山是井冈山著名的杜鹃山,每当春夏之交,盛开的杜鹃花千姿百态、姹紫嫣红,把整座山装点得如同彩龙玉带。这种杜鹃林带在世界上也极为罕见。沿悬崖绝壁修建的栈道,可以引导游客尽情欣赏笔架山杜鹃林。其主要景点有行洲中国红军标语群遗址、朱砂冲哨口工事旧址、黄坳毛泽东同志旧居和笔架山。

📍笔架山

### 6.茅坪景区

这里群山环抱、环境优美、植被完好,美丽的田园风光与井冈山斗争时期的革命旧址旧居融为一体。主要景点有八角楼毛泽东同志旧居、相赣边界党的第一次代表大会旧址、红四军士兵委员会旧址与陈毅同志旧居、中共前敌委和湘赣边界特委旧址、红军医院旧址、步云山练兵场旧址、中共湘赣边界第二次代表大会会址、红军烈士墓、象山庵等。此外,八角楼旁建有红军村。

### 7.砻市景区

砻市是井冈山革命根据地的中心，是著名的朱毛会师、红四军成立、红四军第二次党代会、成立红四军军官教导队的所在地。两军会师后，井冈山的斗争就进入全盛时期。这里的主要景点有井冈山会师纪念馆、龙江书院、井冈山会师纪念碑、红四军建军广场、古城会议旧址、井冈山革命烈士陵园。

### 8.桐木岭景区

桐木岭位于茨坪北面，是人文与自然景观相结合的景区。这里遍山桐树，春夏桐花盛开，煞是好看。桐木岭景区重峦叠嶂，峡谷幽深，怪石嶙峋，嘉木遍布。罗浮水库山水一体，意境深邃。石燕洞景观迷离，玲珑剔透。主要景点有水库、诗词碑、旗罗坳战斗遗址等。井冈山斗争时期，红军在桐木岭上修筑哨口，为著名的五大哨口之一。桐木岭沟壑纵横，地势险峻，古时修建的石级小道和五里亭点缀其间，其东侧深谷中还有一石槽瀑布，沿盘山公路而行，还可见簇簇鹿角杜鹃。

### 9.鹅岭景区

鹅岭景区位于桐木岭北面，距茨坪30千米，景区内山形秀润如玉，怪石林立，主峰鹅岭终年云雾缭绕，峰峦娟美，名胜古迹遍布山峰，景色迷人。

### 10.湘洲景区

湘洲景区距茨坪东北40千米，有蛤蟆落井、严岭嶂两处自然景观。蛤蟆落井主要以次原始森林、高山峡谷取胜，富有原始森林的野趣。严岭嶂海拔较高，以观云海、看日出和杜鹃林为主。湘洲是我国亚热带动植物区系的摇篮和东亚植物区系的发源地之一，也是珍稀动物的乐园。

### 11.仙口景区

仙口景区位于井冈山的西南面，含长坪瀑布、热水洲温泉和仙口小三峡，即仙口峡、观音峡、温泉峡。

井冈山既有"宝塔山"深邃的历史内涵，又有黄山"三奇四绝"的奇异

风采。辉煌的历史、绮丽的风光、丰富的革命人文景观与优美的自然风光交相辉映、浑然一体，在全国绝无仅有。

# 第三节　人文典故

## 一、名字起源

"井冈山"的名字来源于井冈山主峰山麓的一个叫"井冈山村"的村庄。

相传清朝初年，广东省兴宁县蓝、黄姓两家农户，为躲避战乱和苛捐杂税，到五指峰山下一块小盆地安家落户。因为那里四周群山环立，地势酷似一口井，村旁有一条山溪流过，客籍人把溪叫作"江"，村子就叫"井江山"。又因客籍人口音"江"与"冈"谐音，久而久之，大家就称之为"井冈山"了。

1927年10月，毛泽东率领秋收起义部队上井冈山，创立了中国第一个农村革命根据地。1928年11月，毛泽东代表中共井冈山前敌委起草了一份给中共中央的报告，即《井冈山的斗争》，当中首次正式使用了"井冈山"这一名称。

## 二、民间传说

### 龙潭的传说

相传很久很久以前，东海龙王有个侄子叫青龙，是条为所欲为、生性暴戾的恶龙。他在所管辖的地盘中，不是兴风作浪淹没大片良田，就是整日睡觉半年不降一滴雨。东海龙王时有训斥，但青龙仍然劣性不改。有一天，他擅自离开龙宫，沿着一条小溪溯流而上，在一个溪湾处遇见一条长得异常美丽的雌娃娃鱼。青龙被娃娃鱼的姿色迷住了，便上前温柔地说："一个月亮一个你，两个影子我和你，三生有幸认识你，四个美女不及你，五湖四海寻找你，六神无主迷恋你，七星伴月围绕你，八月十五我等你，九十九句我爱你，十全十美就是你。娃娃鱼小姐不如到我的龙宫去，做我的爱妾，我教你变龙的法术，在龙宫永远享受荣华富贵。"娃娃鱼哪里听过这样的甜言蜜语，连忙答应："贱妾愿为公子效劳终生。"从此，青龙用心向娃娃鱼传授修炼之法。

青龙离开龙宫后，一晃半年没有回去。龙王便命千年金龟四处寻找，责令把他带回龙宫。千年金龟和虾兵蟹将历经千辛万苦，终于在溪边发现了青龙与娃娃鱼的行踪，便强行把青龙带回了龙宫。龙王得知他已将变龙的法术教给了娃娃鱼，不禁大惊失色，心想："要是被玉帝知道，那还了得！"于是命千年金龟拿降龙魔杖去除掉娃娃鱼。娃娃鱼正在潜心修炼变龙时，被千年金龟的降龙魔杖当头一棒，痛得撕心裂肺，随后她发现自己的鱼头已变成龙头，鱼身也变成了乌龙身。这时，千年金龟赶到，大喊一声："大胆孽畜，还不快快现出原形！"娃娃鱼变的乌龙哪里肯依？她张开大嘴朝千年金龟咬去。千年金龟将降龙魔杖再一次猛地挥向龙头，乌龙被震得分裂五截，把周边的石山砸出五个大窟窿。后来，当地百姓将这五潭五瀑统称为"龙潭"。

# 第三章
# 峰林奇观三清山

## 第一节　概　况

　　世界自然遗产、世界地质公园、国家级风景名胜区、国家5A级旅游景区、国家自然遗产、国家地质公园、全国爱国主义教育示范基地和全国文明风景旅游区示范点——三清山，位于江西省上饶市东北部，系天目山的西南分支，与江西的怀玉山同属怀玉山山脉，因玉京、玉华、玉虚三峰峻拔，宛如道教玉清、上清、太清三位尊神列坐山巅而得名。主峰玉京峰，海拔1819.9米。

　　三清山有南清园、万寿园、西海岸、玉京峰、三清宫、西华台、三洞口、石鼓岭、玉灵观和阳光海岸十大景区。景观以"奇中出奇，秀中藏秀"而著称，历来享有"云雾的家乡，松石的画廊""江南第一仙峰"之美誉。

　　三清山地处亚热带，东至海岸直线距离仅340千米，故受海洋性气候影响较大。气候属于亚热带季风气候类型，具有温和多雨、四季分明的特点。同时又由于三清山的地势较高，在其本部即呈现出山地小气候的特点，无盛夏，有严冬，夏季短促，冬季漫长；春季出现时间较晚，秋季降临较早；雾日多，湿度大，春秋雨水亦多，一年中以东北风和西南风频率最高，风力也比山下大。

山区垂直地带性气候明显，从山麓到山顶，具有高山气候变化。相对湿度较大，早晚温差较大。

## 第二节　特色景观

三清山东险、西奇、北秀、南绝。东南部有天门诸峰、巨蟒出山、司春女神等怪石的绝奇；中部不仅有玉京峰、玉虚峰、玉华峰等山峰的雄伟，而且有蓬莱、方丈、瀛洲之秀丽；北部有道教传统源远流长三清福地之清幽；西部有原始森林深沟险壑之神秘。三清山兼具泰山之雄伟、华山之险峻、衡山之烟云、庐山之飞瀑、峨眉之清秀、雁荡之奇胜、黄山之秀丽等各大名山的特色，"揽胜遍五岳，绝景在三清"是其风景优美的最好写照。它在地质地貌、动植物，特别是生物多样性等多方面具有重要的自然保护价值，是镶嵌在华夏大地上一颗不可多得的明珠。

📍 玉京峰

## 一、自然景观

### 1.山岳景观：以"绝"惊世

三清山具有绝妙的山岳景观，在美学上具有重要意义。山岳景观以花岗岩峰林地貌为主，兼有岩溶地貌、峡谷、生物、瀑布和天象等多样性景观，具有形态美、艺术美、朦胧美、色彩美、整体美等特点。独特的大地构造位置和适宜的地理环境，使得三清山花岗岩峰林地貌以雄、险、奇、秀著称于世。花岗岩峰林分布集中，在中心景区28平方千米的范围内，有奇峰四十八座，怪石八十九处，景物、景观三百余处，整个景区具有东险西奇、北秀南绝、中峰巍峨的特点。整个景区由裂隙控制山形地貌、水系、植被，裂隙和节理发育形成了世界罕见的东方女神、巨蟒出山、玉女开怀、猴王观宝、老道拜月、观音赏曲、葛洪献丹、神龙戏松、三龙出海、海狮吞月等绝景奇观，也因此形成三清山层次分明、个性张扬的松林景观。

东方女神

## 2.气象景观：聚"仙"显名

江南气候的多云多雾，使奇峰怪石景观具有仙境般的意境，从而使三清山散发着浓郁的"仙"气，并以"仙"名世。玉京、玉虚、玉华摩天柱地，峻拔巍峨；蓬莱、方丈、瀛洲翠叠丹崖，葱郁流丽；瑶台、玉台、登真台松奇岩怪，空灵清虚；龙潭、玉帘、冰玉洞飞瀑流长，洒脱飘逸；猴王献宝、老子看经、妈祖导航氤氲缥缈，浑然天成。三清山每日随天气变化，尽显风情，其日出晚霞、响云荡雾、神光蜃景和银雪雾凇等时令景观变化万千，异美无比，可谓人间仙境。

一年当中，三清山风光随着季节的变化，展现出各自独特的风光魅力。三清山春光，以妖媚动人见长，枝叶吐绿，春花烂漫；三清山夏凉，峰峦苍翠欲滴，幽谷浓郁覆盖，林间百鸟欢歌，特别是高山杜鹃如云如毯，使三清山披上鲜花盛开的霓裳；三清山秋色，白云碧汉，丹枫似水，草深果黄，各种阔叶树木尽展五彩缤纷的容颜；三清山冬雪，银装素裹，冰晶透彻，玉树上下充满无穷的魅力。

## 3.地质遗迹：以"典型"著称

三清山处在造山运动频繁而剧烈的地带，在地质史上经历了14亿年的地质演化和风化侵蚀，经过三次大海侵和多次地质构造运动，因此断层密布。岩层节理发育，山体不断抬升，又经长期风化侵蚀和重力崩解作用，形成了奇峰耸天，幽谷千仞的山岳绝景奇观，成为大自然鬼斧神工的杰作。

三清山花岗岩峰林地貌类型齐全，峰峦、峰墙、峰丛、峰柱、石芽等奇特的微地貌异常发育，峰林地貌组合典型完美，堪称天下峰林的橱窗，是研究花岗岩峰林形成演化的天然博物馆。它们形成于不同发展阶段，保存完整，是花岗岩峰林地貌形成与演化过程的典型代表。三清山峰林地貌处于幼年晚期至壮年早期，目前仍处在不断发展之中，是正在进行中的重要地质过程，对研究燕山晚期—喜马拉雅期构造运动和峰林形成过程意义重大。

巨蟒出山

### 4.动植物景观：以"珍稀"为贵

三清山的生物多样性独具特色，是尚存的大量古老、特有和珍稀濒危物种的重要栖息地，是亚热带生物多样性保护的关键地区。其分布着世界同纬度现存最完整、最典型、面积适宜的亚热带原生性森林生态系统，尤其是保存了大面积的华东黄杉林和岩生矮曲林，是世界上罕见的森林生态系统，是代表生物演化过程以及人类与自然环境相互关系的突出例证。

三清山动植物较多，其中有不少属珍稀动植物，连片的黄山松成为一道奇观。高山杜鹃、金桂、天女花等名贵花卉，将三清山装扮得格外美丽；高山珍珠黄杨、红豆杉、银杏、罗汉松、水晶兰、野牡丹、百合花、吊兰、紫丁香等珍稀植物和金钱豹、短尾猴、五音鸟、黑麂等许多珍稀动物是都国家重点保护对象。

📍 山舞银蛇

## 二、人文景观

### 1.宗教文化：得"道"弥彰

三清山的兴衰沉浮，始终与道教的兴衰有密切的关系，自古享有"清绝尘器天下无双福地，高凌云汉江南第一仙峰"的盛誉。三清山道教文化始于东晋葛洪"结庐炼丹"，葛洪在三清山拥有特殊地位。据史书记载，东晋升平年间，炼丹术士、著名医学家葛洪与李尚书上三清山结庐炼丹，著书立说，宣扬道教教义，鼓吹"人能成仙"。于是葛洪便成了三清山的开山始祖，三清山道教的第一位传播者。

时至唐朝，方士穿行往返于大江南北，三清山的道教也随之兴盛起来。方士将化缘所得，在葛洪结庐炼丹之处营建了三清山上第一座道教建筑——老子宫观（此观被称为"三清福地"）。宋真宗笃信道教，奉老子为太上老君混元上德皇帝。此时，在三清山一带开始出现成批的道教建筑。方士们为了纪念葛洪开山之功，在山上建起了葛仙观。明朝为三清山道教活动的鼎盛时期。山上的道教建筑也如雨后春笋般大量出现。至明景泰年间，重建三清观，改建三清宫。明朝的宫宇建筑十分独特：前后两进，坐北朝南，以山上花岗岩雕琢干砌而成，石梁石柱，四周配以石墙，内供玉清、上清、太清三位尊神，有石雕石刻神像一百三十尊，摩崖题刻四十五处。

### 2.建筑艺术：集大成者

作为中国建筑艺术的集大成者，三清山道教建筑借鉴和融合了中国传统建筑艺术中的各种艺术形式，建筑群反映了当时三清山的自然环境、生存环境和道教文化的状态。

三清山道教建筑是中国古代文化的重要组成部分，具有独特的民族风格和审美特征，传统文化与自然风光融为一体，体现了人类崇尚自然、"天人合一"、回归自然的精神追求，构成了人与自然和谐共生的最富特色的例证。在三清宫景区的道教景观群中，总体建筑按八卦图布局，以三清宫为太极点，周边有殿、府、坊、泉、池、桥、墓、台、塔等二百三十余处道教建筑，在保持自然原始风貌的基础上，体现天人合一的教义，这使三清宫道教建筑成为艺术的经典之作。其布局方式，以三清宫为中心，东有龙虎殿，象征离；南有演教殿，象征乾；西有涵星池，象征坎；北有三清福地天门，象征坤；东南洼地有九天应元府，象征兑；东北有风雷塔，象征震；西南有金鼓石，象征巽；西北有飞仙台，象征艮。三清山道教建筑艺术越来越多地受到建筑学、道学、风水学等各方面的重视，被人们誉为道教建筑群露天博物馆，成为研究我国道教古建筑设计艺术的重要基地。

# 第三节　人文典故

## 民间故事

### 1.葛洪开山

东晋升平年间，葛洪来到三清山下，看到这三峰奇绝瑰丽，且听说有异光紫云凝聚，故上山拜谒。途中偶遇李尚书，两人相谈甚欢，志趣相投，决定结伴而行。当两人登上峰顶，却见三个白发长须老翁盘坐在巨石之上，俩老翁正在下棋，一老翁在旁观看。葛洪想：这三个老翁个个鹤发童颜，定然是三清天尊了！正想上前拜见，突然，一只猛虎从石后跳出，长啸一声，直扑葛洪和李尚书。葛洪忙闪身石后，李尚书躲避不及，吓瘫在地。葛洪扶起他时，三个老翁已各自骑上四不像、梅花鹿、斑虎，驾起祥云飘然而去了。

葛洪和李尚书朝天拜了八拜，便在玉京峰下结庐定居，筑炉掘井，一面炼丹，一面著书立说，宣扬三清教义。丹炉紫烟，终日不断，求赐丹药的人络绎不绝。自此，葛洪便被尊为三清山开山始祖，三清山之名盛传于世。

后人为纪念葛洪，把葛洪施舍丹丸的地方称为葛仙观。据说，玉京峰下还留有葛洪凿石而成的炼丹八卦炉、李尚书铸铁炉和丹井的遗迹。丹井口圆，直径三尺左右，四周石板铺地，深丈余，水清如镜，终年不涸。当年丹炉紫

烟将上面一块巨石熏成紫色，紫烟石也因此得名。峰顶三位天尊对弈的石上，棋盘清晰可见，后人便称为棋盘石。

**2.琵琶石的传说**

古时，千步门下的山村里住着一个妙龄少女，姑娘姿色出众，聪敏勤劳，还弹得一手好琵琶。姑娘的邻居是一个少年书生，小伙子风度翩翩，才貌超群。两人自幼青梅竹马，情投意合。有情人当成眷属，没料到引出一段辛酸事。那年，书生要进京应试。姑娘问他何时返回？他说："少则三月，多则半年。""若是金榜题名了，你还记得我吗？""记得记得。"书生不迭声地回答，"你我自幼恩恩爱爱，我怎能忘怀于你！"少女脸飞红云，羞涩地说："我早已将此心托付于你，但愿天遂人愿，早早相见。"姑娘将书生送出了村，直送上大路。

书生走后，姑娘每天傍晚都来村口张望，转眼半年了，仍不见书生回乡，一年过去，书生依然杳无音信。一天黄昏，姑娘又来到村口，远远望去，只见一人身背包裹，匆匆而来。她欣喜若狂，飞身迎上前，不料那人慌忙回避，姑娘认出是本家一个常年在外跑生意的亲戚，便失声痛哭起来。那人见姑娘如此伤心，便问缘由。

姑娘便将他与书生的约定告诉了那人。那人说："我虽不曾见他，倒是听说了，依我看，你就不必等他了，他早把你忘了！他进京赶考，中了金榜便被皇亲府招赘为婿。成亲之日，还打马游街呢，好不神气！"姑娘顿时脸色煞白，昏倒在地。自此，她常常独自怀抱琵琶，含泪弹唱："叹世态兮何炎凉，恨情人兮薄如霜；海誓山盟岂可信，痴心偏遇薄情郎。"

一日，姑娘悲愤难耐，一把扯断琴弦，然后踉踉跄跄地走到村口，呆望着山下，仰天叹了口气，抱紧琵琶，纵身向深崖跳去。

正在这时，她感到身后被人一把抓住，劝她道："不可造次！"姑娘回头一看，来人却是一位皓首童颜的仙翁。姑娘绝路逢恩人相救，不由得纳头便拜。当下，姑娘丢弃了琵琶，随仙翁扶摇而去。那琵琶被仙翁点化成一块巨石，立于山上。这就是琵琶石的由来。

### 3.贯休画罗汉的传说

三清山景区的怀玉山，有座法海禅院，据说是开山僧人志初和尚拓建的。志初圆寂后，觉空禅师为了振兴师门，便邀请当时著名画师贯休和尚来画十八罗汉。

贯休早就羡慕三清怀玉诸峰幽雅奇丽、颇具蓬莱意境，接到觉空禅师的邀请，当即欣然允诺，但提出条件，要觉空禅师亲手磨两盆点睛墨，待研磨七七四十九天后，自己方能动手作画。

觉空禅师虽有振兴山门之念，却无含辛茹苦之心。听说贯休要他磨四十九天墨，心中很不情愿，无奈贯休是当时不可多得的画师，且除了贯休，无人能画罗汉，他只好硬着头皮答应下来。他磨磨停停，停停磨磨，度日如年，好不容易熬了四十九天，却只磨了一盆墨。为了应付贯休，觉空取来一盆水，胡乱地磨了几下，加进些早已磨好的浓墨拌了拌，遂成一盆，第二天一早将两盆墨交给了贯休。

贯休不知情，当即提笔作起画来。他画了七天七夜，第七天的夜里，贯休一声呼唤，十八罗汉个个栩栩如生，呼之欲出。贯休心中好不高兴，眯起眼，点点头，将十八尊罗汉画像欣赏、审视一番，甚是满意。"嗯，就差点睛之笔了。"贯休自语一声，提笔蘸饱了点睛之墨，喜滋滋、从容地画起眼睛来。谁料刚画好两尊罗汉的眼睛，一盆墨便用完了，只见一缕清风袭来，画纸摇曳，两位罗汉投足舞袖双双从壁上飘然而下，转瞬间落在地上，接着在禅院里大摇大摆地走动起来。觉空和众僧无不惊诧得目瞪口呆。贯休此时却更加来了兴致，又提笔蘸饱第二盆点睛墨，一口气朝剩下的十六尊罗汉点去。待他画完最后一笔再来看那十六尊罗汉时，十六尊罗汉竟成了十六位有眼无珠的盲人，贯休这才意识到自己受了觉空的骗，直气得随手抄起一根门杠劈头盖脸地朝那十八罗汉扫去。那十八罗汉见贯休将一肚子怒气朝他们发泄，吓得夺路便逃。最先那两位罗汉因得的是足色之墨，已成正器，便奔出院门，驾云飞往信州去

了。剩下那十六位罗汉，虽也已有半仙之体，但因有眼无珠，不能辨路，结群逃到香炉峰西麓，被一块巨石依次绊倒。可怜这些半仙之体，一旦倒地便不能起身。于是你压我我压你，重重叠叠，跌成一堆，日后便成为一座山峰，形同罗汉叠坐，后人据此形态，便叫它罗汉峰。

# 第四章
# 道教祖庭龙虎山

## 第一节  概  况

龙虎山自古以"神仙都所""人间福地"而闻名天下。它是世界自然遗产、世界地质公园、国家级风景名胜区、国家自然文化双遗产地、国家5A级旅游景区、国家地质公园、国家森林公园。

龙虎山位于江西鹰潭贵溪西南，是典型的丹霞地貌景区，拥有仙水岩、正一观、上清宫、马祖岩、应天山、天门山和圣井山七大景区，景区内有九十九峰、二十四岩、一百零八处自然和人文景观、二十多处神井丹池和流泉飞瀑。

龙虎山

本区属亚热带温暖湿润季风气候区，其特点是四季分明、气候温和、光照充足、雨量丰沛、无霜期长，一年四季适于游览。龙虎山南部山高林密，浓密的森林饱含大量的雨水，使深山峡谷中常年都有许多瀑布飞泻而下，景区内一些景点上亦有一些小型瀑布、井泉，增添了大自然的情趣。

## 第二节　特色景观

龙虎山以独具特色的自然景观和人文景观而闻名于世，归纳其风景资源特色为"天师道源、碧水丹山、春秋崖墓、林海古镇"。

### 一、天师道源

东汉永元二年（90年），张道陵在龙虎山传道炼丹，丹成而龙虎现，山因此得名。第四代天师张盛移居龙虎山后，子孙世居不变，形成了代代相传的张天师家族世家，传位六十三代，有一千九百多年。受历代帝王的封诰、扶植，以龙虎宗正一道为中心的龙虎山在中国道教史有着极为重要的地位。

至今保留的上清嗣汉天师府为全国二十一座重点道观之一，是历代天师生活起居之所，历史上赐号为"大真人府"。

大上清宫是天师演教、传道之处，原建有二宫、二十殿、二十四院，被誉为"仙灵都会""百神受职之所"，在龙虎山和周围县市还有正一观遗址和历代天师墓以及众多碑文和道庵遗址。现已重建大上清宫、正一观等重要的天师道建筑。

#### 1.天师府

天师府位于江西省鹰潭市贵溪市上清镇长庆坊，背靠西华山，南朝琵琶峰，门临泸溪河，是中国本土宗教道教重要支派天师道的发源地，为历代张天师讲道、居住的府邸。因为元世祖封第三十六代天师张宗演为"嗣汉天师"而得名嗣汉天师府。

天师府

　　天师府是龙虎山风景区的重要人文景观。传说东汉中叶，张天师在此炼丹，龙虎山因此成为中国道教发祥地，而天师府也就成了道教的第一府第。

　　具有道教祖庭之称的天师府，始建于北宋崇宁四年（1105年），虽历经兵燹，但至今仍保留其历史风貌。天师府建筑工艺群按照八卦形状设计，分头门、仪门、大堂、后堂、私第、书屋、花园、万法宗坛等，历史上有"南国无双地，西江第一家"之誉。天师府选址别具一格，据说当年张天师选址于此颇费心机，其门临泸溪河，背依西华山，左右青山环抱。正是我国古代"前有照、后有靠、青龙白虎两边抱"的宝地。府内香樟成林，古木参天，仙乐缥缈，绿树红墙交相辉映，是道家清修之地。

　　天师府既保留了中国传统的府第规格，又兼有封建衙署的某些特点，在布局上保持了鲜明的道教正一派风格。天师府建筑群融道教宫观与王府建筑于一体，与山东孔府并称为"中国两大府第"，有"北孔南张"（"孔"指孔子）之说。

　　天师府内还有天师殿、灵芝园、后花园、三清殿以及仁靖真人碑等。农

历四月十八日至二十日是龙虎山道教文化节，活动每两年举办一次，会举行
道教法会，此时也是游览龙虎山的最佳时节，游客们可饱览道教之盛况。

### 2.正一观

正一观是天师道的祖庙，后成为正一道祖庭的象征。东汉和帝永元初年
（89年），第一代天师张道陵为寻修道宝地，携弟子王长游淮入鄱阳，溯信江
至云锦山，肇基炼九天神丹，自此在山中修道三十余载。东汉顺帝永建年间，
张道陵赴四川鹤鸣山，创建道教，收徒传教，建立道教基层组织。传说东汉
桓帝永寿二年（156年）九月九日，张道陵同弟子王长、赵升，于云台山上与
夫人雍氏白日飞升，是为道教第一代天师，又称祖天师。

第四代天师张盛自四川回龙虎山"永宣祖教，以传于世"，立祠祀祖，为
祭祀祖天师而建"祖天师庙"。同时，张盛还在这里修复祖天师玄坛及丹灶旧
址，并在此居住下来，直到六十三代天师都在龙虎山传经布道。每年三元节时，
登坛传箓，各地学道者千余人涌向这里。从此，这里宫观林立，道士云集。

正一观自汉末张盛建庙开始，直到1949年前后，经过了多次的修葺重建，
名称也多次更改。现在的正一观，是在原址基础上按宋朝建筑风格新建的，

正一观

并吸收了明、清时期的一些建筑的艺术特点。其占地60余亩，坐东朝西，南北对称，主要建有主门、仪门、钟鼓楼、元坛殿、从祀殿、祖师殿、玉皇殿、丹房以及红门、廊庑等。整个建筑古朴典雅，气势雄伟，仙骨傲然。观外绿树葱茏，龙虎侍卫；观内仙气氤氲，香烟缭绕。正一观历经一千九百余年，自古就有"昼夜长明羽人国，春秋不老药仙宫"的美誉。今天的正一观既是中外道教信徒寻仙访祖、朝圣溯源的祖庭，又是广大游客休闲观光、了解传统文化的好去处。

### 3.大上清宫

大上清宫是历代张天师阐教演法之地，并为弟子授箓传度，历代高道曾在这里修身养性。全盛时期，大上清宫的规模与北京故宫相似。1930年毁于战乱，现在的大上清宫是后来恢复重建的。

**东隐院**　其是大上清宫在战乱中唯一幸存建筑，属二十四院宫东八所道院之一。始建于南宋时期，历经元、明、清时期的多次修缮，原为大上清宫道职法官住所，后经修整，现供奉清朝雍乾年间上清宫提点司娄近垣道士的塑像。东隐院分门屋、正庭、后庭三部分。其建筑风格古朴，院墙外有"善恶分界井"和"神树"等古迹。

**伏魔殿与镇妖井**　其是大上清宫张天师关押妖魔的地方。传说张天师创立五斗米教时，与巫师作斗争，他借助太上老君的法力，同代表着巫教势力的八部鬼帅、六大魔王大战，最后将他们一一降服，关押在镇妖井内。以后每代张天师都在关押妖魔的井盖上贴上封条，盖上法印，以防妖魔逃逸。古典名著《水浒传》第一回记载：宋嘉祐年间，仁宗皇帝派太尉前来龙虎山宣请张天师进京祈禳瘟疫。洪太尉在伏魔殿中误将镇妖井中妖魔放出，使井内三十六天罡星和七十二地煞星成为梁山一百零八将。该殿即是书中描述的原型。进入殿中，即可体会当年惊心动魄的一幕。

**千年古樟与苦槠树**　第四代天师张盛亲手所栽的古樟与槠树，距今已有一千九百余年。相传，一日薄暮，张盛正端坐东隐院歇息，忽然一道黑影随

仙气飘来，且闻其父语："吾祖传道授徒，以道德为基本，可以长盛不衰。"语毕，黑影即消失，张盛因悟道，亲栽此樟和楮树各一棵，称为鸳鸯树，樟寓意"张"，楮寓意"妻子"，意思是期望他的家族根深叶茂，子孙满堂，永远相承。

大上清宫其他重要的景观还有福地门、下马亭、棂星门、钟鼓楼、放生池等。

## 二、碧水丹山

龙虎山景区属于丹霞地貌景观，景观丰富多样、地貌类型齐全，是我国丹霞地貌发育程度最好的地区之一。排衙峰连绵起伏、气势磅礴，象鼻山、仙女岩惟妙惟肖，金枪峰挺拔雄劲。龙虎山的丹山好看，而碧水更秀美，泸溪河像一条绿丝绦一样，将众多丹山串在一起，形成了让人着迷的百里画廊。

### 1.仙人城

仙人城位于上清溪水岩段中游的西岸，为一独立巨峰，其峰四面陡峭，只有西面沿山坡开凿的720级台阶盘旋而上，可至山顶，其山顶为一平地。兜率宫在仙人城山顶，为五起五进、坐西朝东的道教宫观。1998年重建，高约19米，占地约670平方米。建筑彤壁朱扉，重檐丹楹，上盖灰色琉璃瓦，四周为花岗岩护栏，北侧有进殿边门，左右有楹联："入门求通悟其道，登殿步虚升太虚。"正殿供奉老子坐像，该坐像高12.3米，以应老子"道生一，一生二，二生三，三生万物"的哲学思想。该景区还有仙人城景门、仙鼠石、仙风门、仙雨门、仙姑庵等景点。

### 2.仙水岩

**仙女岩** 其又称"仙女配不得"。位于上清溪仙水岩段的下游西岸50米处。为一崖壁裂隙处的下部，高约15米，以其独特的外形组成闻名中外的"天下第一绝景"。

**玉梳石** 其又称"玉梳梳不得"，位于上清溪水岩段下游靠西岸的水中。

为河中横卧的三块带齿的石头，约一人多高，外形酷似梳头用的梳子。

### 3.泸溪河

泸溪河源于福建省光泽县大源宫山，最终汇入信江，进鄱阳湖，流入长江流经上清龙虎山一带的河水，俗称上清溪。泸溪河河水清澈纯净，两岸奇峰怪石甚多，青山密林，犹如仙境。乘船筏揽上清溪之胜，犹如置身于水墨画中。该处成为龙虎山旅游三绝之一。

### 4.九曲洲生态园

九曲洲生态园位于正一观南面，上清溪北岸，距正一观约3千米，占地400余亩，为国家生态农业示范点。这里杨柳依依，翠竹亭亭玉立，果树四季飘香，各种奇花异草竞相开放，自然景观优雅秀丽，

泸溪河

是一个集观光、休闲、科考为一体的生态园。其生态环境如此温馨，据说是九天瑶林的仙花异果成熟后，纷纷飘落于此而形成的。

### 5.薛家寨

薛家寨位于龙虎山之南，泸溪河北岸。据说是南唐司徒上柱国薛忠奉命征讨匪乱时，用于安营扎寨的屯兵之所。这里风光秀丽，地势险要，山高数百米，四面峭石陡壁，要经过几处险要才能攀至山顶，一夫当关万夫莫开。登至山顶却平缓，翠竹、青松中长满各色花草。山间有泉水和溪流，还有许多大小不一的岩洞。上清溪是当时由赣入闽的主要通道，过往船只必经此地，所以薛家寨便成了镇守闽赣通道的关隘要塞。现在山上仍保留了部分城墙、寨门等遗迹。

## 三、春秋战国崖墓

龙虎山春秋战国古越族崖墓群年代久远、规模大、文物多、造型奇特，其历史和文物地位在我国乃至世界都极为重要，是景区内最为独特的人文景观之一。该墓群仍是千古之谜，为景区增添了神秘色彩。

崖墓群主要分布于仙水岩至马祖岩长达5千米的山崖洞穴里。临水悬崖绝壁上布满了各式各样的岩洞，里面有一百多座两千五百多年前春秋战国时期古越人的岩墓悬棺，其葬位高度为20—50米。在大片岩壁上，洞穴星罗棋布，从泸溪河舟中或地面眺望，可隐约望见洞口和钉木桩，或封木板，"藏一棺而暴其半者"多处可见。早年间，因这些洞穴高不可攀，无人入内，其中所藏何物，一直是一个不解之谜。直到20世纪70年代末，江西考古工作者利用吊篮和云梯进洞，才将这个谜解开。考古工作者入洞后，对悬棺葬进行了

升棺表演

清理，出土了大批随葬品，其葬制多为崖洞合葬和群葬。悬棺多用巨木刳割挖空而成。木料多为楠木。随葬品多用仿铜礼器、兵器、陶器、竹木、骨玉和石器等，几乎不用金属器皿。贵溪悬棺是武夷山地区悬棺葬的代表，所处年代为两千多年以前的春秋晚期，是当时生活在彭蠡泽东部水系的干越人的古老葬俗，这种葬俗流行于中国长江以南许多省区，台湾省和一些太平洋岛屿也有悬葬的葬俗，龙虎山很有可能是这种悬葬的起源。这里悬棺数

量多，随葬品丰富，其研究价值之巨大，素为海内外学者瞩目。

龙虎山仙水岩的绝壁之上成片的千古崖墓群，神秘莫测，被称为世界文化史上的一大奇观。墓葬距今二千六百余年，为春秋战国时期古代越人所为，数量之多，位置之险，造型之奇特举世罕见。百米悬崖绝壁之上的洞穴中，古人是用什么办法放置进棺木的？古代越人为何要将先人安放洞穴之中？什么人才能享受此种待遇？这个千古之谜，至今未能破解。

## 四、林海古镇

龙虎山景区南部山区年平均气温为18℃，森林覆盖率达85%。上清国家森林公园中的圣井山、天门山、应天山三大景区，郁郁葱葱，是名副其实的林海。在林海之中，坐落着一座历史文化名镇——上清镇，其道教历史文化底蕴深厚。

天门山位于龙虎山景区上清镇，与嗣汉天师府南北相对，相传为张天师遁化成仙进入天庭之所。此山山势险峻，最高海拔1300多米，沿山而上有棋盘石、龙门石、龙井等景点。景区瀑布成群，形态各异，其中尤以姊妹瀑、青云瀑、浪荡矶称奇。天门山森林茂密、物种繁多，动植物非常丰富，这里有樟、栲、栋、柏等数百种乔木和灌木，以及各种珍贵的中草药和奇花异草，还有熊、猴、野猪、杜鹃等珍禽异兽。

圣井山以峡谷风光为主，深、幽、险为其特色，山水顺壑而下，瀑布跌水成深潭，形态优美。

# 第三节　人文典故

## 一、名字起源

关于龙虎山的名字由来，有两种说法：一是据《龙虎山志》载云："山本名云锦山，第一代天师于此炼九天神丹，丹成而龙虎见，因以山名。"相传

一千九百多年前，道教始祖张道陵乘舟从鄱阳湖飘摇到信江，眼前的碧水丹山令他惊叹，这正是他苦寻多年的理想之地，于是择此处修炼。此后的第三个春秋，张道陵焚薪炼丹而成时忽见丹炉四周，有龙、虎二兽咆哮相绕，龙虎山因此得名。二是据《广信府志·山川篇》，该书谓龙虎山为象山山脉之一支，历台山西行数十里，折而南，分两支，环抱状若龙盘虎踞，故名。

## 二、民间故事

### 1.无蚊村的故事

无蚊村坐落于泸溪河东岸，与仙人城隔河相望，三面环山，一面临水，林木葱茏，冬暖夏凉。村里居住着几十户人家，据说是许逊的后裔。

村子里为什么没有蚊子，至今仍是个谜。有的说是村子周围种了许多樟树、桉树、竹柏，它们的气味有驱蚊功效；有的说是后山石洞内有上万只蝙蝠将蚊子吃光了。不过，当地老百姓始终相信"张天师驱蚊孝母"的神话传说。相传，有一年张天师陪母亲游览仙水岩，夜宿许家村，被蚊子叮得遍身红肿，母亲责怪儿子连小小蚊虫都驱赶不了。张天师便深夜作法，顿时叫蚊子逃出山庄，再也不敢回来。

### 2.龙虎山天师板栗

相传祖天师张道陵在龙虎山炼丹时，栽了许多板栗树，以栗代饭。在其影响下，后代张天师效仿之，在泸溪河两岸，遍植板栗树。天师板栗个大香甜，淀粉丰富，为理想的滋补佳品。

### 3.龙虎山十景的传说

**僧尼峰**　又称"尼姑背和尚走不得"。《龙虎山志》载雌雄石，在仙水岩下，两石如人，抵背而立，也称公母石。仰面朝天的是僧人峰，与之相背的则是尼姑峰。据传，和尚妙正与尼姑慧贞因遇难逃生而出家，两人因经常在山下砍柴、背米而相遇，日久生情，于是决定还俗成亲。但严酷的封建礼教和山规寺约不允许他们做出这种"有辱佛门"之事，寺庙便派人追拿他们。

妙正在奔跑中腿被箭射中，慧贞背起妙正继续逃生，一直跑到泸溪河边，却被河水挡住去路。这时，追兵越来越近，慧贞便背着妙正泅水过河，没走几步双脚便陷入河边的淤泥之中，动弹不得，二人紧紧相依，决定生死与共。太上老君知晓此事后，很是感动，就将他们点化成峰，成为永世相伴的夫妻。

**莲花石**　又称"莲花戴不得"，有一丛石头像莲花绽开。相传白莲仙女违犯天规，私下凡间与平民柳青结为夫妻。玉帝派天兵天将下凡捉拿，她宁死也不愿再回天庭，结果坠地自焚，落入泸溪河中，化成了含风不动的水中白莲。

**仙桃石**　又称"仙桃吃不得"。莲花石旁有一石突起，酷似一只熟透的水蜜桃，相传，它来自王母娘娘的蟠桃会。当时孙悟空在天宫只是一个管马的小官，因没接到邀请而恼羞成怒，于是大闹天宫，随后携带酒席上的仙桃径直朝花果山飞去，飞经龙虎山时，口干舌燥，便从袋中取出一仙桃，不料刚咬一口便打了个喷嚏，仙桃因此跌落下来，化成了现在所见的仙桃石。

**丹勺岩**　又称"丹勺用不得"。我们现在看到的金钟峰，遗壁中凹，上圆下方成扁长形，似瓢勺。传说西汉末年，龙虎山有个冬不衣、夏不浴、浑身长绿毛的"绿毛仙"隐居在碧鲁洞，他每日用此勺炼丹。玉帝为了支持张道陵到龙虎山炼丹传道，将"绿毛仙"召回天庭，而丹勺却留在此处，以供张道陵炼丹之用。据说，张道陵的九龙神丹因丹勺的神力而变得更加灵验。

**云锦山**　又称"云锦披不得"。《龙虎山志》载："云锦石在一观下，仙岩上流，崭然壁立数百余丈，红紫斑斓，照耀溪水，光彩如锦。"传说这是一块披肩布，为七仙女亲手织成，后因玉帝急召仙女回宫，仙女在匆忙之间便将此珍品遗落人间。游遍名山大川的张道陵从鄱阳湖上溯至泸溪河，见云锦山如此壮美，便定居于此，结庐炼丹。

**道堂岩**　又称"道堂坐不得"。道堂即道观，据传此石为一只三脚龟所变，张天师要在石顶上建玄武观，三脚龟不肯，将头一伸，道堂倒塌。天师大怒，拔出宝剑镇住龟头，不准缩回，就成了如今险恶幽深的崖洞。

**神鼓石** 孤峰独秀的钟鼓石，又称"石鼓敲不得"。传说石鼓原是铅山葛仙观的神鼓，有一个游僧不懂观规，连敲十下，惊动了天宫，玉帝降旨封存禁用，神鼓不服，便从鼓架上滚落下来，投奔张天师，来到龙虎山择居。

**试剑石** 又称"剑石试不得"。据传，张天师初到龙虎山炼丹时，土地爷不肯："这是我管辖的地方，岂容他人落脚？如你真的道法通天，且用你的宝剑将此山劈开如何？如能劈开我就依了你，让你落户。"张天师拔出宝剑一剑劈下去，分为两段。《龙虎山志》载曰："试剑石，在仙岩隔峰，祖天师试剑于此，一石中分，截然两断。"那座石山真的就像用宝剑劈开一条缝，故人们称其为"一线天"。

**玉梳石** 横溪枕流的玉梳石，又称"玉梳梳不得"。传说昆仑山上生长了千年的黄杨木精变的御梳，乃天宫稀世之宝，为王母所专用。黄杨木精有意下凡间，故在王母梳头时变成一条大蛇，把王母吓坏了。恐慌之间，王母将御梳抖落下来，于是御梳跌落凡间，化为玉梳。

**仙女岩** 仙女岩又称"仙女配不得"。相传此女名叫迎香，原是天宫何仙姑的侍女，与吕洞宾的书童很是要好，因触犯了天规，被王母打下凡间，并下旨永世不得婚配，交于张天师发落，化为仙女岩。

# 第五章
# 人间瑰宝龟峰

## 第一节　概　况

　　龟峰，也称圭峰，以丹霞地貌著称。其位于方志敏烈士的故乡——江西省弋阳县境内，处于江西五大河流之一信江的中游地域。龟峰，是世界自然遗产、世界地质公园、国家级风景名胜区、国家森林公园、国家5A级旅游景区，它是游圣徐霞客在游记中特别提到的地方，电视剧《西游记》也曾在此取景。

　　龟峰发育于距今1.35亿年的白垩纪晚期，复杂的地壳运动、自然的鬼斧神工和人类先民的生活印迹，给我们留下了这一宝贵的遗产。这里峰奇石巧，象形独秀，奇峦如画，钟灵毓秀，壁立万壑；它集自然精华，纳人文风采，聚天下名山之幽、奇、险、秀为一体；它融五千年历史、宗教、民俗、养生文化于一炉，享有"天下丹霞，醉美龟峰"之美称。

　　走进龟峰，尽享田园风光，深吸天然清氧，亲临摩崖石刻，细品道中真意，明鉴霞客足迹，畅游清水湖畔……宛如走进了一幅壮丽的山水画卷，恍若步入了梦幻缥缈的人间天堂。

　　龟峰风景区位于我国东部亚热带季风气候区，气候温暖，雨量充沛，四季分明，春秋季短，夏冬季长，春季

雨日多，夏日多雷雨，秋天日照长，冬日多霜冻。年均气温为17—18℃，最高气温的7月份平均气温为27.6℃，最低气温的1月份平均为5.6℃；与附近地区相比较，冬季约高2—3℃，夏季约低2—3℃。因此，龟峰地区形成了独特的小气候区。

# 第二节　特色景观

龟峰景区的自然景观以奇峰、怪石、洞府、湖泊景观为胜，人文景观以纪念园景、摩崖题刻、石窟、卧佛为胜，尤以奇峰巧石、石刻洞府独具特色，是一处理想的观光、休闲、度假胜地。

### 1.独步天下的龟山奇峰

龟峰为典型的丹霞地貌，既秀丽，又浑厚，既有秀、皱、透、漏的叠山造石特点，又有雄壮浑厚的巨岩风貌，垂直博大，尤以龟峰景区的特点突出。徐霞客曾评赞曰："盖龟峰峦嶂之奇，雁荡所无。"

神龟迎宾

龟峰峰石不仅形象惟妙惟肖，更因峰林聚生而取胜于同类丹霞。龟峰景区内有奇石无数，且尤以"龟"形为最，素有"无山不龟，无石不龟"之谓。更有多处奇峰、奇石景观构成丹霞地貌中的绝景，如老人峰、三叠龟、双龟迎宾、骆驼峰等。其中，老人峰可从不同位置和角度给游客以不同的观感，尤为奇特的是其头部从特定位置和角度上看，犹如一只"三足鼎立"、悬在空中的鼎镂，它悬而不落，斜而不坠，在国内同类丹霞景观中实为罕见。

📍 老人峰

### 2.天造地设的石窟卧佛

典型代表景点是南岩寺佛窟。南岩寺是名扬江南的千年古刹，其始建于晋朝，唐太和年间由僧人神曜重修，并在石壁上开凿石龛。南岩寺佛窟由洞寺、放生池、牌坊及石雕群四大部分组成。南岩佛窟三面红岩环绕，七洞错落相伴。寺随岩架立，不瓦而栋，不檐而藩。岩下洞穴宽约70米，高约30米，进深约30米，可容千余人。据中央美术学院金维诺教授、中国社会科学院世界宗教研究所丁明夷教授考证，南岩佛窟是国内最大的一座在自然洞窟中开凿的佛教石窟。其洞内现存石龛四十座，摩崖石刻十余处，依岩环列成半圆形，龛内雕塑有释迦牟尼、文殊、普贤、观音大士、十八罗汉等佛雕以及宝塔等造型，体现了我国古代劳动人民高超的石雕技艺。

"山是一尊佛，佛是一座山"。南岩卧佛长416米，高68米，一个足趾比一个成年人的身高还要高，被十世班禅画师尼玛泽仁称为世界上最长的天然山体卧佛。其向世人展示着令人震撼的释迦牟尼的静卧神韵。

## 第三节　人文典故

### 民间故事

#### 1.龟峰与圭峰的传说

相传，这里原是东海，龟是东海的高门大族，只因当年东海龙王与西海龙王大战，很多龟兵龟将战死，后化成"龟"形石，所以这里的许多山峰形似龟，许多峰也因此以龟命名。龟峰就以一有代表性的石像龟而得名。龟寿命很长，且是一种吉祥动物，因此龟峰也就成了传说中的一块人杰地灵的风水宝地。

明朝大理寺少卿李奎（弋阳人），与友同游龟峰，朋友笑说以龟命名太俗气，李奎想另改它名，但又怕县人有怨言，责他改了吉祥的山名而会失了宝地的灵气。他仰视三叠龟峰良久，一再细察，从另一角度看，发现三叠龟峰又如圭璋。圭璋也是人间宝物，何不就以此物重新命名呢，于是改龟峰为圭峰，自明正统年间始流传至今，和"龟峰"并用。

#### 2.二郎峰的传说

位于三叠龟峰东南约2千米处，有一柱状石峰，形若戴盔披甲、十分凶悍的二郎真君。传说，当年二郎真君受玉帝旨意率天兵天将助西海龙王征战东海龙王。东海龙王战败逃遁，二郎真君得胜班师，正欲回天庭缴旨时，发现哮天犬不见了，于是四处寻找，结果误了回天庭的时辰。玉帝责罚他镇守龟峰龙宫南大门，永不得回天庭。从此，二郎真君就留在了龟峰，天长日久，变成一石峰，名谓二郎峰。

#### 3.锁云桥的传说

一条清澈的山间小溪，一路欢歌，从龟峰寺边潺潺地往下流去。小溪流经千年古樟，横跨一座单孔小桥，桥身石砌，坚固而古朴。游人过了此桥便可登龟峰诸峰。

小桥至龟峰寺仅百米之遥。每当寺内来了贵宾朝拜进香或商议要事，方丈除了热情接待外，临行时还亲自送至小桥边，然后告别。一次，龟峰寺里来了一位贵宾，是方丈多年不见的故交，双方相见万分高兴。这位贵客返回时，方丈一送再送，一路道不完的知心话。当两人过了小石桥时，方丈突然惊叫一声"糟了"，霎时变了脸色，痴痴地立在桥头不知进退。原来，龟峰寺有条寺规，本寺僧人送客不得送过小桥，几代僧人均严守此规，谁知如今一寺之主竟犯了寺规。方丈抬头往龟峰寺看去，龟峰寺已被云雾封住，什么也看不清了，而桥这边天空晴朗，无一丝云雾，似乎菩萨挡住他回寺之路。方丈立在桥头连念"阿弥陀佛"。自此，这座小桥便叫"锁云桥"。

### 4.百年道

在陡峭的画壁峰下，水帘洞不远处，有一条山石罅缝，人称百年道。此道长约30米，宽约20—30厘米。夹缝两边尽是狼牙锯齿似的石棱，让人望而生畏。但也有不少游人想冒险穿行一次百年道。结果，多数人担心撕烂衣裤，必受皮肉之苦，只得望之兴叹。可胆大者到底大有人在，他们侧着身，慢慢在百年道中行进，每前进一步，都得付出一点皮肉之苦，最终的胜利属于这些"英雄"们。明知经此道得受皮肉之苦，为何偏有人去登此道呢？原来龟峰流传着一种传说：人若走过百年道，便可活到一百岁。所以这条罅缝就叫百年道。

# 第六章
# 云中草原武功山

## 第一节　概　况

武功山在江西、湖南两省边境，跨江西省萍乡、安福、莲花和湖南省茶陵、安仁等市县，属罗霄山脉的北段。其主峰白鹤峰（金顶）海拔1918米。武功山山势西奇东瑰、北雄南秀，不仅有泰山的雄伟、衡山的清秀、庐山的烟云、雁荡的飞瀑，还具有与黄山媲美的奇峰、怪石、云海、温泉。

武功山自古与庐山、衡山并称为江南三大名山，后被列为世界地质公园、国家级风景名胜区、国家5A级旅游景区、国家森林公园、国家地质公园、国家自然遗产名录。

武功山属亚热带季风湿润气候，具有气候温和、雨量充沛、四季分明、干湿明显、冬夏时间长、春秋时间短、无霜期较长的特点。山区由于海拔高，森林茂密，形成其特有的小气候，气温一般要比平原、丘陵地区低，凉爽宜人。夏季最高温度为23℃，为夏季避暑度假提供了良好的气候条件。

"千匹飞瀑映彩虹，万亩草甸披绿毯"。悬挂于武功山千沟万壑间的匹匹白练，映衬着遍山的醉人绿意，使武功山显出千姿百态的风姿。从地球科学的角度来看，武功山是由断块山构成的构造地貌，花岗岩地貌、流水地貌互相叠加而成的复合地貌景观，使山与水、风与云、动与静形成了完美的结合，因此当云雾袭来时，它是如此的阴柔而秀丽，当阳光普照时，它又是那么雄伟而险峻。

## 第二节　特色景观

　　武功山景区内景观类型丰富、地质资源独特、人文内涵深邃，具有重要的科学价值和美学价值。整个景区"蕴钟灵毓秀于眉宇，藏天下奇珍于胸中"，有峰、洞、瀑、石、云、松、寺等齐备的特色风光。春赏如茵草甸，烂漫山花；夏观如烟云海，清泉飞瀑；秋望如同日出，漫山红叶；冬览如诗雪景，奇绝雪松。景区更有千年桂花树、巨型活体灵芝等丰富的珍稀动植物资源和神秘的佛、道、儒三教文化，流光溢彩，人文荟萃。

### 一、自然景观

#### 1.高山草甸，奇绝神州

　　高山草甸是武功山的标志，生态乐土的象征。其海拔之高，面积之广在世界同纬度名山中都是绝无仅有的。10万亩草甸绵延于海拔1600多米之上的高山之巅，穿云入雾，春夏绿油油，秋季金灿灿，冬天白皑皑，游人无需远

云中草原

赴边陲，便可领略北国风光，实属世间罕见。这里奇山伴草甸，堪称天下一绝，被誉为"云中草原，养生仙境，户外天堂"。

### 2.云海日出，天象称奇

武功山气候温和，雨量充沛，空气湿度大，云多雾重，常常是山下天晴气暖，山上却云雾缭绕。武功山云海非烟非雾，气势恢宏，波澜壮阔，如诗如幻，瞬息之间，弘漫四合，其白如雪，其软如棉，其光如银，其阔如海；薄如絮，厚如毡，动如烟，静如练；候而青红，滔滔滚滚，蓊蓊蓬蓬；皎若凝脂，皓如堆絮，丽日映照，晶莹化水，青峰秀峦出没在万顷银涛之上，幻变成大海中的孤岛，时隐时现。若想在高山金顶草甸观日出，最好的观赏时节是每年9月。此时，金顶没有遮挡之物，放眼望去，云雾似大海波涛涌动；旭日东升，阳光穿云透雾，红光万丈，像是冶炉中翻滚的铁水。在金顶这独特的境域里观赏日出、云海、草甸等胜景，给人以高旷、豁达、飘逸、隽永的美妙感受。武功山日出，冉冉上升之间，万顷红波，奔腾澎湃，犹如草甸在烧，天空在烧，有种普照众生的意蕴。武功山日落，远去的夕阳显得凄美绝艳，给人

神奇武功山

以厚重与飘逸之美。清风乍起，白云四合，蓝天、澄湖、崖壑、奇松、寺观又统统淹没在云霭雨雾之中，让人回味无穷。初春和深秋季节的武功金顶，当天气晴朗，且伴有滔滔云海时，当太阳、人和投射在云层的身影处在同一条直线上时，一圈圈彩色光环相套，旖旎闪动，魅力无穷，形成"人动影亦动，人影在环中"的绝佳景色。

### 3.奇岩怪石，世所罕见

在武功山这片得日月之精华、集天地之灵气的山林中，荟萃着数十座千姿百态的奇岩怪石。州字岩、万花岩、万松岩、千丈岩、白仙岩、观音岩、簸水岩、乌龙岩……每一处岩石都是鬼斧神工、谐趣天成，其中乌龙岩的绝壁高达100多米、绵延1000多米，堪称奇景甲天下。发云界石林的石笋、棋盘石、品字石、风动石、飞来石、鳄鱼石、撑腰石、挂榜石、试剑石、卧虎石、吊马桩等几十处组合成一幅妙趣横生的怪石百态图，每一块石头都能让人产生联想，仿佛每一块石头都有一个久远的掌故。羊狮幕的石林，可与黄山媲美，有"小黄山"之称，其中穿云石笋从深谷拔地而起直插云霄，高达

武功山绝壁栈道

190米，实为世间绝景。武功山的天然岩洞有十多处，如储云洞、珍珠仙洞、八仙洞、千福洞、风火洞等，若论奇特要数风火洞，它是由相距仅3米的上下两洞组成，下洞清风徐来，而上洞则热气熏人，这种"一半是清凉，一半是火焰"的神奇令人叹为观止。唐朝诗人袁皓有诗云："一洞二仙共炼真，功成九转各神通。巽离卦判占风头，冷气刺骨热逼人。"

### 4.潭深瀑美，美不胜收

武功山内，分布有大小水潭、瀑布等景观近一百处，著名的有龙王潭、白龙潭、乌龙潭、仙池、小漓江、潭口瀑布、云口瀑布、白水滩瀑、天心瀑、母子瀑、黄龙瀑、黄龙喷雾、双瀑联珠、三叠泉等，而最负盛名的就是天心瀑，峰顶荒秃、悬崖峭立，山腰林木茂盛，有水直泻，犹如从天而降，形似白练，烟雾缭绕，声如沉雷，气势磅礴。此外，林立的峻峰绝壁还形成了十多处峡谷，水借山势，山因水转，山水共映，每一处皆可入名家之笔墨丹青，尤其是深江峡谷中乌龙潭上空的天然藤桥——古藤飞渡，惊险奇绝，让人叹为观止。

### 5.生态优良，动植物王国

武功山生态优良主要体现在它至今仍保留着广袤的原始森林，丰富的动植物资源，以及完整、平衡的生态系统。据初步统计，武功山有植物两千多种，动物两百多种，被誉为"天然动植物王国"。其中有很多品种属于国家级的珍稀动植物，有"活化石植物"之称的银杏在这里成片生长，最大的一株高约24.5米，直径约3.63米；千年桂花树、铁杉群、红豆杉群以及1万余亩连片成林的台湾松等在全国可谓绝无仅有；武功山巨型活体灵芝更是世界罕见，灵芝峰景区也因生长着活体灵芝而得名；有国家一类保护动物中国小鲵、黄腹角雉、白颈长尾雉、云豹等，国家二类保护动物金猫、大灵猫、小灵猫、穿山甲等，短尾猴、水鹿、中国大鲵、白鹇等珍稀动物亦常现山中。这些共同构成了武功山的特色生物群落景观。

灵芝峰

## 二、人文景观

### 1.千古祭坛，天下无双

白鹤峰上分布的四组古代祭坛，古朴神秘，距今已经有一千七百多年的历史，被誉为"华夏一绝"。缺少文字记载的古代祭坛，更增加了一丝神秘感。武功山古代祭坛比皇帝祭天的泰山之顶还高，其祭天的主题是追求天人合一。古人在这里祭天，是他们认为这里离天最近，可以避开人世的干扰，虔诚地向上天表达祈福纳祥的愿望。

经考证，这四组古代祭坛原是道教丛林，有葛仙坛、冲应坛、汪仙坛、求嗣坛等。武功山供奉的道教祖师为葛玄、葛洪、陶弘景、张道陵、许逊等。葛洪把道教和"炼丹术"相结合，道观因此成为原始化学的发祥地，金顶就有葛洪炼丹池。东晋时在南方传播的道教称为丹鼎派，即以葛洪、陶弘景为首。葛洪所著《抱朴子》一书有很多科学记载，在科学史上意义重大。

### 2.道佛合流，帝王褒崇

武功山终年草木摇翠，云雾缭绕，山顶四时泉水潺潺，是信徒们认为离天最近的洞天福地，是脱尘离俗的理想修炼场所。至明朝，武功山香火旺盛达到鼎盛时期。山南、山北建起宫、观、寺、庙、庵、堂近百座，出家僧道数千人，形成了众多道教、佛教丛林，为当时湘赣著名道教、佛教圣地。

武功山之所以声名远播，不仅有宗教因素，还在于帝王褒崇推动。南朝陈武帝陈霸先因武氏真人助他成就帝业，遂改封武公山为"武功山"。北宋崇宁三年（1104年），徽宗因武功山葛公真人"美利在民"，颁发敕谕，封其为"冲应真人"。南宋淳祐六年（1246年），理宗因武功山葛公真人祈祷应响，岁时屡丰，又封其为冲应孚佑真君。明嘉靖六年（1527年），世宗因母后患疮疾，虽诸法治疗，却未痊愈，因命正一嗣教天师张彦頨、知事郭宗远、齐捧真香，诣玉山（武功山）朝谒，保母疾早安，寿年延永。一座武功山竟得到四位皇帝的赐封、朝谒，其影响不可谓不深远，也难怪四方香客如织拜谒，山中喧若闹市。

## 第三节　人文典故

### 一、名字起源

武功山原名泸潇山，得名于境内的泸水、潇水两条河流。早在晋朝，泸潇山就小有名气。相传，晋时有对四川的武氏夫妇，经长途跋涉来到这里，丈夫见此处山清水秀，于是停下来潜心修炼，他的妻子则继续南行，来到今吉安市泰和县的武冈山修炼。因此，人们便把武公修炼之山更名为"武公山"，武氏修炼的武冈山改名为"武姥山"。南北朝时期，士绅割据，民不聊生，我国南方先后出现了宋、齐、梁、陈四个朝代。梁朝末年，发生了历史上著名的侯景之乱，叛军一路烧杀抢掠，很快攻至金陵附近，梁帝惊慌失措，严令各地军队前来救援。这时，一个名叫陈霸先的将军起兵勤王，其手下的大将欧阳将军在长沙起兵响应。当他率军途经武功山时，遭到叛军围困。正当欧阳将军无计可施时，当晚，他梦见武公授予锦囊妙计，教他破敌之策。第二天，欧阳将军依计而行，果然打得叛军落荒而逃。后来，陈霸先取代梁帝自立为君，建立陈朝，也就是历史上有名的陈武帝。论功行赏时，欧阳将军奏明了武公梦授破敌之策的经过。武帝听了十分高兴，于是将"武公山"改名为"武功山"，这个名称一直沿用至今。

### 二、民间故事

#### 1.汪仙坛的来历

明朝吉安知府汪可受，为官清正，对风水道经颇有研究。吉水地方人才甚多，有"一门三进士，隔江两宰相、五里三状元"的美称。为了探索其奥秘，汪可受便前往吉水某进士家登门拜访。没想到这位进士目空一切，闭门

不见，并命家奴从狗洞内向外扔出一只道靴。汪可受受辱难忍，便走访吉水城东南西北四门，并发现东门城口有一处"水滴铜鼓形"，到晚上子时，水滴铜鼓会发出"铛铛"之声。汪可受不解其故，回府后便查阅道法经文和山水地理经典，发现此乃吉水文人辈出的关键所在。

为报受辱之仇，汪可受将狗血泼在"水滴铜鼓形"，并念咒封杀，从此吉水这一地方文运慢慢衰败。

后来汪可受看破红尘，便挂印弃官，奔武功山修道。汪可受来到武功山后，在螺眼形建湖仙古坛，在豹水瀑布上建有一亭，亲书二匾，一为"福星亭"，一为"福野须之"。他在武功老坛边，不论寒冬酷暑，日夜诵读经文，皇天不负有心人，终将道法学成。武功山神被汪可受的举动所感动，便托梦给白鹤峰住持，修建一坛，并封汪公为坛主，此是汪仙坛之由来。

### 2.白鹤寺有钟无鼓

白鹤寺是武功山的主寺，坐落在白鹤峰。这座寺规模很大，建筑也很考究，连屋瓦都是生铁铸的。岁岁年年，凡上武功山者，必然要去白鹤寺参观朝拜一番。尽管白鹤寺历史悠久，名气很大，但它有个缺陷：有钟无鼓。这是什么原因呢？

相传，清朝乾隆年间，吉安府庐陵县有个中年妇女，随着一群善男信女来白鹤寺烧香。当她来到寺前，大约还有三丈的地方，突然觉得自己的双足好似吊了秤砣，怎么也迈不开步子去爬最后几级台阶。后来，大伙都进寺庙了，她还在下面干着急。她想："我虽然年轻丧夫，寡妇带儿，但一直贞洁正派，并无半点过错。再说自己来时已沐浴更衣，菩萨怎不让我进去呢？"她左想右想，怎么也想不出原因来。最后，她猛然想起自己身上有一串牛筋吊钥匙，于是她把钥匙丢在路边，这样一来，果然身轻如燕地上得山去了。

那妇女烧完香，许完愿，想到刚才之事，觉得自己丢了面子。于是，她再次跪下来面对中间那尊菩萨说："请问菩萨，我一个妇人，第一次上武功山，也不知道寺庙清规，不该将牛筋吊锁匙带在身边，以致有杀生之嫌。菩

萨，寺庙前院那面大鼓不也是牛皮做的吗，牛筋牛皮都出在牛身上，为什么
牛筋不能进来，牛皮却安安稳稳在这里，岂不是太不公道了吗？"妇人话音刚
落，忽然间雷鸣电闪，狂风大作，天昏地暗，飞沙走石，在场的人不知出了
什么大事，吓得胆战心惊。一阵雷电过后，云散日出，恢复平静。大家抬头
一看，前院右边鼓架上那面大牛皮鼓不见了。从此只留下左边那口大钟。

# 第七章
# 月亮之都明月山

## 第一节　概　况

明月山位于宜春市西南，西接萍乡市的芦溪县，南连吉安市安福县，东北面靠宜春市。明月山属武功山东北端的山麓部分，以奇峰险壑、温泉飞瀑、珍稀动植物和禅宗文化为主要特色，是集生态游览、休闲度假、科普教育和宗教旅游为一体的山岳型风景名胜区，主要由温汤温泉休闲度假区、潭下景区、太平山景区、青云景区、仰山景区和玉京山景区等组成。众景区既独具特色，又相得益彰，概括起来说：温汤休闲度假区，温泉玉液，富硒低硫；潭下景区，瀑布群飞，竹海万顷；太平山景区，高山草甸，叹为观止；青云景区，绝壁栈道，怪石嶙峋；仰山景区，禅宗祖庭，静心悟道；玉京山景区，奇珍异兽，古木参天。

优越的自然与人文资源让明月山成为国家级风景名胜区、国家5A级旅游景区、国家森林公园、国家地质公园、国家自然遗产诸多文化和旅游资源，使景区名声大震。

明月山属亚热带季风性气候，其气候温和，山水奇特，素有"天然动物园""植物王国"之美称。景区内绿色葱茏，空气清新，山上空气负氧离子含量每立方厘米高达7万多个，是国内外享有盛名的天然氧吧。

　　明月山为多雨地区，充沛的雨量不仅滋润了大地，而且造就了众多的瀑布溪潭，湿润的气候还使明月山拥有云海彩虹等天象景观，尤其是云海之奇，可观日之多，并不逊于黄山。

## 第二节　特色景观

　　明月山景区融山、石、林、泉、瀑、溪、湖、竹海为一体，集雄、奇、幽、险、秀于一身，有着迷人的自然风光、罕见的富硒温泉、神秘的禅宗文化、闲趣的农耕文化，即以"奇山、妙泉、灵禅、趣农"为四大特色，徜徉其中，令人流连忘返，是一个"以月亮情吸引人，用生态美景留住人"的观光、休闲、度假胜地。

明月山

## 一、自然景观

### 1.山月交辉，相得益彰

明月山层峦叠嶂，气象万千，奇峰怪石，千姿百态，优美绝伦的天际线有了月亮的光辉为之显现，每当月朗风清之夜，步入山中，恍如置身琉璃世界，令人生出无限遐想。明月山的命名，画龙点睛地道出天机。山得月而越秀，月因山而妩媚。此正合古人"明月松间照，清泉石上流"之意境。

### 2.奇峰怪石，飞瀑流泉

黄山、张家界均以奇峰怪石知名，而明月山的奇峰怪石自有其不可比拟的特色，"绝壁惊人，怪石争奇，苍松斗妍，山花织锦"为其四绝，鬼斧神工，令人叹为观止。朱熹道"我行宜春野，四顾多奇山"，此言远观之峰峦，有峰峦耸翠，玉屏联翩之妙。深入山中，则可见"壁立千仞"之天造奇观，云横雾锁，一石擎天而出，朱熹又诗赞曰"攒峦不可数，峭绝谁能攀"。更妙的是，奇峰怪石间飞瀑流泉不断，奏出悦耳的天籁。大自然的绝作，美妙的和声，令奇峰怪石有了生命的律动。

明月山原始风貌保持良好，植被繁茂，景区内水量充沛，尤其春夏季丰水期，会出现"山中一夜雨，处处挂飞泉"的生动画面。复杂的地形，充沛的雨水，使得每条瀑布姿态奇异：有悬于天际、潭深水急的云谷飞瀑；有扭扭捏捏、害羞躲藏的玲珑瀑；有轻舞飞扬、婀娜飘逸的鱼鳞瀑；有寒玉森森、色如白龙的玉龙瀑；有泻水如帘、青云直下的飞练瀑……千姿百态，变幻莫测。其中云谷飞瀑有江南第一高瀑之称，山顶长年处于云雾缭绕之中，瀑布之水如从云层中泻出。

### 3.朝晖夕阴，风云变幻

明月山的山间朝晖气象变化多端。古人视山石为"气骨云根"。峰石在朝晖夕阴、晨光晚照中产生油画效果，是摄影家的绝好拍摄处。四时气象变化尤为动人，或雾漫山谷，或波涌云海，人玄山顶，如浮海上。云岚美景是明

◎ 青云栈道

月山又一奇观。若冬天山头积雪，望之峰峦皑皑，又是一番气象。

### 4.森林苍翠，花木扶疏

明月山森林覆盖，漫山苍翠，郁郁葱葱。更有春花烂漫、红叶染秋、草木竞萌、万物繁茂凸现自然生态的原始天趣。木莲、杜鹃、山茶、银杏、松、柏、樟、杉、竹、柳等珍稀观赏植物，令人目不暇接。在深山密林中还藏着许多野生动物。尤其各种鸟禽，千啼百转，再现"蝉噪林逾静，鸟鸣山更幽"的意境。

### 5.富硒温泉，无与伦比

明月山温泉主要分布在温汤镇。作为世界上独特的富硒温泉，温汤温泉具有四个特点。第一个特点是出水量大。目前日出水量达到10000吨，属大型温泉。第二个特点是水温高。温泉水温常年保持在68—72℃，全国范围内达这么高温度的温泉屈指可数。第三个特点是历史悠久。第四个特点，也是它最特别之处，就是该温泉高硒低硫，可饮可浴，也正是这一特点成就了其世界性的美名。

温泉疗养方式最著名的当推"森林温泉浴"。人说,"物以稀为贵,泉以硒为尊","黄山归来不看山,宜春归来不泡泉"。明月山天沐温泉度假区,将露天温泉区设在自然原始的林谷中,推出森林温泉浴,让人们充分亲近自然,令游客充分享受温泉洗浴,体味温泉文化,感受"欣赏蓝天白云,聆听百鸟啼鸣,沐浴温汤圣泉,洗尽旅途风尘"的高品质温泉沐浴意境。

## 二、人文景观

### 1.禅宗文化,历史悠久

中国佛教"一花开五叶","五叶"之一的沩仰禅宗光大于明月山。沩仰禅宗由慧寂禅师创立,发端于沩山,成形于仰山。唐会昌年间,慧寂禅师在仰山创建栖隐寺(太平兴国寺)。自此,该寺一千多年佛事活动绵延不息,沩仰宗风遍传天下,栖隐寺成为中国古代佛教丛林圣地,印度、新罗国(位于朝鲜半岛)、日本等海内外僧人前来参学问道,游览观光者不可胜数,宋朝著名文人黄庭坚、范成大、辛弃疾、朱熹等都曾慕名造访过,过往名贤在此留下了众多碑碣及摩崖题刻。现在其遗址(明月山洪江乡东南村)前后两侧还发现唐、宋、明、清时期禅僧墓塔一百余座。

仰山栖隐寺

明月山田园诗画

## 2.农耕文化，古朴厚重

宜春有厚重的农耕文化。《天工开物》的作者宋应星是宜春人；"梯田"一词源于明月山，出自南宋诗人范成大《骖鸾录》中对仰山稻田的描述。明月山区域中的二十二个乡村仍以自给自足的农业生产为主，保留有突出特色的民俗和传统工艺。位于温汤镇天沐温泉度假区内的"天工开物园"，是宜春厚重农耕文化的典范之作，是一个以农耕文化为主题，融古代农耕科技展示、传统手工制作参与、中国农耕文化陶冶为一体的体验性乐园，真实地再现了传统村镇的生活方式和工艺技术。

## 3.月亮文化，唯美浪漫

明月山以月为名，因月扬名。月亮文化，是明月山之灵，是明月山之魂。明月山将月亮文化景观和自然景观有机融合，形成了"山上有个月亮湖，山下一个月亮湾，沿途都是月亮景，处处体现月亮情"的情景交融格局，从月亮湾到月亮湖，可倾情体验浪漫的月亮情怀：明月广场相遇、荷塘月前相识、

咏月碑林相知、竹林月影相约、晃月桥上相牵、抱月亭中相恋、浸月潭边相印、月下老人相系、拜月坛上相誓、梦月山庄相拥。明月处处有，此山月最明，在明月山你可享受着独特的"月在山中行，山在月中明"的绝妙意境。因为这轮明月，中央电视台曾多次探寻明月山，自2007年伊始在这里举办的月亮文化节，向全世界人民展示了一个别样的月都宜春，一轮充满浪漫情怀的明月。

明月山景区把月亮文化与温泉文化、禅宗文化、农耕文化有机结合，营造了山月相融、禅月相通、泉月相印、农月相趣、人月共欢的山水文化意境。

# 第三节　人文典故

## 一、明月山得名三说

明月山，因物而成，因人而名，因传说而美。说其因物而成，唐朝诗僧齐己云："山称明月好，月出遍山明。要上诸峰去，无妨夜半行。"说其因人而名，是因为明月山下有个夏家村，村里有个姑娘叫夏云姑，小名"明月"，美丽出众，聪敏过人。南宋高宗时被选入宫，后成为宋孝宗赵昚的正宫娘娘，就是历史上的成恭夏皇后。村里人以她为荣，为了纪念她，就称此山为明月山。说其因传说而美，是因为当年嫦娥就是饮着温汤温泉水服下仙丹升上月宫的，月宫里的她思念凡间，期望后世万代五谷丰登、人和气顺，于是请王母娘娘开恩，将此山点化，因其形如一弯新月，故而取名明月山。

## 二、民间故事

### 夏云姑传说

云姑就是成恭夏皇后，关于她流传着一个美丽的传说：云姑小名叫明月，因家境贫寒，靠砍柴种田维持生计。云姑不仅长得漂亮，而且心灵手巧，插秧、砍柴、编竹器、织布、农活，样样精通。夏云姑十六岁那年，皇帝派人到全国挑选美女入宫。有一位姓张的公公被派到宜春来负责选美工作。在选美的途中，张公公决定不要任何人带路，连马的缰绳都解掉，走到哪里算哪里。马径直就往明月山方向走来，当经过夏家里的一座石拱桥（现叫跪马桥）时，马突然跪在桥上，张公公差点跌下马来，用鞭子抽了几下，马还是不站起来。张公公纳闷，自言自语："莫非这里有皇后？如果真有，你这死马赶快给我站起来，且要长嘶三声。"说来也怪，话音刚落，马忽地站了起来，并且仰天长嘶三声。这时，张公公发现河边有一位放鸭子的姑娘，穿着补丁叠着补丁的衣裳，戴着又破又烂的斗笠。就在这时候，一阵风吹过，吹掉了姑娘的斗笠。这位姑娘就是夏云姑。张公公问道：请问姑娘叫什么名字？云姑笑着答道："我的名字有时落在山腰，有时挂在树梢，有时像面圆镜，有时像把镰刀。"张公公见这女子不仅貌美俏丽，且机智伶俐，便选她入宫。初进宫时，云姑被皇后看中，选作贴身侍女。绍兴二十六年（1156年），当时还是普安郡王赵昚的王妃病故，由皇后作主，把身边这位聪明漂亮的侍女嫁给了普安郡王赵昚。后来，赵昚登基称帝，云姑随即成为正宫娘娘，封为成恭皇后。

皇帝非常宠爱云姑，专门为她在宜春城钟鼓楼旁立了牌坊，并下旨规定，"文官经过必须下轿，武官经过必须下马"。夏皇后很体恤臣民，觉得这礼节太烦琐，便下令把牌坊移到她家乡——夏家里。就因为有了这牌坊，夏家里后来改名为夏家坊。明月山也就是因为夏皇后的小名明月而得名。

# 第八章
# 林海瓷源高岭—瑶里

## 第一节　概　况

　　高岭—瑶里风景名胜区位于举世闻名的瓷都景德镇，号称"江南第一衙"的浮梁县境内，处赣皖两省祁门、浮梁、婺源、休宁四县交会处，东部以五股尖顶与安徽、婺源交界，西部以鹅湖镇桃岭村为界，北部以白石塔村为界，南部以黄梅岭与婺源交界。处于黄山、庐山和西递宏村三大世界文化遗产的中心地带，是国家重点风景名胜区、中国历史文化名镇、国家4A级旅游景区、国家矿山公园、国家森林公园、全国重点文物保护单位、国家自然与文化双遗产。

　　高岭—瑶里历史悠久、人杰地灵、风光秀丽、景色宜人。奇岩飞瀑、原始森林、江南古祠、明清建筑、古窑遗址、革命旧居等，无不让人流连忘返，是融自然精华、人文风采、陶瓷文化于一体的旅游胜地。

　　瑶里属于亚热带气候，又因地处山区，且植被茂密，年平均气温比浮梁县低2℃。区内无霜期约240天，年均日照时数2010小时，平均年降水量达1800毫米。区内峰谷交错，地势起伏大，山地小气候较发育，区域内气候条件差异大。民谣云："高前山，离天三尺三，山上落小雪，山下出太阳。"

瑶里古镇

## 第二节　特色景观

　　高岭—瑶里风景名胜区以源远流长的瓷茶文化、博大精深的衙署文化、丰富多彩的民俗文化和奇丽秀美的自然风光闻名于世，被誉为"瓷都之源，名茶之乡，生态家园"。景区内有闻名世界的瓷土发源地高岭，世界上罕见保存完好的成系统的高岭土古矿遗址、古窑遗址，丰富的古村镇建筑，还有峡谷瀑布、聚落文化。

### 一、自然景观

#### 1.群瀑、名茶、幽谷

　　景区内群山连绵，幽深的谷壑、蜿蜒的溪涧、奇异的岩石、旖旎的峰峦、缠绵的云雾、奔腾的瀑布等景象构成了"秀、奇、幽"的自然山水环境。

（1）群瀑：景区内分布有十余处大小不一的瀑布，各处瀑布沿峭壁陡泻而下，溅珠喷玉、云蒸雾腾、气势磅礴、气象万千，令人心旷神怡。具有代表性的瀑布有南山瀑布、双龙瀑布、梅岭瀑布、龙口潭瀑布、三叠泉瀑布等。

（2）名茶：瑶里山高林密，气候温湿，云雾多，正是高山名茶的生长地。自唐朝浮梁以瑶里茶叶为支撑而成为全国著名茶叶生产和销售集散地。元、明时期，瑶里的"浮梁仙芝"高山云雾茶成为闻名的贡茶。现生产的"浮瑶仙芝"和"瑶里崖玉"两大品牌，在国际和国内茶叶评比大赛上连获大奖。以瑶里茶叶为加工原料制作的"得雨活茶"也曾成为人民大会堂特供茶。

（3）幽谷：景区群山之间形成众多的峡谷。具有代表性的峡谷有汪湖天河谷、梅岭峡谷、高岭峡谷、南泊双龙溪峡谷、白石塔峡谷等。

## 2.绝佳山水生态

景区内自然环境优越，群山连绵，森林茂密，无山不绿，满目苍翠，空气中富含负氧离子，有"天然氧吧"之称。

瑶里古镇，南踞象山，北卧狮山，群峰环抱，如画如屏，瑶河穿镇而过。

瑶里茶

瑶里古村

瑶里最为秀丽的景色当数汪湖生态游览区，那里山峭林密，景色雄奇，有数百种木本植物在这里茁壮生长，数百种野生动物在林内繁衍生息。顺山路而上，山间的景色别有一番情趣，但见树木翁郁幽深，云遮雾绕，青翠似海，仿若到了仙境，在这里能领会到"瓷之源、茶之乡、林之海"的精髓。

## 二、人文景观

### 1.世界瓷土命名地

高岭，是国际通用的制瓷主要原料"高岭土"的故乡，已有两千年的历史。根据历史记载，北宋时期高岭人何召一首先在高岭开采高岭土。1712年，法国传教士殷弘绪向国外介绍高岭土。1869年，德国地质学家李希霍芬来高岭考察，回国后，在他的名著《中国》中对高岭土做了详细介绍。高岭是全世界最早大规模开采和利用高岭土的地方。

景区内高岭瓷土矿遗址属全国重点文物保护单位，至今完整地保留了元、

明、清时代大量的矿坑、矿井、尾沙及附属文物水碓、碑亭、高岭古驿道、东埠码头、清代古街等。

### 2.中国民窑之乡

瑶里的瓷土开采业既带动瓷土加工业和运输业的发展，也带动瑶里制瓷业的兴起。至今在景区内发现了三十三处古窑址，大多数窑址保存完好，是景德镇古窑址群保存最好的地区之一。

瑶里民窑、景德镇官窑和湖田窑并列为景德镇古代三大窑区，瑶里民窑的研究是景德镇民窑研究的一大组成部分。

### 3.瓷都工商之镇

"商人重利轻别离，前月浮梁买茶去"，唐朝诗人白居易在著名的诗篇《琵琶行》中的那思归的弦子，飘到哪里？飘到了瑶里。"李白乘舟将欲行……"一山之隔的桃花潭，汪伦踏歌的声音依然嘹亮，那歌声指向哪里？指向了瑶里。"瓦岗英雄程国公"那神秘的盛唐开国元勋，他的后代流散在哪里？还是流落到了瑶里。瑶里自古就是徽州大道上的一个商贸重镇，远在唐朝中叶，这里就有生产陶瓷的手工业作坊，因瓷窑出名而得名。

◎ 浮梁瑶里

明朝的官窑制度冲击了瑶里制瓷业的发展，到了明中后期，瑶里由"瓷土—陶瓷"生产综合体转成为供应景德镇瓷土的专门化生产基地，瓷土生产规模大幅增长。在此基础上大量的外地矿工和商人来到瑶里，为瑶里带来了更多商机，于是出现了东埠商业街、南泊商业街和瑶里商业街等，瑶里成了工商之镇，此状况持续到民国时期。

## 第三节　人文典故

高岭—瑶里文化底蕴深厚，民风质朴，徽派文化与赣文化相互交融，陶瓷文化与茶文化相得益彰，共同形成了独特的地域文化内涵。瑶里是南宋开国侯李椿年的邻里，是清朝工部侍郎吴从至的故居，是宋朝文武状元余茂亨、余茂学的修学之处，有开国元帅陈毅生活工作过的旧居、会址，等等。

### 一、民间故事

（1）试剑石、熊掌石：相传很早以前，汪湖一带常常受到虎、熊等猛兽的袭击，百姓生活极不安宁。吕洞宾听说此事后，便决定替汪湖村民赶走猛兽。起初，村民并不相信他的能力，当吕洞宾用宝剑试过巨石，杀死饿虎，砍断熊掌，驱跑猛兽之后，才确信八仙之一的吕洞宾确实有能力。这里至今仍有当年吕洞宾留下的试剑石，黑熊逃跑时被砍断的熊掌化成的熊掌石。

（2）石屋、天书：石屋是一个天然的小岩洞，岩洞上方雄踞着一块巨石，巨石上刻着许多类似文字的线条，据说这些线条是古人留下的天书，相传"谁人识天书，定能当状元"。

（3）仙姑洗足：据说何仙姑未成仙之前，常常在这里洗足。一次被吕洞宾撞见，吕洞宾见何仙姑未裹小脚，敢与封建礼教相抗争，从而教给何仙姑成仙之道。后来，何仙姑就在此修炼，成仙之后便留下了仙人洗足的景观。

（4）神龟偷酒：相传汪湖原来盛产"浮红"米酒，这种酒香甜可口，醇

香扑鼻，成为当时名酒。一只天庭来的神龟因嗜好"浮红"米酒，嗜酒成瘾的神龟常常深夜下凡偷米酒，汪湖百姓深受其扰。八仙游玩汪湖时听说此事后决定降服神龟。于是他们埋伏在天河谷，当神龟偷喝米酒之时，吕洞宾用宝剑砍下了神龟的半边嘴。群仙齐心合力降伏了神龟，惩罚神龟镇守天河谷，将功赎罪，永不得回天庭。从此，天河谷中便留下了一只少了半边嘴巴的石龟。

## 二、人物典故

相传被吴姓尊为祖先的吴芮生于瑶里，他于秦末建地方军，征战和统治南方数省，曾先后被举荐为番县县令，被汉高祖封为长沙王，据传死后葬于五华山仰天台。

根据瑶里吴氏家谱记载，北宋时期高岭人何召一首先在高岭开采高岭土；明初吴、程、刘、李、詹等十三姓族人共赴南京向朱元璋进贡瑶里烧制的琉璃瓦，却全部被杀；明末清初，南明皇宫内院人员为逃避清兵追剿由南京逃至瑶里五华山，曾集体出家于高际禅林寺，因被清兵发觉而惨遭屠杀，寺庙也因此被毁坏。后人在汪湖村附近立"孤魂总祭"碑以示纪念。

绿色瑶里，以"瓷""茗"享誉中外。这片古老而又神奇的地方，既有深厚的文化积淀，又是人们享受大自然的绿色仙境。它集自然与人文为一体，融历史与民俗为一身，是旅游休闲、访古修学、寻幽探奇的绝佳之地。

# 第九章
## 东江之源三百山

## 第一节　概　况

三百山国家级风景名胜区位于江西南部安远县境内，地处赣、粤、闽三省交界处，是安远东南边境诸山峰的合称，属武夷山脉东段北坡余脉交错地带，系粤港居民饮用水——珠江水系东江的源头、长江水系之贡江与珠江水系之东江的分水岭。三百山是国家级森林公园，首批全国"保护母亲河行动"生态教育基地，国家5A级旅游景区，也是全国对香港同胞具有饮水思源特殊意义的旅游胜地。

景区地跨安远欣山、凤山、镇岗、三百山镇、高云山乡五个乡镇，境内森林覆盖率很高，动、植物资源十分丰富。三百山风景区属寒武纪火山地貌，由东风湖、九曲溪、福鳌塘、仰天湖、尖笔峰五大景区和东江源温泉旅游度假区、东生围两大独立景点组成。

景区属亚热带的南缘，呈典型的亚热带丘陵山区湿润季风气候，四季分明，光热充足，观赏植物种类繁多，山花野果不断，秋冬红叶满山。

# 第二节　特色景观

三百山景观集火山构造、奇峰幽壑、清溪碧湖、飞瀑深潭、密林古树、珍禽异兽、怪石险滩、温泉等诸奇景于一体，熔清幽、奇秀、雄险、古朴等特色于一炉，是一处纯天然、高品位的风景名胜区，尤其是清澈秀丽的东江源、壮观密集的潭瀑群、保存完好的古火山地质构造、广袤的常绿阔叶林、无可挑剔的环境质量，堪称三百山的"五绝"。

## 一、清澈秀丽的东江源头

"江西九十九条河，只有一条通博罗"。这首民谣是说江西绝大部分河流都向北流汇入长江，只有一条河向南流经广东博罗汇入东江，属珠江水系。三百山是长江水系支流贡江和珠江水系支流东江的分水岭，三百山的三百坑水（镇江河）就是这条"通博罗"构成东江源头的河。三百坑水自东北流向西南，出安远后流入定南九曲河，入广东龙川县汇入珠江支流——东江。三百坑水有大河、小河两个分支，各有若干源头，都位于安远、寻乌县边境，

夕阳斜照

热泉河汤谷

其中纬度最北的一处主要源头源于三百山北端的高云山。

三百山山峰峻峭，沟谷纵横，溪流密布，林木葱茏，飞瀑流泉注入数十条溪涧，再汇成镇江河。由于森林的巨大涵养与保护作用，使溪涧河流水源丰沛，四季长流，清澈甘冽，掬手可饮。河流蜿蜒曲折，险滩深潭相间，构成小河九曲十八滩、大河十二弯等奇特景观，旱峰滩便被誉为"江西第一河滩景"。两岸则奇峰矗立，怪石嶙峋，沿河览胜，移步换景，如入山水画卷。大河小河合流而下，在下游筑高坝蓄水形成峡谷型水库——东风湖。湖身狭长曲折，碧波如镜，青山倒影，绿树掩映。两岸流纹岩柱状节理密集展布，为湖山增色。舟行湖中，山重水复，宛如三峡奇景再现。

## 二、壮观密集的飞瀑深潭

三百山地形陡峭，水源丰沛，溪流落差巨大，陡缓不一，瀑潭相间，密集成群，构成本区水景最具魅力的特色。据不完全统计，本区有大小瀑布跌水近百处，深潭则更多。仅从九曲十八滩至三叠瑶池的范围内，即有大小瀑布、跌水五十余处，深潭近百个，平均每千米有瀑布五条以上，深潭约十个。

著名深潭有倒影沉碧的钓钩潭、深不可测的豹子潭、碧波如镜的龙潭、宛如仙境的瑶池、怪石造型栩栩如生的娃鱼潭等，壮观迷人的飞瀑则有知音泉、福鳌塘瀑布、望天瀑、三叠瑶池、龙潭瀑、师椅飞泉等。知音泉：一巨型石屏两侧各有一瀑，北瀑三叠三坎，落差十余米，南瀑五叠直泻，落差百余米，双瀑风格迥异，隔屏交响，似知音唱和。福鳌塘瀑布沿绝壁呼啸直下，恢宏壮观，人称"东江第一瀑"。望天瀑沿峡谷飞流而下，落差近200米，势若奔马，气势磅礴，为三百山飞瀑之冠。三叠瑶池位于小河源头处，三瀑三潭相间，错落有致，其最下一级常有彩虹飘动于水帘之上，神韵迷人。

## 三、广袤的阔叶林海

三百山地处亚热带南缘，由于山高谷深，人迹罕至，地方保护有力，很好地保存了亚热带常绿阔叶林生态系统，森林茂密，遮天蔽日，古木参天，长藤或缠绕不绝，或高悬如雨丝，灌木丛生，落叶如毡，人难以走入其中。三百山有国家一级保护树种秃杉、水杉、银杏、伯乐树、观光木、野茶树、拟乐木兰、杜仲、伞花木、白桂木、红豆树、南方红豆杉等四十余种；列入江西省级重点保护的树种有青钱柳、东京白克木、乐昌含笑等九十余种；还有珍稀草本植物八角莲、金线莲、七叶一枝花等。三百山的古树奇树较多，如温泉景区虎岗景点有需六个成人才能合抱的"江西第一杉"；仰天湖景区有高达40米，需三个成人合抱的"参天古杉"，有长成环状的"洞树"；福鳌塘有十五棵槠树抱作一团的"同心树"，有扎根于怪石中的"天印奇松"；九曲十八滩景点有针阔叶树合为一体的"情侣树"，令人惊叹不已。三百山气候适宜，森林茂密，为珍禽异兽提供了良好的生存环境，成为不可多得的野生动物乐园。

## 四、保存良好的古火山地质景观

区内地层以晚侏罗纪火山岩为主，称菖蒲群。主要由一套酸性火山熔岩、

东江源

东江第一瀑

火山碎屑岩构成。菖蒲群火山岩系形成区内的仰天湖破火山口构造，呈近似圆形分布，直径约15千米，具双环状结构和多轮环形山结构。地貌上则构成一直径约2千米的锅状山间洼地，其中心保存有直径约200米的火山口湖遗迹，仰天湖因此得名。在全国风景名胜区中，保存如此完好的火山口构造十分罕见。外环位于风景区中南部东风湖、福鳌塘一带，由呈弧形展布的流纹岩、流纹质晶屑凝灰岩、流纹质熔结凝灰岩等构成。流面产状平缓，微向南西侧倾斜。垂直于流面的节理，使岩石成为密集的四方、六方体柱，柱高10余米至数十米，直径数十厘米至1米多，成带分布，鳞次栉比，排列于东风湖畔、九曲十八滩侧，与湖景、潭景、瀑景相映成趣，蔚为壮观。观赏火山岩地质构造的最佳位置主要集中在福鳌塘景区的天印奇松景点至天台景点之间及知音泉至九曲溪景区的龙潭景点之间等。

## 第三节　人文典故

### 一、名字起源

有关三百山这个名字的由来主要有两种说法：一说清朝以后，山民们为躲避战乱，分别在三百山的三百多个山头搭建三百多个山寨，并在那里垦荒种田，得以安生。三百多个山寨犹如群星散落在三百山多座山头，所以叫作三百山。另一说，东风湖有座三伯公庙，也叫陈杨胡公庙。当时朝廷认为三人反叛朝廷，故派追兵将其追赶到这座大山里，这三个人由于有点豆成兵之术，使追兵屡屡败于山外。后来朝廷士兵驻扎山外，派人暗访破道法之术，结果将所有豆子都煮熟，这样三公的点豆成兵的法术就失灵了，三公也被追杀死于山中。由于三公为当地百姓做了很多好事，深得百姓拥戴，所以当地百姓在山中建庙一座，供祭祀之用，取名"三伯公庙"，后将山名改为"三伯公山"。因为"伯"与"百"同音，后人为简化"伯"字，所以叫"三百山"。

## 二、神话传说

### 1.镇江河的传说

很久很久以前，有条孽龙兴风作浪，时常作恶，造成洪水泛滥。一天，许真君施法逮住了孽龙，它的父亲老龙急忙赶来求情，许真君答应饶孽龙一命，但有个条件：要它在天亮前开挖出九十九条河，把水引到长江去。孽龙为了活命，无奈答应了条件。到了四更时分，九十九条河已开成了九十八条。土地神一看不妙，河挖成了就得将孽龙放走，它又要重新作恶，于是学五更天亮鸡叫。孽龙以为天亮了，吓得化作一道白烟仓皇而逃，剩下三百山的镇江河没开，以后水便往广东流去。于是，九十九条河中，"只有一条通博罗"了。

### 2.知音泉的传说

据说没有找到知音的人，喝了知音泉泉水，很快就能找到知音，故取名为知音泉。这里还流传着一段凄美的神话爱情故事：古时候，有位仙女思凡携琴来到人间，在福鳌塘下结识了一位落魄书生。通过交往，仙女与书生产生了感情，并结为夫妻。此事后来被玉帝知道了，断然反对，便派天兵天将下凡拆散他们，仙女和书生都不愿意离开彼此，天兵天将便把仙女手中的琴抢了过来，化成石琴，插在他们中间，把他俩隔开。这时仙女知道，要以人的形态和书生在一起是不可能了，于是便把自己和书生化成两条瀑布，汇合在石琴下的深潭中，这样两人又在一起了。两条瀑布发生的声音如琴音，如歌声，好像在向人们诉说他们真挚、永恒的爱情。

# 第十章
# 瑰石海洋灵山

## 第一节　概　况

　　灵山位于江西省上饶市广信区西北部，主峰海拔1496米。灵山风景名胜区自然环境独特，地质构造复杂，地貌类型多样，是道、佛二教圣地，道家列之为天下第三十三福地。灵山距离上饶市区18千米，位于上饶市中心旅游区域。同时，灵山在三清山、武夷山、黄山、龙虎山等全国著名景区的交接点上，地理位置非常优越。景区内拥有世界罕见的环状花岗岩峰林地貌、中国极具特色的高山灵石梯田、江南罕见的造型石（倒石）地貌、江南最高的花岗岩瀑布和极其深厚的灵应文化底蕴。

　　灵山是经过多次地质运动形成的，与地球上最高峰喜马拉雅山、风光旖旎的三清山同时期矗立在中国大地上。

　　灵山地处亚热带，受海洋性气候影响，属亚热带季风性湿润气候，具有气候温和、雨量充沛、四季分明、无霜期长等特点。

　　灵山属侵蚀构造的中低山地貌区，主脉海拔1000—1496米，地形陡峻。灵山山涧溪流多，地表水和地下水资源丰富，地表径流量达到6.2亿立方米，形成了楮溪、茗洋河、石人溪、望仙河等八条溪涧和龙泉、珍珠泉、天泉等上百处名泉，泉水水质上乘，清澈凛冽。

## 第二节　特色景观

### 一、自然景观

#### 1.巨龙盘山——世界罕见的环状花岗岩峰林地貌奇观

灵山花岗岩呈岩基状产出，主要为复式花岗岩基，是一套钙碱性—偏碱性的侵入杂岩。岩体中心地势平缓，边缘为陡峻山峰，平面上近圆形，形如环状，俗称"环状花岗杂岩"。灵山花岗岩杂岩呈环状产出这一地质构造奇观，在江西是绝无仅有的，在全国乃至全世界也是极为罕见的，具有重要的地质学意义。

由于灵山环状山系发育不甚均衡，且环体各段保存程度不一，因而在南东部形成了一条长达20多千米的向南凸出的雄伟壮观的弧形山体，宛如一条巨龙盘踞在赣东北大地，这一宏观地貌景观具有极高的美学观赏价值和重要的地学研究意义。

#### 2.雄瀑幽泉——江南最高的花岗岩瀑布景观

由于风景名胜区内悬崖峭壁遍布，水量充足，形成了一些壮观的瀑布群。其中较大规模的瀑布达三十六处，以水晶瀑布为最，丰水期落差在200米以上，倾泻而下的瀑布堪称江南乃至全国奇观。

灵山水秀，无论是涌泉、巨瀑、溪流，清如镜，色如玉，堪称一道独特的景观。泉以峰之绝顶各泉最负盛名，石屏峰之龙泉、东台峰之瓢泉（亦称

📍 水晶瀑布

天泉）、百合峰之涌泉、中台峰之龙尾泉均位于巅之绝顶，涌泉汩汩，终年不涸。以马蹄岭之灵泉、下南峰之官井泉质量最为上乘，古有"圣水"之称，据说这里的泉水不仅凛冽甘甜，且有防暑消炎、治疗眼疾等多种疾病功能。灵山处处有泉，涓涓细流在低洼处汇集，形成池塘，水清如镜，倒映日月星辰和奇峰古树，使人分不清哪是天上哪是人间。灵山峰高壁峻，隘口众多，大部分隘口处有溪涧通过，飞流直下形成瀑布，极其壮观。灵山的八条溪涧，在如垒卵石中奔流，两岸古木苍天，绿竹如茵，处处景致如画，尤以望仙河最为亮丽，不仅风光旖旎，而且流量大，水流急，可进行漂流活动。各条溪涧由于落差大，经亿万年水流冲刷而形成的深潭，为灵山珍稀鱼类生息繁衍之处。茗洋湖是灵山独具特色的水景之一，为典型的高峡平湖景观。

### 3.奇岩怪石——江南罕见的造型石地貌景观

风景名胜区内造型石（包括倒石堆和独立滚石）数量之多、质量之高，在江南实属罕见。

灵山是石的王国、石的世界。数以亿万计的花岗岩块石，在新生代喜马拉雅运动中频繁升降，使灵山挺立于绝顶之巅，孤悬于峭壁之缘，簇拥于山谷层林深处，柱立于湍急溪流之中。这些花岗石，经亿万年风雨雕琢，其形千姿百态。灵山之石，石石玲珑，石石有灵气，美不胜收。

灵山有几十处洞穴景观，多为崩塌后岩块堆积形成，主要有养真岩、迷仙岩洞穴群、花岩洞穴群、乌鸦弄母子岩、夹层灵山洞穴群

灵山奇石

等。此外，灵山还有奇特的冰凌壁和回音壁。

### 4.灵石梯田——中国最具特色的梯田之一

灵山山麓一带存在大量的倒石或独立滚石，许多岩石历经千百年已经和土壤胶结在一起，人们围绕着这些岩石或在岩石的间隙中开垦梯田，使众多岩石镶嵌于田地之中，给梯田增添不少灵气，成为一道独特的风景。这种石、田相融的灵石梯田景观是中国最具特色的梯田之一。

登上灵山，处处可欣赏到灵石梯田这一特色景观，水晶古道一带为观赏的最佳位置。

📍 灵山梯田

## 二、人文景观

灵山历史悠久，钟灵毓秀的自然环境哺育了灵山人，沉积了丰厚的灵山文化。早在新石器时期，灵山就有人类在此生息繁衍。从望仙桥头、茗洋庙背山、郑坊平伏脑等古村遗址出土的石斧、石镞、石锛、网坠及数以百计的陶罐、陶片证明，早在公元前20世纪前后，灵山人就在这片富饶的土地上进行着农牧生产活动。

◉ 灵山云雾

**1.道佛胜境——江南颇具影响的民间宗教名山**

灵山又称灵应山,《广信府志》称为"信之镇山",历来为道、佛二教民间圣地之一。《云笈七签》载:"第三十三灵山,在信州之上饶县北,墨真人治之。"灵山为天下第三十三福地。由于山体之大,在全国各大名山中有它独特的地位。

每年灵山各宫观朝山进香盛会以石人殿最为隆重,也最负盛名。石人殿进香以殿中首神胡昭诞辰(九月初九)前后十日(农历九月一日至九月十日为期)。自唐以来,会况日盛,直至今日,仍热烈盛大,进香者可达二十余万人次。相比山西五台山、杭州灵隐寺等官方化的道佛圣地,灵山的道佛文化则更接近民间,更接近道、佛教的原始形式,是江南颇具影响的宗教名山。

◉ 石人殿

### 2.独特民俗——石人桥灯

石人桥灯又称龙灯，始于晋、兴于唐、盛于明清，代代相传长盛不衰。千百年来，石人桥灯以其形式之独特、规模之宏大、气势之磅礴、技艺之高超、民风之浓厚而闻名。石人桥灯由龙头、龙身、龙尾三部分组成。龙头体形高大、威武雄壮，由竹篾扎成，外饰彩纸高约3米，长约5米，可同时点燃二十四支蜡烛，象征一年中的二十四节气。嘴含龙珠，龙珠制作精巧，由三十六个大小不同的正方形竹篾环叠成正好一百个角的球，俗称"百角球"。龙身俗称"子灯"，由灯板连接而成，每块灯板长约2米，宽约0.2米，在距板端约30厘米处托着两个可点蜡烛的花灯，每块灯板由一人扛抬，整个桥灯可分可合。桥灯连接起来，象征龙的传人薪火相传，子孙满堂。龙尾形似横卧的"S"，饰有鳞片、龙爪、尾翼略翘。龙头龙尾都饰有彩旗，上书"风调雨顺""五谷丰登""国泰民安"等语，寄托着人们的美好心愿。石人乡素有"桥灯之乡"的美誉，村村都有龙灯会，每班桥灯少则数十桥，多则数百桥。千百年来仍然延续古代祭典礼仪，与石人殿独特的"庙会"文化融为一体。

石人桥灯

每年灯会时，数十班桥灯像一条条巨龙，向道教圣地石人殿汇集，龙头咬着龙尾，龙尾接着龙头，浩浩荡荡，连绵数百米，如蛟龙出海，似银河落地，处处是灯的海洋，姹紫嫣红，十分绚丽。

### 3.古街遗风——石人明清一条街

古街位于石人乡境内，灵山石人峰下，原名吕家墩。晋太康元年（280年）胡昭入祀石人祠后改今名。西靠黄沙岭，有古道翻越灵山，通往望仙、茗洋、葛源等地。东怀一马平川，放眼10余千米，阡陌交通，村舍毗连。宋以后，石人殿已成赣东北名庙，大学士夏言、郑以伟的楹联刻石后，香烟鼎盛，香客如云。为接待香客，商业渐盛，建成半公里长的"弓"字形街道，有"里街九曲"和"里街百店"之称。街道全由条石、卵石砌成，店铺木石结构，走马楼居多，现古风尚存，被文物工作者称为"明清一条街"。有诗赞曰："古街渊远溯何代，鹅卵车辙萦梦怀。敕建亭前文昌阁，万安桥下古藤苔。木屋小店转变处，卖烛姑娘迎面来。若问游人何处往，黄沙岭上看楼台。"

灵山

## 第三节　人文典故

### 一、名字起源

关于灵山的名字起源，民间流传的说法是，灵山又叫"灵应山"，即为有灵气的山、有求必应的山。相传很久以前，每逢干旱季节，居住在上饶灵山脚下的人们会在巫师的带领下登上灵山之巅去求雨，他们会在灵山之巅上燃烧一堆火，然后巫师和百姓们一起围绕火堆跳舞，巫师口中念念有词，祈求上苍给干涸的大地降下甘霖。由于百姓心诚，求雨仪式结束后，大雨总能及时来临。灵的繁体字是"靈"，下面是一个"巫"字，代表巫师求雨，中间为三个"口"字，代表百姓们张开口，等待雨水的来临，上面是个"雨"字，代表受到巫师和百姓的诚心感动而降临的雨水。百姓因为每次求雨都很灵，故而将此山命名为"灵山"。

### 二、民间故事

#### 1.灵山"睡美人"的传说

相传很久以前，上饶城北的那座大山脚下住着一户人家，他家里只有三口人，勤劳的老猎人夫妇以及他们的儿子阿山。阿山聪明勇敢，十四岁就学会了狩猎，几年后长成了一个英俊的小伙子。这时有媒人上门给他说亲，说西村有个姑娘叫阿灵，心灵手巧，美丽善良。阿山的父亲很满意，阿山也腼腆地答应了。

阿灵的父母都是朴实的庄稼人，都已年老体衰，做事也觉得不顺手了，想招个上门女婿，帮助照料一下农活，阿灵愉快地答应了。不久，便吹吹打打办了喜事。第二年，阿灵的父母都不幸相继去世，从此，阿山、阿灵的日子更困难了，阿灵靠给人家绣花赚钱来补贴生活。

村里有个大商人，叫阿甫，因头上生过癞子，所以大家都叫他阿癞子。

他是一个无恶不作的好色之徒，而且他早就迷上了阿灵。阿灵和阿山相亲相爱，使他难以下手。现在，阿灵的日子眼看着一天比一天紧，阿癞子绞尽脑汁，想出了一条毒计来。

阿癞子来到阿山家，让阿山跟他出去跑生意，阿山开始不肯，后经阿癞子再三劝说，也就点头同意了。阿山离家时阿灵一直目送他消失在晨曦中……

阿山走后，阿灵每天计算着日子，可是，一个多月后，阿山还是没有回来。阿灵不禁急起来，她托人四处打听，有的说阿山赚了大钱，在外地又娶了一房妻室；有的说阿山因为没有赚到钱，投江自杀了；还有的说阿山被阿癞子害死了。那么，究竟是怎么回事？又过了一个月，阿灵的孩子都快出世了，阿山还没有消息。阿灵天天跑到山顶上，向远处眺望，渐渐疲惫后，就躺下来等着，她张开美丽的眼睛望着蓝天，自言自语道："阿山你会回来的，你会回来的……"不久阿灵就变成了一座美丽的大山。不信来看那山，活脱脱就像一个美丽的少妇躺在那里，披垂着长发，丰满的胸部，鼓突的腹部，曲线清晰而柔美。

后来，阿山回来了，当他刚进村听到这个消息时，悲痛欲绝地跑到山上，抱住阿灵的脚，哭诉自己的哀思……

原来，阿山和阿癞子出门做生意，路过一条长河，阿癞子想把阿山害死，但被阿山及时发现。搏斗中，阿癞子失脚掉进河里淹死了，正当阿山准备回家时，却被官府抓去问罪。经过几个月的周折，阿山把带去的所有盘缠都送给了县太爷，才得获释。

从此，阿山痛苦得发疯，常常跑到阿灵化成的那座大山上痛哭。后来，人们为了纪念这对夫妻，就把这山叫作"灵山"。

**2.石人公的传说**

相传很久以前，蛰居在岩穴中的孽龙精想做龙王，谋划将江西变成大海，只留灵山和三清山做海墩，并在两山中架设一座石板桥，以便随时带领虾兵蟹将上去游览。一日，孽龙精带了鲤鱼小妖来到灵山黄沙岭头，见这里山峰奇特，岩壁千丈，他从嘴里拔下一牙，变作龙牙锯，与鲤鱼精各拉一头，对着岩石锯起板来。这时，一樵夫模样的人唱着山歌向他走来。孽龙精正想向凡人讨个好口彩，以便早日桥成，发水造海，早当龙王。便上前问樵夫："我想把江西变成大海，从这里搭桥至三清山，你说能成功吗？"樵夫冷冷地回答："我看就是妖精下凡也难搭成！"话音刚落，只见一道红光从天边闪过，"唰"的一声，龙牙锯断成了两截。孽龙精知道来者不善，化成青烟仓皇而逃。孽龙精来不及逃脱，被樵夫用手一指，现了原形，从山上滚落下来，成了一块"鲤鱼石"。路旁的岩石上留下了孽龙精坐着锯板时的屁股痕迹和一双脚印，对面的岩壁上留下一条丈许深的锯痕。原来这个樵夫就是太上老君派下凡尘拯救江西的石仙大师。石仙大师驱逐了孽龙，保住了江西这块美丽的土地不致沉入海底。后来，石仙大师爱上了这座雄伟的大山，自愿留在凡间，化成一尊气吞云霓的石人岿然不动，并留下了许许多多降龙伏虎的传说，久而久之，灵山一带山民便亲切地呼他为石人公。

孽龙精被石人公驱逐后一直怀恨在心，伺机报复。后来，当他听到石人公与李老真君下棋赌头的消息，便使奸计让李老真君误杀了石人公。

石人公被误杀后，虽然只留下了一段数十丈高的身躯，但他依然一动不动地屹立在灵山之巅，像一位忠实的卫士，保卫着这座雄伟的大山和山脚下这片美丽富饶的土地。后来，人们把这座山峰叫作"石人峰"。为了纪念石人公，后人又把李将军庙改为"石人庙"，又叫"石人殿"。

### 3.黄巢挟马上灵山

相传，唐乾符年间，黄巢起义军攻克信州，守城官兵向西北方向撤退，起义军一路追杀。官兵退到茗洋关内，放下了铁门，死死把守着关口。茗洋关，古称"寨门洞"，位于灵山水尖峰和龙须峰之间。水尖峰海拔千米，峰高壁峭；龙须峰峭岩千仞，悬石欲坠。滔滔茗洋从峡谷咆哮而出。寨门洞由巨石砌成，宽不过三丈，高十丈有余，中间置有生铁铸成的千斤铁门，地势十分险要，一夫当关，万夫莫开。黄巢率领起义军追到茗洋关口，见铁门紧闭，

难以攻入，便兵分两路向茗洋包抄，一路上乌鸦弄，一路上西山尖，经几个时辰的跋涉才攻入茗洋。黄巢起义军与官兵在黄茅地展开激战，双方伤亡惨重，茗洋关内血流成河，尸首遍野。战后，当地百姓把被乱军所杀的尸首就地掩埋，后来长成一片血红色的茅草，后人称此地为"黄茅地"。相传以前每年清明前后，在黄茅地一带会有许多无头虫出现，几天后又自动消失得无影无踪。至今，在茗洋、湖村一带还流传着黄巢起义军攻打茗洋的民谣："攻不破寨门洞，黄巢挟马上乌鸦弄；打不进茗洋关，黄巢拍马上西山。"

黄巢起义军攻打茗洋关后，继续经湖村、清水翻越灵山向德兴、乐平进军。部队翻过水晶岭，黄巢站在梁山尖上向北瞭望，见远处是一马平川，阡陌纵横，炊烟缥缈，脚下是一块山谷，地势平坦，水草丰茂。这不正是部队休息给养的好地方吗？况经数十天的辗转跋涉，将士们已疲惫不堪。于是黄巢下令在此扎营歇脚，筹备粮草，放养军马。后人把这块山谷叫"扎马坑"。在扎马坑右侧有一块约2000平方米的草坪，相传为黄巢起义军每日晨练的跑马坪，在扎马坑下方有一丘约1000平方米大小的圆形田块，至今当地乃称黄巢跑马丘。

# 第十一章
# 西山积翠梅岭

## 第一节　概　况

　　梅岭，位于江西省省会城市——南昌市的西北部，湾里境内，西临鄱阳湖，北与庐山对峙，也是中国古典音律和道教净明宗的发源地。距南昌市城区中心15千米的梅岭，依托南昌市的区位优势和红湾公路、昌湾公路、城市外环高速公路构筑的交通条件，成为城郊型的国家级风景名胜区。梅岭主要由洪崖丹井、紫清山、长春湖、狮子峰、神龙潭、梅福池、梅岭头、跌水沟等景区组成。自古以来，洪崖丹井、西山积翠、铜源三群（瀑布群、梯田群、水碓群）等是文人骚客争相题咏的著名景观。梅岭层峦叠翠，山势嵯峨，四时风景优美，气候宜人。它以峰峦之旖旎，溪潭之蜿蜒，谷壑之幽深，岩石之突兀，云雾之缠绕，风光之掩映，组成了梅岭翠、幽、俊、奇的特色。

　　梅岭风景名胜区属亚热带季风气候区。由于梅岭特定的地理位置，与南昌平原地区相比，梅岭气候有其特异性，为江西重要的避暑胜地之一。

　　梅岭之巅的洗药湖，7月最高气温33.4℃，最低气温15.8℃，夏季平均气温为22—25℃，日夜温差一般为12℃，正所谓"白天不用扇，晚上被搭肩"（同期有"火

炉"之城之称的南昌市的平均气温为30—35℃，极端高温大于40℃），对南昌来说，是一座难得的"凉岛"，故有"小庐山"之雅称。

梅岭区内日照少，气温低，云雾、降水多，空气湿度大，负氧离子含量高，风速小，气候垂直变化大，四季分明，冬寒夏凉，春秋气候宜人，具有典型的山地气候特征。

梅岭大部分河港翠竹掩映，奇石突兀，非常适合开展漂流项目。梅岭漂流沿线两岸峡谷险峻，风光旖旎，让游客在青山绿水中自由享受风景大餐。因地势的变化，溪流时而温柔平静、时而暴躁湍急，故有平漂和急漂之别。平漂时让游客体验"筏在水中漂，人在画中游"，急漂处处让游客体验惊心动魄之感。

## 第二节　特色景观

梅岭自然和人文景观丰富，自然景观以奇峰、怪石、瀑布、古树名木为胜，人文景观以历史名园、纪念园景、宗教建筑为胜，是一处理想的观光、休闲、度假胜地。主要景观有被称为全国第十三大避暑胜地之一的洗药湖避暑度假区、江南最大尼姑庵之一的天宁古寺、中国音乐鼻祖伶伦修炼地、古南昌十景之一的洪崖丹井、江西最大的地表皇室墓葬——皇姑墓、神奇独特的名人别墅群、参天的千年银杏、峻险奇绝的狮子峰、气势壮观的甲鱼潭瀑布区、繁花锦簇的中日友谊林、庄严肃穆的方志敏烈士墓等。

### 一、自然景观

#### 1.独特的地质景观

梅岭由于地壳构造运动的隆起、沉降、褶皱、断层、侵蚀等作用，形成中高周低的独特地貌景观。有梅岭头、罗汉岭、萧峰、狮子峰、紫阳山、葛仙峰、蟠龙峰等大小山峰九十九座，整个地势由西南向东北倾斜，呈纺锤形。

其自成一山系，因而其又被人们称为"飞鸿山"。

梅岭无山不洞，无洞不奇。梅岭岩洞于山巅之上、谷壑之中、巨岩之下，皆天然而成。规模最大的潘仙洞，洞高3—5米，宽2—4米，长170多米。洞上巨岩突兀，其平如砥，人称"仙人棋坪"；洞口高大，巨石如门；洞中上下两层，回返曲折，奇石相连相叠，景致万千。明末诗人徐巨源游潘仙洞时曾描述："洞中石磷磷，似鲤、似鳅、似龟、似蟹、似螺、似蚌、约半里许……"地质学家称，以长度和象形石数量而论，潘仙洞是国内少见的花岗岩崩析堆积石洞。

### 2.清幽的瀑泉湖泊

景区溪水潺潺、飞瀑重帘、潭水碧幽、泉水清冽，丰富的水资源养育了其秀丽的自然景色，青山绿水相映成趣，形成了清幽绝妙的自然风光。

溪流飞越断崖，形成了铜源峡瀑布群、神龙潭瀑布、跌水沟等多处瀑布，其中铜源峡瀑布群最为壮观。位于太平乡合水谷东侧的神龙潭瀑布区，有神龙潭瀑布、响水岩瀑布、潭上潭等五个瀑布，这里高崖相峙，两岸峭壁翠竹

望狮涧瀑布群

📍 洪崖丹井

蔽日，藤萝攀缘，幽谷尽头，溪水从洞谷中飞流直下，落入潭中，水花四溅，响若松飚，大有山雨来时群峰动之感。

梅岭井泉很多，以中国音乐鼻祖伶伦修炼地洪崖丹井最为著名。唐朝茶圣陆羽、宋朝文学家欧阳修都将洪崖瀑布泉品评为"天下第八泉"，洪崖丹井现为国家4A级旅游景区。月明石瓮泻琼瑶的义井甘泉，位于太平乡太平村，距今已有一千四百余年历史，其泉水清澈透明，味极甘芳，不盈不竭，周围群山环抱，碧竹生幽，绿树成荫，气候凉爽，风景秀丽。

### 3.优异的生态环境

无山不绿的梅岭，植物资源丰富，植被类型复杂多样。满山的松、竹、杉给梅岭披上了绿色的靓装，雨后远眺西山梅岭诸峰，山色浓郁，更有苍翠欲滴之感。因而"西山积翠"历来被文人学士视为南昌胜景。由于其良好的生态环境，梅岭片区的平均气温要稍低于南昌市区。

⊙ 西山积翠

### 4.奇异的气象景观

登上罗汉峰、梅岭头，朝观东方日出，云蒸霞蔚；暮瞰洪城灯火，一片璀璨。登高远眺，群山远景、田园溪谷、山阜平林、都邑庐舍、江河轮廓，皆在视野之中，令人心旷神怡。

云海日出是梅岭绚丽无比的景观，站在梅岭之巅的罗汉峰，常看见这奇幻妙景。春夏季节，雨后初霁的黎明，在梅岭洗药湖地区，山谷中、沟壑里升腾起一缕缕、一团团纱状、絮状白雾，在气压的作用下，凝结成云。太阳欲出，天空渐红，云海波澜，红流翻滚，太阳时而微露娇容，时而隐入云海。一俟红日喷薄而出，万道金光洒满云海山川，整个世界七彩纷呈，晶莹美艳。少时，山中云烟，或如大海之波涛，汹涌澎湃，或如薄绸轻纱，飘飘冉冉，风吹云动，云飘山移，山在虚无缥缈间。云上九霄，白絮轻纱皆飞，远处一条玉带（赣江）飘然而至，玉带两旁高楼耸立，英雄城南昌似海市蜃楼般映现眼前。此情此景，令人心醉神迷。

梅岭的雪景瑰丽异常。随着城市规模的不断扩大，城市"热岛"效应越来越明显。尤其在南昌这个"火炉"之城，冬季观雪已是稀奇事了。而在梅岭，当寒风劲吹时，即可见雪花漫天，银峰矗立，玉树满坡，雪拥楼台，冰

梅岭云海

琢晶宫。一俟阳光普照，大地回暖之时，未及消融的雪花停留在褐枝青叶上，像朵朵银花闪闪发光，使人误以为春暖花开、万物争萌之季已到。

## 二、人文景观

梅岭历史悠久，自西汉末年始，名人学士慕名而来，不绝于途。他们或瞻仰凭吊，或游览赋诗、题刻留记，或创办书院、建寺立观，或隐居躬耕，或身后葬此。时间沧浪过后，梅岭留下了许多佳作和人文古迹。

### 1.名人荟萃，佳作纷呈

西汉末年，南昌尉梅福拒官场，携妻儿隐退此山，修身致学，后人建梅仙坛、梅仙观以纪念之，梅岭由此得名。此后，邓禹、葛洪、陈陶、欧阳持、曹崧、张蕴、贯休、齐已等一大批名人来此隐居修身。唐朝以来，张九龄、张商英、周必大、王安石、张位五位丞相，欧阳修、曾巩、黄庭坚、陈师道、吕本中、汤显祖、曹学佺等文学家，岳飞、刘廷等著名武将，先后来此游览赋诗、题刻留记。现已知来过梅岭的名人达一百余位，留下名诗佳作近七百篇。博大精深的"西山梅岭文化"成为赣文化的重要组成部分。

### 2. 洞天福地，寺观林立

梅岭是佛、道两教的圣地之一，道书《云笈七签》称梅岭为"第十二小洞天""第三十八福地"。梅岭宗教鼎盛时期，寺庙、宫观多达一百三十余处，僧道数千人。较为有名的有翠岩、香城、蟠龙、云峰、奉圣、双岭、安贤、六通八大名寺和玉隆、紫清、天宝、凌云、栖真、太虚、太霄七大宫观。但在众多原因影响下，大多寺庙、道观已被毁，目前保存较好的有万寿宫祖庭（道教净明宗祖庭）——西山万寿宫、道学德教一脉的发祥地紫阳宫、罕王庙、法雨寺等处。如今重修了天宁寺、翠岩寺等。

### 3. 风水宝地，古墓成群

梅岭有许多古墓，已知的有明宁献王朱权墓、驸马墓、西陵公主墓、齐安王墓、燕王墓、新昌王文妃墓、少保陈清襄墓、少保刘廷墓、裘皇姑墓、尚书吴桂芳墓、刑部尚书李迁墓、许逊父母合葬墓、印光和尚塔墓等。这些古墓均为地表墓，规模宏大，风格各异。由于历史变迁，多数古墓已被破坏，现保存较完好的有宁献王朱权墓、印光和尚塔墓、裘皇姑墓。后又在铜源峡发现了大片清朝时期的和尚塔墓群。

### 4. 摩崖石刻，流芳古今

历代文人名士在梅岭留下了多处石刻，其中留元刚石刻、芝林石刻和洪崖石刻保存较好。留元刚石刻又称元公碑，位于碧云庵前，碑高3米，宽5米，上刻南宋诗人留元刚五言律诗两首，刻于嘉定十二年（1219年）三月。洪崖石刻，位于洪崖丹井，书刻在崖壁上，因年代久远，多处石刻字迹模糊难辨，现字迹较为清晰的为清康熙十五年（1676年）笑堂白书刻的"洪崖"两字，闽长溪游起南题刻的"两峡悬流联瀑布，一泓活水喷洪崖"的对联。

### 5. 书院义塾，岁月消隐

古代梅岭十分注重教育，兴办了不少书院、义塾，培养了许多文人墨客，也留下了众多文化史迹。据《西山记》载，当时有石室、拾遗、陈陶、丹陵、东山、五溪、三洲、罗溪、石井、竹梧、秀溪、柳唐、淘月、秀峰、云中、敦信、香城等二十一所书院，还有养正、霞源两所义塾。但如今都遗迹难寻。

### 6.民俗风情，独具神韵

梅岭地区最有特点的民俗风情要数水碓和关公灯了。水碓在梅岭溪、涧、山谷中随处可见，已成为风景区中独特的一景。水碓由石砌墙、茅草盖顶的碓房和木制水车组合而成。最为壮观的是铜源港的水碓群。在近2000米长的山谷和断崖中，错落有致地上下排列着三百多个水碓，从高处望去，瀑布千叠，水碓连群，气势宏伟，景色迷人，是风景区中独特的胜景之一。

上板曹家的关公灯由一百多条板灯相连缀而成，长300多米，共三百多盏红灯。头灯由四十八盏别致小灯笼组成，尾灯二十四盏。每逢正月十五晚上，由两班鼓乐引路，爆竹噼啪，开始游灯，作之字形游行，有色彩有气氛，场面极为壮观。

## 第三节　人文典故

### 一、名字起源

梅岭最早称洪崖山、献原山。相传，中国音乐鼻祖伶伦（号称洪崖先生）在此凿井炼丹，留下了"洪崖丹井"胜迹。西汉末年，王莽篡政，南昌尉梅福抵制，弃官后在此隐居仙逝，后人遂改此山为梅岭，以纪念梅福的高风亮节。其母体山脉因处在城区以西，因而叫西山，梅岭亦称作西山梅岭。

洪崖乐祖

## 二、历史渊源

从出土文物来看，梅岭早在七千年前的新石器时代便有原始先民在此生息繁衍。周朝前属扬州之域，秦属九江郡，汉属豫章郡。汉朝初年，梅岭辟有古驿道，楼船将军在此驻兵，防东越反。汉末建安四年（199年），吴侯孙策至豫章，敛兵不杀，民感其德，在梅岭建吴王庙以祭之。此后佛、道二教竞相在此建寺立观。自汉至明，来梅岭寻奇问古、觅幽览胜者甚多，使梅岭饮誉一千多年，成为我国名山之一。自清初后游人日少，梅岭的名望逐渐下降。新中国成立前后，梅岭才逐步兴建了一些避暑设施。1985年12月，梅岭被列为江西省级风景名胜区。如今，梅岭已有狮子峰、竹海明珠、洪崖丹井等多个景区被评为国家级旅游景区。

## 三、民间传说

### 1.皇姑墓的传说

梅岭有江西最大的地表墓——皇姑墓，墓前有石翁、石马、石狮、石羊等。相传，皇姑是乾隆的义妹，为江西新建人，姓熊，其夫裘曰修少年得志，遭人嫉妒被陷害，蒙受冤屈，她千里赴京救夫，路上碰到皇太后，太后见她与死去的爱女酷似，收其为干女，她丈夫因此得救，死后他们夫妇合葬于此。

据说，裘曰修是美男子，而熊氏却不漂亮，他们的婚姻由父母包办，结婚前从未见面。洞房花烛之夜，裘曰修拨开熊氏头巾，大为惊异，在纸上写下"抬头不见月"，意为无花容月貌。熊氏自知，续上"遥见满天星，众星拱北斗，牛女朝帝京"以自嘲，裘曰修以此方重其才德。

传说，皇姑墓前的元宝石是神仙送给熊氏赴京的路费，墓前的溪流是熊氏在丈夫入狱时曾避难于此流泪而成。在墓旁有用石头围成的石室，传说裘曰修蒙冤期间，熊氏于此避难，遇上大雨无处藏身，由于她的行动感动了玉帝，玉帝就派大力神搬来了巨石为熊氏避雨。

### 2.岳飞题诗的传说

梅岭因岳飞的石刻"行复三关迎二圣，金酋席卷尽擒归"名声大震，这首石刻出自岳飞的《翠崖》："秋风江上驻王师，暂向云山蹑翠微。忠义必期清塞水，功名直俗镇边圻。山林啸聚何劳取，沙漠群凶定破机。行复三关迎二圣，金酋席卷尽擒归。"

北宋绍兴元年（1131年）正月，岳飞接到诏书归属张俊指挥，转战于江南西路、淮南西路，在击溃游寇李成、招降游寇张用之后立了功。七月，岳飞升任神武右副军统制，奉命驻守洪州（今南昌），弹压强盗。《翠崖》一诗当写于此时。岳飞认为农民起义和土匪之类不足虑，不过是"蜂蚁之群"，而"沙漠群凶"和"金酋"才是最大的敌人，"复三关，迎二圣"才是当务之急。这首诗表明了岳飞对阶级矛盾和民族矛盾的观点和态度。

### 3.洪崖丹井的传说

据传，在黄帝时代，有一位音乐大臣，史书上称他为伶伦。此人精通乐理，定了十二音律，被誉为华夏音乐鼻祖。后来他到豫章（今南昌），隐居西山，采药炼丹，人称洪崖先生。洪崖先生在山中采药捣药，为获得好水，在山涧龙潭处凿开了井洞五口。这就是"洪崖洞"及"洪崖丹井"的来历。现今在那山涧石壁上还有多处摩崖石刻，最引人注目的是清康熙十五年（1676年）笑堂白书"洪崖"两个大字，虽经历了三百多年，但字迹仍然清晰可辨。

洪崖先生捣药炼丹，不怕辛劳，不分日夜，不计年月，直炼得西山顶上香雾弥漫，山岩一片丹红。西山的水，西山的土，被丹药的浓郁香味渗透得馨香甘甜，西山从此成了一座仙山。传说洪崖先生后来升仙了，他炼丹汲水的"洪崖"胜迹一直被传诵着。隋文帝年间，朝廷因"洪崖"的盛名，改其名叫洪崖丹井。

### 4.萧史弄玉的传说

梅岭的铜源峡是萧史弄玉故事的发生地。相传，春秋时秦穆公的爱女弄玉酷爱音乐，尤喜吹箫。一晚，她梦见一位英俊青年，极善吹箫，愿同她结

为夫妻。穆公按女儿梦中所见，派人寻至华山明星崖下，果遇一人，羽冠鹤氅，玉貌丹唇，正在吹箫。此人名萧史，使者引至宫中，与弄玉成了亲。一夜，两人在月下吹箫，引来了紫凤和赤龙，萧史告诉弄玉，他为上界仙人，与弄玉有殊缘，故以箫声作合，今龙凤来迎，可以去矣。于是萧史乘龙，弄玉跨凤，双双腾空而去。

# 第十二章
## 冠世绝境云居山

### 第一节　概　况

云居山位于江西省九江市西南面永修县境内，云居山由莲花城、百花谷、青石湖、泉祠坳等景区组成，包括五十多处景点，其主要景点有真如禅寺、虚云纪念堂、云门寺、圆通寺、瑶田寺、桐安寺、祇树堂、观音庵、上方庵等寺庙群体，以及洪觉道场、仙人足印、五龙潭、聪明泉、云居山大瀑布、马喷水瀑布、白水大瀑布、佛手石、仙人浴盆、仙人石屋、仙人脱靴、雷门洞、清初百岁坊、飞虹桥等。云居山风光旖旎，文化底蕴深厚，自古以奇秀天成的自然风光和历史悠久的禅宗著名道场而被人们誉为"云岭甲江右，名高四百洲""冠世绝境，天上云居"，是一座以宗教游览、休闲观光为主要功能的山岳型风景名胜区，被评为国家级重点风景名胜区与国家森林公园。

云居山属亚热带季风气候，四季分明，雨量充沛，多数山地土层深厚，适宜各种植物生长，植被上显示出由暖温带落叶林向亚热带常绿阔叶林的过渡特征。云居山林木繁茂，植被完整。山色含黛，松、杉、竹青翠欲滴。五脑峰、青石湖近万亩竹海碧涛阵阵，婆娑多姿；扁担坳、大马颈松涛万顷，苍翠挺拔，春天时节，遍山

杜鹃、瑞香、兰草色彩斑斓。

## 第二节　特色景观

### 一、冠世绝境，地质珍迹

云居山水源丰富，水质洁净，气候清新宜人。据江西省环境保护科学研究所对云居山环境质量现场监测，云居山表层土壤中铜、铅、锌、砷含量均在正常范围内，大气质量良好，二氧化硫、氧化物及悬浮微粒等项目指标均符合国家大气一级标准。

（1）万顷云海。云居山内云蒸霞蔚，势雄貌秀，丛林幽深，怪石嶙峋，南北麓受潦、修两河相挟持，植被繁茂，气候宜人。云海是云居山的一大特色景观，自古就有"云居甲江右，名高四百州"之美誉。雨过初霁，站立于山顶，可见万顷云海茫茫无际，云居诸峰飘浮于云海之上，宛若蓬莱仙岛，

📍 云居寺

奇幻无比。一俟日出，茫茫云海逐渐散去，化作缕缕白絮，似烟如纱，云飘山移，妙不可言。清晨或雨后天晴时，常有带状白云浮现在桃花尖一带山腰上，绵延数里，人称玉带云。

（2）雪舞飞虹。隆冬季节的云居山雪花飞舞，诸峰银装素裹，玉树银花，雪拥楼台，更有那美丽的余晖和百花谷时时可见的彩虹，虹随人动，乐趣无穷。

（3）瀑布奇观。马喷水瀑布，自两峰峡壁间喷涌而出，飞落数十米。云居山大瀑布飞卷重帘，直泻百余米，声可传数里，给人以"飞流直下三千尺，疑是银河落九天"之感。百花溪瀑布，蜿蜒曲折，绿波妙隐。滴水洞一瀑如线，自数十米高处直落湖面，临水远眺，似苍龙吸水，奇妙无比。五龙潭瀑布，险峰峭壁，溪涧纵横，清溪自崖顶跌落，飘逸如练连跌五级，平时素荡飘逸，雨后倒海翻江，声震数里。千百年来，文人名士对五龙潭皆赞叹不已，赋诗吟咏。

（4）奇峰怪石。云居山峰峦林立，群峰染黛。主要山峰有高峨挺拔的高山尖、云遮雾罩的桃花尖、突兀峥嵘的菊花尖、高耸云天的五脑峰，以及烂柴尖、大马颈、大壁山、鸡笼山、坪峰山、竹篙尖、石门尖等，其中高山尖为云居山主峰，海拔969.4米。峰峰景色迥异，构成云居山不可多得的峰峦秀色景观。云居山山石峻峭，欢喜石、鸡石、龟石、猴面石、石船、仙人靴、试剑石、犀牛石、石鼓、河蚌石等形态各异，鬼斧神工，令人叹为观止。

（5）崖洞幽谷。云居山内峰奇洞幽，迥然各异。有的曲折幽深，牵藤以入；有的宛若屋舍，纳人数十；有的凉风习习，令人莫测。典型洞府景观有仙人石屋，三石相叠而成，内可纳十余人，洞顶"云山石屋仙境"引人遐思；九曲洞，洞内上下屈曲，左右迂回，幽深遂密，诱人探幽；凉风洞，清风阵阵，清凉消暑；热风洞，时而热风涌出，呼然有声，时而吸入败草，踪迹皆无，令人莫测其所出；还有各具特色的豪猪洞、三角洞。云居山内地貌多成陡崖，线状山间谷地。其中，百花谷两侧黛山茂林，苍翠欲滴，奇石林立，

古松苍虬，云雾尽散，秀美绝伦，实有匡庐锦绣谷之神韵。黄荆洞的"卢谷"由香棚至口头李家一线，崖壁陡峭，高达数百米，崖壁上厉岩齿露，茂树丛生，近前俯瞰，令人头晕目眩，莫敢详视。东侧谷壁如画，谷底老树枯藤，鸟语阵阵，流水潺潺，险峻之极。

（6）古树名木。云居山植被种类繁多，古木参天。分布于真如禅寺周围的十八株古银杏，树龄皆在数百年至千年。其中无心杏树龄千年，树围近10米，高30余米，历经沧海桑田仍枝繁叶茂，生机盎然；司马村古罗汉松两株，树龄五百年以上，遒劲苍虬，为明朝僧人手植，两树相距数十米，大者高约20米，树干须三人方可合抱，当地群众视为"神树"；还有朱家岭的古枫、千年桂、雷公洞的千年栎等。云居山著名珍稀树种有国家一级保护树种伯乐树、香果树；其他珍稀树种有金丝楠等；还有江南最大面积的天然栓皮栎群落，是云居山植被资源中的宝贵财富。

## 二、丛林样板，禅修圣地

（1）样板丛林。云居山是我国著名的佛教场所，山内同安、瑶田、云门、祇树、南阳等寺庙和上方、观音等庵环山而立，常年禅音声声，佛境悠悠，演化着奇山秀峰的独特灵性。真如禅寺更是山内寺庙集大成的代表，是佛教禅宗曹洞宗发祥地之一。千百年来，真如禅寺香火鼎盛，高僧辈出，禅风浩然。目前初步形成了以真如禅寺所在的莲花城为中心，佐以四周的云门寺、圆通寺、瑶田寺和祇树堂寺等为外围，以佛教文化的"清、静、幽、雅"为特色的参拜礼佛、沐禅慧心的禅修圣地。

（2）悠久塔墓。云居山自唐至今历来为佛教圣地，历代名僧墓塔众多。近年经对全山墓塔的勘察，发现现存历代僧塔墓近百座，大多因风化或其他原因所致而损毁，全山塔墓大多集中于真如禅寺附近，其中有四十余座经修复，已知的有真如禅寺塔林、颛愚塔、燕雷塔、道容塔、佩璋塔、心印塔、将军塔、朗耀塔、海灯塔、虚云塔、海会塔、悟源塔、一木塔、道膺塔、日

📍 真如禅寺大雄宝殿

本平山钝木和尚塔等。上方庵西南侧有十余座僧塔相聚而建成一塔林，目前经修茸，貌复原状，蔚为壮观。保存完好的唐朝真如禅寺塔林已被列为全国重点文物保护单位，具有极高的历史和科学价值。另有易家河明刑部尚书魏源墓可供凭吊怀古。

## 第三节　人文典故

### 一、名字起源

　　云居山为幕阜山脉之余脉，古名欧山。相传战国末年，秦兼并六国之际，楚怀王被骗入秦，楚将欧岌为保护楚怀王之后裔康王，避难于匡庐，秦将王翦急追而来，混乱中，康王走失，欧岌到处寻找不见，遂循入此山修炼得道。人们为了纪念欧岌，就将此山称为"欧山"。唐朝之后，人们因此山"山势雄伟高峨，常为云雾所抱"，又将此山改名为云居山，简称"云山"。

## 二、历史渊源

云居山真如禅寺自奠基开山以来迄今一千一百余年，历代高僧辈出。据南宋张大猷撰《云居山缘起记》记载，云居山建寺始于唐宪宗元和三年（808年），由道容禅师开山创寺，至唐僖宗中和三年（883年），道膺禅师应钟表王之请，来主此山，僧众云集，僖宗赐额"龙昌禅院"，北宋大中祥符年间，真宗敕改名真如禅寺。

1939年，日军侵华，进犯江西，真如禅寺遭日寇炮轰，被毁。1953年，当时担任中国佛教协会名誉会长的虚云和尚来到云居山重建寺宇，以图复兴，当时诸方衲子闻讯来依者上百人。从1953年至1959年虚云和尚圆寂为止，真如禅寺殿堂僧舍相继建成，规模可观。现在真如禅寺新建有禅堂、虚云和尚堂、虚云塔院等建筑，几经修复和扩建后，真如禅寺已焕然一新，总建筑面积达3万余平方米，新塑菩萨法像二百四十余尊，殿堂二十多座，房舍一百四十二间，寺内有唐朝铜佛、白玉佛、清康熙千僧锅等许多珍贵文物；规模远远超过历史上最鼎盛时期的唐朝。真如禅寺一向奉行百丈禅师"一日不作，一日不食"的农禅家风，众僧耕云锄雾，参禅结七，讲经传戒，一派农禅景象。

自唐至清，住持过真如禅寺的大德禅师有五十多位，未任住持而在此山弘扬法化的大德禅师二十多位，多为佛教禅宗的著名大师。著名高僧有原方丈、中国佛教协会原名誉会长虚云长老，中国佛教协会原会长一诚大师、海灯法师，及中国佛教协会会长传印法师等。真如禅寺住僧有百余，每年来此朝觐览胜的游人达数十万人次之多。在东南亚及北美大陆具有较高知名度，堪称世界禅修中心。

# 第十三章
## 绿色明珠三爪仑

### 第一节　概　况

　　三爪仑地处靖安县，是国家森林公园、国家4A级旅游景区。靖安县是中国娃娃鱼之乡、中国椪柑之乡、中华诗词之乡。三爪仑境内山清水秀、风光旖旎、气候宜人，自然景观优美，人文景观众多，野生动植物资源丰富，珍禽异兽、奇花佳木遍地，是休闲度假、观光娱乐、避暑疗养的佳境胜地，被曾巩赞誉为"虽为千家县，正在清华间"。

　　三爪仑由况钟园林景区、骆家坪景区、宝峰景区、盘龙湖景区、躁都景区、铁门堑景区等组成。这里有碧波荡漾、四季如画的盘龙湖水上乐园，巍峨峻拔的天崖山，曲径通幽的南山幽谷，峰环如屏的洪屏狮子口，吐珠溅玉的白水洞瀑布，翠竹密布的太平洲康乐园，巨蟒成群的蛇林，遮天蔽日的原始森林。

### 第二节　特色景观

　　三爪仑处九岭山脉东麓，因其三条支脉呈"爪"字形走向，且地势险要而得名。景区由北河、宝峰寺、盘龙湖、骆家坪、虎啸峡、观音岩、白水洞、金罗湾等八大景区和况钟园林、雷家古村两个独立景点组成。景区生态环境

三爪仑

一流，有"绿色宝库"之称；负氧离子含量高达每立方厘米10万个以上，空气清新，全国罕见，又有"天然氧吧"之称；年平均气温13.7—17.5℃，舒适宜人，更有"休闲胜地"之称。景区内层峦叠嶂、林海茫茫、古木参天、怪石密布、清潭飞瀑、湖光山色十分迷人。

三爪仑有碧波荡漾、山环水绕的盘龙湖，碧水映林、绿影婆娑的北河，巨藤悬挂的千年古樟林，巍峨峻拔的天崖山，曲径通幽的南山幽谷，景致奇特的神仙谷，群瀑相连的观音岩，怪石林立的虎啸峡，峰环如屏的洪屏狮子口，吐珠溅玉的白水洞瀑布，形象逼真的仙女浴瀑布，遮天蔽日的原始森林，翠竹密布的太平洲；有滩多水急、平均落差100余米的原始森林激情漂流，悠闲自得的竹筏漂流；有高速飞驶的摩托艇兜风，冲泻而下的高山滑水，纵车飞驰的凤凰坡滑草，凌空飞越峡谷的溜索等娱乐项目。此外，还有采野果、摘椪柑、观赏娃娃鱼、登山探险、帐篷露营、篝火晚会、风味烧烤等物色活动，其乐无穷。

园内奇峰林立，怪石密布，清泉飞瀑，曲溪流泉，云雾霞光，瑰丽动人。云蒸雾绕的倒天崖巍峨高峻，瀑声如雷的白水洞吐珠溅玉。洪屏狮子口如雄狮俯卧，峰环如屏。骆家坪原始森林里众多的动物种群和珍贵树种令人目不暇接。小湾水上乐园绿水荡漾，四时如画；直河漂流，大梓河泛舟更使人体味到碧水丹山的无穷韵味。

三爪仑自然风景不仅以山水取胜，而且有许多历史悠久的文物古迹，文化底蕴十分深厚。东周古墓为全国重大考古发掘。宝峰古寺为唐朝佛教禅宗马祖道一弘扬佛法的道场和珍藏舍利圣地。靖安县历代名人辈出，是明朝著名清官况钟，礼部尚书、江西十大才子之一李叔正，清朝《白香词谱》作者舒梦兰的故乡，也是唐朝著名诗人刘昚虚隐居地。他们都以其道德风范和名篇佳作流传于世。

# 第十四章
# 觉者天堂大觉山

## 第一节 概 况

大觉山，国家5A级旅游景区，位于江西省抚州市资溪县境内，野生动植物资源丰富，分布广，被誉为"天然氧吧，全国罕见的动植物基因库"。境内山清水秀，山峦苍郁峻拔、溪流清澈萦回，自然风貌原始，空气新鲜清纯，气候舒爽宜人，并以其罕见的绿色植被、深厚的佛道源流，引起国内外的普遍关注，被誉为"华夏翡翠，觉者天堂"，并成功入选"新赣鄱十景""中国十佳休闲旅游景区""最佳国际休闲旅游名山""全国网民最喜爱的旅游景区"等。

大觉岩寺景区为大觉山的主要景区之一，距山门6千米，占地面积约1600平方米。大觉岩寺坐落在海拔1118米的莲花山天然石洞中，此洞深12米，宽60米，高6米，洞之深廓，世所罕见。莲花山山高奇峰独特，清澈的"聪明泉"，竿立的"双烛石"，威武的"将军石"，神秘的"宝塔"，幽静的"吕洞宾读书洞"，挺拔的"逍遥峰"，还有赋予传奇色彩的"龙床洞""水帘洞""神女石""不老松""神龟问天""双乳峰"等五十余个景点分布于大觉寺周围。

大觉山

## 第二节　特色景观

大觉山风景区位于江西省东部、闽赣交界的武夷山西麓，是"生态王国·华夏翡翠"资溪县的核心区域。著名风景区武夷山、龙虎山分别坐落在大觉山东、北两翼。

大觉山属亚热带湿润季风气候，冬无严寒，夏无酷暑，更无台风、地震、泥石流等极端自然灾害威胁。这里日照充足，年平均日照1596.7小时。气候温和，年平均气温16.9℃，年无霜期约达270天。雨量丰沛，年平均降雨量1929.9毫米。大觉山七十二峰朝大佛，海拔800米以上的山峰占景区面积的19.2%，主峰高达1647米。景区内乔灌木、藤蔓、花草、苔藓、飞禽走兽资源丰富，是名副其实的生物多样性宝库。

沉睡千年、深藏不露的大觉山向世人展现着其万种风情：松涛云海、朝霞日出、重峦叠嶂、激流穿石；石塔、石扇、石鸽、石佛，狮蹲虎踞，鬼斧神工；鼓潭锣池龙凤和鸣，飞瀑泻银高歌如颂；巨石小卵悬崖嶙峋，古藤老树欣欣向荣。然而，给人印象最深、最惊险刺激的游览参与性项目莫过于大觉山的大峡谷漂流。漂流全长3.6千米，落差188米，途经一峪、三弯、六潭、九瀑等急流飞舟，搏击自然，惊险刺激。

景区还有大觉山影视城，该项目总占地面积11.2平方千米，总建筑面积16000平方米，其中大觉山古镇占地4万平方米。古镇选定在景区的官驿站和大美亭两岸，结合地形地貌打造一个山水交融的宋朝古镇。影视城内建有一河、三街、六巷，董永家宅，恶霸吴冲天吴府，令世人逍遥快活的赏春苑，神奇、神秘的原始森林；另外还建有一座廊桥、一座拱桥、一座东望楼、东西两座城门、一座圣殿、圣殿外有一个聚会用的广场。衙门、商店、包子铺、茶楼、集市、客栈等，尽显大觉山镇的繁华。整体建筑采用仿宋风格，沿街道两边布置，砖木结构，一至二层。墙体采用立砖斗砌，檐椽、飞椽、望板

🎯 大觉山漂流

均用老杉木制作。影视城集旅游、观光、休闲、影视拍摄等多种功能于一体，是大觉山景区的一大亮点。

## 第三节　人文典故

### 一、名字起源

大觉山得名亦源自大觉者。大觉者高1338米，神威壮观，气势恢宏，被人们誉为"大地之子，元始天尊"。何谓大觉，即世人大觉大悟是也。何谓者，即人也。大觉者合二为一，是组成万物不可分割的有机整体。就以人为本而言，大觉者即是人的最高境界之所求，大地之子的象征。

### 二、民间故事

大觉山的传说源自大觉岩寺址。大觉岩寺是大觉山景区的最佳观景点，名人曾留下墨迹，夸它为"天下第一岩的绝妙仙境"。有诗为证：

雄伟壮观狮子岩，美妙神奇民间传；

早闻鸟语钟鼓音，晚观日落朝佛声。

日出阳光照仙洞，满寺香气扑鼻中；

群上怀抱春常在，奇石异景在险峰。

相传古时候，武夷山西麓气候宜人，山色郁葱，有九只狮子同时看中这块风水宝地，可谁也不肯轻易离去，于是就厮打起来。最后剩下一雌一雄旗鼓相当，相争不下，决斗了七七四十九天，雄狮不敌败逃，而母狮也累得张口喘气，喘着喘着身子变硬了，变成了一座大山，身上的毛发变成了满山的树木，翘起的尾巴变成了大石笋柱，而它那张大的嘴巴就是今天的大觉山涧。

民间又传南林县笑石林有百只狮子，为了争夺地盘发生了格斗。胜者占据笑石，败者落荒而逃。而有只母狮在此安家落户，经过漫长的岁月，母狮变成一座巨大的石山，横卧在武夷山脉的莲花山上，此岩洞便是母狮张开的口。后有大觉禅师云游至此开发兴建寺庙，并将狮子岩改为大觉岩寺。

# 第十五章
## 其他山岳景区

### 第一节　天然氧吧阳岭

阳岭位于崇义县县城南郊，距赣州市区约100千米，是国家4A级旅游景区、全国农业旅游示范点、国家级森林公园、江西省自然保护区。阳岭古称观音山，后为纪念明朝大理学家王阳明剿匪立县，改称阳岭。阳岭方圆50平方千米，有秀峰三十六座，飞流瀑布九处。公园内峰峦叠嶂，古木参天，泉甘溪曲，藤古树珍，四时花木广布，珍禽异兽咸集，保持了完好的亚热带原始森林风貌。苍山翠竹间有云隐寺、观音庙等古迹。它由于拥有大面积原始森林，空气负氧离子含量特别高，被称为天然氧吧，是人们回归自然，休闲度假的好去处。

#### 一、特色景观

崇义是中国十大竹乡之一，阳岭竹林因其面积大、气势壮观，被誉为"十万亩竹海"。阳岭森林层次非常分明，山下是阔叶林，树木高大茂密，中间是毛竹林，山顶部分是灌木林，在山顶有很多杜鹃林。整个阳岭的生态保护非常好，形成了明显的复层林，就是在同一区域内，林木分三个层次：第一层是高大乔木层，第二层是中育林层，第三层是灌木林层。

"阳岭之巅"阳峰海拔1295.5米，相对高差1022米。阳峰之趣，在于高，在于险，在于云，在于石，在于盛开的杜鹃花。登阳岭之巅，经838级台阶，有直入云天之感。从齐云阁东行至天竹亭，尽可体验其高——群山皆俯伏，一览众山小，其险——蜿蜒曲折，壁立峭绝。阳岭是阳明湖、西湖水发源地，

通向巅峰的"摩天云梯"

相对高差超千米，加上森林茂密和湖水蒸腾的作用，这里常年云雾缥缈，云蒸霞蔚，蔚为壮观。秋日午后，雨过天晴，有"佛光"现象。阳岭山石属丹霞石质，有的似大佛，有的似鲤鱼，有的似神犬，有的似金龟，极具神韵。

阳峰主峰的侧面有一个拜佛台，那里有一块石头酷似侧身佛面，称为镇山大佛。

阳峰四周遍布杜鹃矮林，"人间四月芳菲尽，此处杜鹃始盛开"。这里杜鹃花的品种繁多，每年四五月间，漫山遍野，层林尽染，姹紫嫣红，或红，或白，或紫，或红白相间，甚是好看。

在阳岭森林深处，有众多的瀑布，以龙吐水瀑布和兰溪瀑布名气最大。龙吐水瀑布出水处似卧龙吐水，所以得名。龙吐水瀑布落差18.6米，紧随其后的是落差15.8米的兰溪瀑布。这里遍生兰草，夏秋之交，兰草花竞相绽放，幽香萦绕，沁人心脾，所以溪水称兰溪。在瀑布下有兰溪亭，供游人观景休憩。水出瀑布，两岸山峰耸立，形成了兰溪峡谷。水在峡谷中穿行，迎风摇曳，幽香阵阵，兰溪瀑布及兰溪峡谷区是景区负氧离子含量最高的区域。在兰溪亭憩息，或在兰溪峡谷中漫步，令人精神倍增。阳岭负氧离子含量极高，经中国环境科学研究院多次实地检测，确认其中最低值云隐寺水溪边为每立方厘米二万个，最高值兰溪瀑布峰口每立方厘米达十九万个。所以说到阳岭旅游，既是观光、休闲之旅，也是养生、保健之旅。

海拔700米以下的阳岭山林主要为原始阔叶林。兰溪瀑布以下分布的也都是原始森林。阳岭沟谷雨林，既是原始林，又是雨林。沟谷两岸林木挺拔，藤林粗壮。在这一带还有亚热带极为珍贵的生物基因。据初步调查有木本植物八十七科三百七十一种，其中国家一、二类保护树种有水杉、秃杉等十二种，省级保护树种六十三种；野生脊椎动物一百三十五种，其中国家一、二类保护珍稀动物有黄腹角雉、白鹇、中国大鲵等三十二种。

## 二、民间故事

阳岭，古称观音山。传说南宋绍兴年间，有一钟姓秀才携两友赴京赶考，途经此山，被其雄伟秀丽所吸引，欣然结伴登山，一路风光，一路豪情，游得兴起，及至山巅，壁立峭绝，方觉暮色已近。回眼来路，林海茫茫，战栗不敢下。因念观音经，有白衣人掖之而下，并被白衣人教化：此乃人间仙境，前路无须再游。三位秀才感其言，一路风尘，果然金榜题名，故名观音山。后因享誉内外的明朝大理学家王阳明剿匪立县，为纪念王阳明，改称阳岭。原有观音庙，已被毁，现仍存观音泉。

阳岭的云隐寺种了许多花草，宛如世外桃源。寺后山中有清泉四季不断，长流不息，被称为观音泉。相传以此泉洗浴或饮用能去百病。传说云隐寺正门西侧大枫树曾三年不发一叶，却在云隐寺修缮恢复之际，枯枝发春华，非常茂密，相传为古观音树。传说很久以前，阳岭周围住着上百户人家。当时有妖魔作怪，施雾瘴，导致阳岭山民患眼疾，寻遍名医救治无效。一日，观

📍 阳岭春色

音路过此地，施道法点了一眼清泉，以泉水为山民治疗眼疾。为镇住妖魔又点化一棵观音树，保佑山民平安度日。观音心慈，没有彻底将妖魔制伏，只将其锁在观音树上，令其悔改前非。但妖魔江山易改，本性不移，其不但不思悔过，还狡猾地骗过观音，脱去锁链，继续四处为患。佛祖知晓后，派出镇山大佛将妖魔降伏，并将其压在镇山大佛身下。

## 第二节　岭南奇秀梅关—丫山

大余梅关—丫山风景区位于江西省西南部的赣州市大余县境内，梅关景区和丫山景区都是国家4A级旅游景区。

由于地势险要，古代大余南扼交广，北拒湖湘，地理位置十分重要，为兵家必争之地。宋朝苏轼形容为"大江东去几千里，庾岭南来第一州"。

唐开元四年（716年），因经济发展，为适应南北经济交流及对外交往的需要，内供奉张九龄奉召凿辟梅岭驿道，后在驿道沿途兴建了驿站、茶亭、客店、货栈等。从此，南来北往的官轿，商贾的货物，以及海外的贡使，多经此道，故有"海上丝绸之路"之说。北宋嘉祐八年（1063年），蔡挺知南安军（今大余），筑梅关于岭上，并与其兄广东转运使蔡抗协议，以砖石分砌梅岭南北路，并夹道植松，方便往来的商旅憩息。明清时，驿道几经维修扩建，更趋平坦宽阔，其中以明成化十五年（1479年）南安知府张弼雇佣民工扩修的规模最大，质量最高。清道光二十年（1840年）鸦片战争以后，五口通商以及汉粤铁路的兴建、赣韶公路的开通，梅岭驿道随之日趋衰落，现仍保留完好的只有梅岭脚下广大桥至梅关一段。

1935年至1937年，项英、陈毅等老一辈无产阶级革命家，在梅岭一带坚持艰苦卓绝的游击战争，开辟了红色赣粤边根据地。陈毅写下气贯长虹的《登大庾岭》《梅岭三章》《偷渡梅关》等革命诗篇。

## 特色景观

大余梅关—丫山风景名胜区的自然景观以植物群落、优良生态为胜，人文景观以风景建筑、宗教建筑、风物为胜，是一处理想的怀古、科教、观光、休闲胜地。

### （一）自然景观

#### 1.独特的植物群落

"庾岭红梅"自古即为古南安八景之一，岭上梅树多且奇，每当隆冬腊月，遍岭梅花傲雪怒放，争相吐妍，形成梅海，更有"山岭山麓花不同，南枝花落北枝始"的独特景观，有"梅国"之称谓。梅树集中于梅关片区的古驿道两侧，其他区域有散布，山下也建有梅园。梅花品种以白梅为主，还有红梅、青梅等品种。

#### 2.清幽的瀑泉河谷

丫山、三江口拥有良好的植被群落，环境清幽。丫山的龙山瀑布群由七级瀑布构成，经山谷丛林而下，有若神龟听泉，有若仙翁沉思，有若龙须垂挂，有若飞龙出云，有若母子相依，等等。三江口的洪水寨河汇集了区内的多股支流，两侧山陡崖险、密林葱郁，形成了多处瀑布跌水。

#### 3.优异的生态环境

三江口内有众多国家级、省级野生保护动植物。丫山的生态环境优良，特别是以双秀峰为中心的区域分布着大片的常绿阔叶林。景区内林深树密，秀木参天，空气清新，负氧离子含量极高，堪称"绿肺"。

#### 4.秀奇的山峰溶洞

双秀峰有"赣南小庐山"之称。顶部双峰耸起，似"丫"字，其中主峰海拔906.2米，山坡较陡，平均坡度45度，山体基岩为砂岩。山上植被茂密，树木以针叶树、杉树为主。在山坡下部、山窝、河谷主要生长阔叶树。森林中有多种野生动物栖息，如穿山甲、松鼠、野鸡、野兔等。历代府县官员均

◎ 大余梅岭

◎ 丫山三叠瀑

以"簿书堆里且偷闲,双秀峰头一笑攀"为乐趣。众多的旅游观光者来到丫山,更以不登峰顶非好汉为快事。

### (二)人文景观

#### 1.千古驿道底蕴深厚

大余地理位置十分重要,为沟通中原与岭南的要冲,是昔日海上丝绸之路的中途重镇,素有江西"南大门"之称。古代流通经过长江水系的支流章江经陆路换乘至珠江水系的支流桢江,东山古码头—梅关—珠玑巷—桢水码头成为重要的陆路要道。自唐开元四年(716年),梅关驿道开通后,为开元之治大唐注入了新的活力,经济空前繁荣,这里变得商贾如云,货物如雨,万足践覆、冬无寒土。直到1932年,赣粤公路贯通之后,梅关驿道才渐渐冷落。梅关驿道是我国南方现存最长、保存最完好的古驿道,2006年5月被批准为全国重点文物保护单位。

#### 2.牡丹亭源四海传唱

明朝戏剧家、文学家汤显祖曾两次逗留南安,驻足流连,触景生情,心意拱动,创作了浪漫主义杰作《牡丹亭》,文因景颂,景因文传。充满"千般爱惜,万种温存"的《牡丹亭》使汤显祖有"东方莎士比亚"之称,南安牡丹亭也因此名扬四海,其声誉不亚于滕王阁和黄鹤楼。牡丹亭原址已毁,1996年重建于东山之麓。

#### 3.东山书院人杰地灵

大余古为儒雅之邦,是理学渊源之乡,北宋理学大师周敦颐任南安军司理参军时,授程颢、程颐理学。后人建周程书院于此,讲学育才。南宋理宗亲赐书匾,改名为道源书院。从此讲学之风不衰,名人辈出,道源书院也成为江西八大名书院之一,为培养南安科甲人才发挥了重要作用。至清末,南安进士出身者达五十余人,清乾隆、嘉庆年间状元戴衢亨父子叔侄"一门四翰林,叔侄大学士",名重一世,时称"西江四戴"。

### 4.梅香古韵佳作纷呈

古驿道的开通，使大余成为海上丝绸之路的中途重镇，中原的优秀文化和外域文明在这里相互交流。独特的梅树景观，给后人留下了丰厚的梅文化沉淀，张九龄、宋之问、刘长卿、苏轼、张九成、文天祥、聂古枯、汤显祖、戚继光、解缙、戴衢亨、袁枚等历代名人留下传世佳作二百余首。陈毅、项英等老一辈无产阶级革命家也在写下不少诗篇。

### 5.古刹钟声香火鼎盛

南唐时灵岩寺（与广东南华寺一脉相承）始建，清乾隆盛世扩建后殿宇变得更为宏伟。古寺坐北朝南，依山势呈台阶式布局，具有明朝建筑风格的砖木结构建筑群落，是"江西有数，赣南为盛"的佛门圣地。每逢农历十月初一至十五日举行传统法令会，信众每日有数千人。另还有正觉寺、云封寺、嘉祐寺塔等。

# 第三节　江南蓬莱汉仙岩

汉仙岩为国家级风景名胜区、国家4A级旅游景区。汉仙岩地处江西省会昌县筠门岭镇，闽、粤、赣三省交界处，武夷山余脉与南岭余脉的延伸复合区，属低山丘陵地区。总体海拔在200—550米之间，平均相对海拔100—200米。区内最高为羊角水堡东侧的三门，海拔约530米。汉仙岩受岩性、水文气象及其他自然因素的影响，剥蚀、侵蚀作用明显，丹霞地貌发育较完整，属典型的丹霞地貌景观区。

汉仙岩因八仙之一的汉钟离在此修炼成仙而得名，景区由汉仙岩、汉仙湖、盘古山、羊角水堡、汉仙温泉、过江坪古松林等景区组成，蕴涵着深厚的八仙文化、盘古文化和客家文化。汉仙岩风景名胜区于1995年被列为江西省级风景名胜区，2010年被水利部评为国家水利风景区，2011年被评为国家4A级旅游景区，2017年被评为国家级风景名胜区。有"虔南第一山·仙境汉

汉仙岩风光

仙岩""八仙圣地·人间仙境"的美誉。

## 一、特色景观

汉仙岩属丹霞地貌构成的低山丘陵区，境内山环水绕，是国家水利风景区，属于水库型风景区，由湘水积流而成。它既有长江三峡之雄壮，又有桂林漓江山水之秀丽，景区处处奇峰夹岸、群山环抱、碧水萦回、水清如镜、茂林修竹、田园村舍，风光如画，自古就有清、秀、幽、险、奇、趣的特点。

### （一）自然景观

#### 1.碧水清清涤尘嚣

汉仙岩的水清丽脱俗，水色碧绿，虽深未可测，但水面平静而自然。碧波随意荡漾着，与沿岸的绿树相映成趣。水路曲折有致，放眼望去，偶尔以为"山重水复疑无路"时，转个急弯，未想"柳暗花明又一村"。水中间或突起一两座孤零零的小岛，就像温婉的少女胸前别了一枚精致玲珑的胸针，更是给这水增添了一份灵动与生机，别有一番韵味在其中。

**湘水**　湘水发源于寻乌，蜿蜒流入会昌县城，沿途8千米，有"十里画廊"的美称。其自古是由赣入闽、粤的水上通道。相传，湘水是由八仙中的韩湘子云游时，腰带飘落于此而成的。旧志赞之："汉仙岩景固奇，而入岩水路尤妙。"明朝中丞大夫郭子章评曰："会昌羊角水，远胜武夷九曲溪。"

**泉水**　石罅泉位于僧帽石北，九曲登山道左10余米处。一泉自石罅中渗出，清澈如镜，甘甜爽口，四时不涸。上有铭文"石罅泉"。据旧志记载，古有二泉，一曰"石罅"，一曰"卓锡"。如今，仅留"石罅"，"卓锡"早已不存了。会仙温泉位于景区北部，泉水常温在58℃左右，是赣南已知规模最大的温泉。

#### 2.奇峰趣石祛烦忧

走进汉仙岩景区，仿佛进入一个奇峰趣石交错的世界。举目四望，怪岩兀立，有的颇似狮身人面像，有的则敦实如憨厚的长者。在这里，尽可以穷尽想象，将平日呆板的思维来一个奇妙的转身。漫步在奇峰趣石之中，能够让人暂时忘却心中的烦扰，全身心地感受大自然的鬼斧神工，使身心都能得到一次彻底的放松。这对于久居闹市、备感疲惫的人而言，将是美事一桩。

**玉笋峰**　在僧帽石南山脊上，数块岩石拔地而起，形同笔架，又似破土而出的春笋。相传当年曹国舅看破红尘，追随吕洞宾云游名山大川，来到汉仙岩后，就写下了给当朝天子的断交信。

**合掌门**　过九曲登门道，山岩入口处两块巨石如掌相合，上窄下阔，仅供一人佝偻而入，是进入汉仙岩主景区的第一道山门。古时不少文人墨客见到此奇景，称其为神仙合掌，所以叫合掌门，寓意人们来到这仙家圣地，必须虔诚笃信。

**巨蟒探水**　羊子岩码头对岸，有一出水巨石，似一巨蟒张嘴露齿半卧于水面。相传，古时候汉仙岩水域常有蟒蛇出没作乱，其蛇王修炼成精后，更加肆无忌惮，兴风作浪，危害百姓。汉钟离与之斗法，并搬天兵将蛇精制服并定身于此。

### 3.险崖幽林觅仙境

汉仙岩景区生态环境优良，植物种类甚多，以竹子、松树、杉树、樟树为主，其中黑竹为江南罕见的珍稀竹类，过江坪古松林为历史悠久的客家风水林。区中诸多绝壁险峰，直插云天，危岩突兀，翘首仰望，似摇欲坠，一线天如刀切一缝，窄、深、险、幽。进入景区，仿佛进入仙家圣境，让人不禁寻觅起那梦中的仙人。

**一线天**　一线天从龙洞向南，直至天台，其间约120米，两座岩壁如同刀斧劈开形成一窄道，下宽约0.5米，仰头望去，两山俨然相合，宽处一二尺，窄处仅二三寸，日正中漏日光一线，故名。赣南名山多有一线天，但以这里的一线天尤佳。明朝官员周元的描述可以说是恰到好处："两岸将合愁难渡，一线斜开别有天"，"一痕界破青天色，岩底乾坤别有情"。

**过江坪古松林** 这是赣南独特的天然松林，松姿千奇百怪：苍翠欲滴的玉龙松，翁身童颜的不老松，坚韧苍劲的蟠龙松，蜿蜒卷曲的游龙松，绝顶奇妙的菩萨松，缠绵倒挂的壁虎松，枝杈乱插的连锁松。杂以樟树、楠木、毛竹、黄竹等，汇集成一片林海。据说，过去林中常有数百只老鹰聚会，为当地一大奇观。

**夫妻银杏** 位于眉林寺南侧，为雌雄同株古银杏，故名。高10余丈，粗大的树干要三人合抱，荫及半亩。现有香客将其奉为"神"，并将香插入树皮。据说这棵银杏栽种于唐朝，已有一千三百余年的历史。传说何仙姑与古佛斗法，拔下头上的银针去刺古佛，古佛抢过银针，往盘山一扔，谁知银针落地生根，变成了一棵银杏树。

### （二）人文景观

#### 1.摩崖石刻流芳千古

**壁立万仞** 三空胜地东侧的大石壁，南北长约80米，高约70米，石壁平整宽阔，上面有几十处明朝摩崖石刻，但因年代久远，风雨侵蚀，大多字迹已难辨。岩壁中部离地面6米多高处有"壁立万仞"四个大字，每字高约2.3米，宽约1.3米，古朴遒劲，枯笔绝妙。据说是明万历年间奉政大夫、吏部员外郎邹元标所写。下方石壁上刻着这样一首诗："壁立万仞冲九霄，云封雾锁尺难描。谁书万仞流千古，模糊字迹题元标。"

**天子万年** 循三空胜地北边拾级而上，又一巨石壁上刻有"天子万年"四个楷书大字。相传，这四个字是文天祥所写。文天祥曾经领兵由梅县北上收复会昌，他在途经汉仙岩时，因忧患南宋王朝岌岌可危，因此写下"天子万年"，期望能力挽狂澜，延续南宋王朝。

#### 2.八仙文化源远流长

经"鹞子翻身"景点后再前行四五十米，有一巨石横卧，其腹空平夷，状若飞梁，上镌"仙人弈乐"四字。石下有棋盘石，传说是仙人下棋的地方，又传其为汉钟离得道处。

相传，汉钟离原是五代十国时期后汉的一位战功赫赫的将军，名为钟离权，因为性格耿直，得罪权贵，遭到贬谪，于是看破红尘，跟随铁拐李云游四方。来到汉仙岩后，汉钟离觉得这里是块修身养性的宝地，铁拐李便留他在这里悟道。铁拐李为了助汉钟离早日得道，于是暗中指使山神夫妇化作一对新婚夫妻，时常在汉钟离眼皮底下卿卿我我。汉钟离目不斜视，心无旁骛的他终于修成正果，得道成仙。而玉皇大帝则指责山神夫妇违反天条，将他俩点化成石，男的为天根，女的为月窟。

### 3.盘古文化蕴含丰富

**盘古山**　在泛舟前往汉仙岩的水上游廊中，可目睹这山四壁峭立、山顶状如磨盘的外形，盘古山之名由此而来。山顶松竹葱郁，古木参天。山势挺拔高耸，独冠群山，登上山顶，整个汉仙岩景区尽收眼底。极目四顾，只见云海苍茫，千姿百态的奇山异石，令人遐思联翩，大有宇宙洪荒、混沌初开之感。东边的湘水从大山深处蜿蜒九曲而来，飘落在群山峡谷之中，如飘如莲。盘古山与盘古文化紧密相连，据清康熙版《会昌县志》记载，盘古山因"自盘古开辟于此"而名，并有"自古盘山一条路"的记载。盘古山附近，还有盘古隘、盘古桥、盘古村、盘古嶂等，可以说，盘古山及其周边蕴含着丰富的盘古文化。

### 4.客家文化底蕴深厚

羊角水堡景区中的明清古建筑布局未遭到严重破坏，仍然有大量的古建筑得以保留，例如周氏宗祠、蓝氏节孝坊等。这些客家围屋民居建筑，具有浓厚的地域特色，它们是珍贵的客家历史文化遗产，显示了汉仙岩景区深厚的客家文化底蕴。

## 二、人文典故

### 王梓求仙的传说

相传很久以前，汉仙岩脚下的王屋（营坊）里有个叫王梓的。一次，他

上山砍柴时无意间发现了一个山洞。他进去之后，只见石桌旁边有两个人在下棋。王梓便在旁边观看，待到一盘棋下完之后，他猛地发现自己的白胡子已经长到肚脐的位置了，地上那把柴刀也锈成了一块烂铁。他走回家去一看，房屋不见了，来来往往的人没有一个是认得的。原来，洞中只一日，世上已多年，王梓的亲人早就亡故了。王梓找不到亲人，只好重新回到汉仙岩，跪下祈求仙人超度他，足足跪了三天三夜。到了第四天，天上飘下一条白绸带，上面写着"王梓要求仙，炼丹台上炼三年"。于是，王梓跑到山顶上，日日炼丹，后来果真修成了仙人。相传，山顶上的那座炼丹台就是王梓炼丹时留下的。

## 第四节　石笋干霄通天寨

　　赣州石城通天寨位于距石城县城7千米的大畲村，因寨上主岩外如两指相钳，内若两掌半合，仰视苍穹通天而得名。其属典型的丹霞地貌，是国家4A级旅游景区。寨上怪石如林，犹如丹霞横空；满寨龟裂石板，美称仙人犁田；寨中清泉四季流淌，竹木青翠如海；寨下碧水环绕，四周青山连绵。奇特的山水，秀美的风光，构成了一幅荡气回肠的人间仙境图。

### 一、特色景观

　　攀登通天寨的路，是在高达近百米的悬崖下面。游客仰视那倚天而立的悬崖，千姿百态的岩石令人目不暇接。有的岩石像威风八面的雄狮，有的像展翅飞翔的雄鹰，有的像俯视小鸡的老鹰，有的像观音，有的像和尚坐禅，可谓集天下奇岩之大成。向上攀登不远处，一座宋朝建筑的山门肃立在山峡中，刚劲而又飘逸的石刻"石门"两字，使人浮想联翩。进入山门向下俯视，真有"一夫当关，万夫莫开"的气势，难怪这里历代都是兵家必争之地。

　　接近山顶处，有一座明万历年间修建的玉盂寺。游客可在此喝上一杯久负盛名的通天茶，以解攀登的劳顿。通天茶历经数百年不衰，曾为古代朝廷

通天寨

贡品，名噪远近，取寨上泉水冲泡，茶色碧绿，清香四溢。

通天寨主要风景点有石笋干霄、通天岩、净土岩、试剑石、万人坑、船舷崖、仙人犁田、黄蜂吊薮、七仙观海、钟仰、石鼓等，其一景更比一景美，一景更比一景奇。寨上还是一处古战场，自宋朝始，这里都是重要的战略要塞，是兵家必争之地。如今，在猴子城、万人坑、主簿寨、长庚门等处仍可以看到当年战争留下的痕迹。

景区内古代石刻、石碑甚多，历朝文人墨客在此观景饮茶，题诗作对，留下了许多传世佳作。

## 二、民间传说

在修通公路前，前往通天寨的是一条历史悠久的客家古驿道"闽粤通衢"，踏着通体用溜光的鹅卵石铺设的古道，眼前似乎再现了客家先人修通这条通往闽、粤的驿道所付出的艰辛。通天寨的脚下有一条碧波荡漾的小河，小河上屹立着一座客家先人在宋朝修建的石拱桥，后人称之为将军桥。传说

元末明初时期，陈友谅率兵退守在通天寨，并派重兵守卫着此桥。朱元璋统帅大军追杀到此，为争夺此桥，两军发生激烈的战斗，一时刀光剑影、硝烟弥漫、血流成河，最后双方都有多名将军战死于桥上。后人将此桥修复后，取名为将军桥。

越过将军桥不远，就可以看到一座傍山而建的客家古屋。该屋建于清乾隆年间，叫作南庐屋，为一黄氏家族所建，是典型的客家天井式的民居建筑群。其分五井，井井相连，共九十九间半房。里面形同一座迷宫，走完所有房间都不见天日，体现了客家先辈高超的建筑技巧。现仍有黄家子孙在此居住。

站在黄家古屋前，可以看见通天寨一高一矮两柱气势恢宏的石笋冲天而起，高达数十米，名曰石笋干霄。传说古时有一男一女两位仙人遍游天下，寻找修身养性之地。一日，两位仙人在此不期而遇，他们同时相中了这块风水宝地，互不相让。在相持不下之时，寨中的土地公出来调解，让他们各显仙术，谁的道行更高，此地就归谁。两位仙人商议比搭天梯上天，谁先上天谁就为胜者。于是，两位仙人摇身一变，化成两根石柱发疯似的向天上升起。他们只想取胜，猛烈的冲击波导致地动山摇、飞沙走石，祸及四周生灵。天宫玉皇大帝发怒，下令雷公劈断两根疯狂猛冲的石柱。雷公得令后，电闪雷鸣，将两根石柱劈断，从此留下了这一高一矮的两柱石笋。

## 第五节　巍峨凌空翠微峰

翠微峰景区位于赣州市宁都县城西北处，属国家4A级旅游景区、国家级森林公园、江西省级风景名胜区。景区范围南至莲花山，北至蒙岩，西至青草湖，东至燕子岩，区域总体呈长方形。

### 一、特色景观

翠微峰为丹霞地貌景区，以其巍峨壮观的林立石峰、奇特深邃的岩石幽洞、清凉如练的冽泉飞瀑、种类繁多的珍稀生物、源远流长的道迹仙踪、纷至沓来的名人踪迹、硝烟弥漫的兵事争夺而闻名遐迩。

### （一）自然景观

#### 1.千古名峰巍峨惊险

翠微之胜在险峰，景区内石峰逶迤，横亘绵延。翠微峰是最负盛名的"金精十二峰"的主峰，孤峰突兀，雄踞金精福地，因"林木葱郁，苍翠辉明"而得名。东南峭壁平直，色如丹霞，故俗称赤面寨。峰周悬崖峭壁，唯峰之南端，裂有一坼，号称"仰视绝壁间，势恐千仞压"，是登峰独径。沿缝隙凿蹬而上，仅容一人攀爬，沿线险象环生，故历代兵家均设防而踞。凌霄峰位于金精洞最南端，峰体千仞峭耸，凌空飞渡，为"金精十二峰

📍翠微峰

之冠"，故名凌霄峰。其又因峰之南端形如马头昂起，故俗称马脑峰。凌霄峰三面峭壁凌空，唯北部与石鼓峰相连处有垂直峭壁，凿有石蹬，游人需贴壁攀爬，方达峰巅。风和日丽之际游此峰巅，环顾四周，群峦叠岱，怪石嶙峋，尽收眼底，山风呼啸，云雾萦绕，大有飘仙神韵之感。

#### 2.岩石幽洞奇特深邃

翠微峰诸壁之中，经过数千万年的风化水蚀形成了千姿百态、星罗棋布的红砂岩岩穴、岩窟。其状若半月，争相斗奇，或翘首巍耸峰巅，或横裂悬挂山腰，或俯贴坐卧峰底。岩顶突兀，似屋檐飞翘；岩内大者如堂，小者如室，宁清静寂，境佳优雅；岩前绿荫环抱，岩巅飞瀑飘逸。群岩之中数青龙

岩最为称奇，青龙岩因岩下有青龙潭而得名，岩体成环抱形，两边峭壁兀立，最高处近60米。岩上大岩窟与崖壁小岩穴相互映衬，形成大窟套小穴的玲珑奇景。翠微风光之美也在于其幽洞深邃，别具洞天。金精洞是古金精山的腹地，由石鼓、披发两峰夹峙而成，峭壁丹崖，奇秀天成。洞口如瓮口，中空通天，洞内两侧悬崖凌空伸展，构成硕大壶形，可容纳千人。

### 3.冽泉飞瀑幽险奇妙

山若离了水便没了灵气，翠微苍壁丹崖为秀水映照，才显绰约丰姿。景区内峰有泉、巅有瀑、谷有池。翠微峰巅桃泉澄碧，金精洞内娄泉穿石，莲花峰上哀泉终年不涸。飞泉岩上有飞泉奇观，串串水珠，经阳光照射，色彩缤纷，小型彩虹，时隐时现。大雨滂沱之时，飞泉成瀑，气势奔腾。故岩内楹联有赞："飞瀑岭头悬苍碧空中垂白练，泉源崖石流翠绿山里拥青罗。"

都说翠微峰的泉美，经金精洞西出，沿山径蜿蜒而下至谷底，便是幽险奇妙的"金线吊葫芦"。深谷翠竹婆娑，轻歌曼舞，花草芳菲，清香四溢，山泉飞溅，沁人心脾。此处为高约百米的石鼓峰、莲花峰两山合峙，一条夹缝直通云天，一股清泉从天而降。涓涓细流沿着峭壁汩汩而下，犹如一根金丝直注谷底一个状若葫芦的石洞内，令人叫绝。这里泉水清澈无比，水质奇特，用于沏茶，令茶也特别甘甜。若将镍币平放于水面则不下沉，如此奇妙，使得游人兴致盎然，流连忘返。

### 4.珍稀生物种类繁多

曾几何时，翠微峰古木参天，翠竹连片，郁郁葱葱，飞禽走兽成群栖息。20世纪70年代起，多次在景区内植树造林，栽种了大批的松、杉、樟、桐、茶和果树。尤其是20世纪80年代中期以来，造林与封山并举，植被逐年恢复。景区内的中草药材也有百余种，分布较广。翠微峰景区的动物资源也极其丰富。古时，这里走兽成群，曾是人类游猎之地。民国初年，景区内仍发现有华南虎和野牛活动。景区内现存各类动物近百种，其中属省级以上重点保护的动物有穿山甲、龟、獐、松鼠、猫头鹰等。

### （二）人文景观

#### 1.道迹仙踪源远流长

景区宗教活动源远流长，汉朝就有道教传入。相传，当地民女张丽英，在金精洞得道成仙，民设道观于洞内祀之。道教把金精洞列为道家七十二福地之三十五福地。宋徽宗亲笔御书赐封女仙为灵泉普应真人。

#### 2.文人墨客纷至沓来

在翠微峰，可以找到明末清初年间著名散文家魏禧兄弟及"易堂九子"隐居山顶著文讲学的遗址。那时，大明王朝崩溃，魏禧他们不愿失节，聚一班文人豪士，隐居峰顶。除魏禧、魏祥、魏礼三兄弟外，还有彭士望、林时益、李腾蛟、丘维屏、彭任、曾灿等，共九人，世称"易堂九子"。他们与南丰的程山、星子（今庐山）的髻山齐名，誉为清初年间的"江西三山学派"，亦博得"易堂真气天下罕二"的赞誉。"易堂九子"当中，魏禧为领袖，他与大文学家、河南商丘人氏侯方域和江苏常州人氏汪琬齐名，被后人誉为清初三大散文家。魏禧一生论著甚多，流传至今的就有《魏叔子文集》，为我国古代文化宝库留下了一笔宝贵的财富。

## 二、民间传说

翠微峰原名金精山，古人谓西方属金。又传仙姑张丽英为金星之精并于此修炼而得名。它由于山崖峻峭矗立，岩石赤褐殷红，故又被当地老表称为"赤面寨"。相传西汉初年，张丽英得南极仙翁仙桃两颗，食一颗后形态飘然，不吃不睡，居洞修炼，得道成仙。长沙王吴芮闻张丽英天生异质，极为美貌，欲纳为妾。张丽英指着石山对来人说："此山中通洞天，若能凿开，吾当从焉。"于是吴芮发兵凿石，见张丽英仰卧于石，忽然紫云涌动，张丽英腾云飞升。她对吴芮说："吾乃金星之精，下治此山，岂尘凡能近耶？"说完飞升天际，金精洞之名由此而得。

## 第六节　石林长廊南武当

南武当山（也称小武当山）位于江西省最南端，素有"江西南大门"之称的赣州市龙南县武当镇境内，为国家4A级旅游景区、国家级风景名胜区，105国道纵贯全区。景区地处赣粤交界处，东接广东省和平县，南邻广东省连平县，西邻杨村和九连山亚热带原始森林。

南武当山是座有着悠久历史的丹霞地貌名山。古时龙南人以湖北武当山为山之名胜榜样而模仿其名，南武当山就此得名。

### 一、特色景观

南武当山景区九十九座奇峰平地突兀，犹如一幅锦绣画卷徐徐展开。浩瀚雄峻的石林长廊分别是武当胜地、叠翠霞谷、南海行辕三大区域，五十四处景物景观。论自然风光、人文景观，龙南小武当山相比湖北武当山毫不逊色。

#### （一）自然景观

#### 1.峰奇石异

南武当山峰峦起伏，移步换景，构成一幅丹霞山水壮美的画卷。九十九座石峰沿着105国道连绵排开，群岩涌秀，千峦叠翠，形如利剑，直指天穹。浩瀚雄峻的十里石林长廊，一个个千姿百态的怪石，一座座嶙峋挺拔的奇峰，令人叹为观止。山门前自南向北有"金龟出山""玉兔奔月""定海神针""神猴观景"等景点；有雄伟壮观的南武当山大象鼻底下的石崖"鞠躬岩"景点，巨大的山岩似乎将要倾倒在地，如同靠一小块方型石岩将石根底部顶住，摇摇欲坠。过了天桥后走在将军峰"空中走廊"上，周围奇幻无穷的叠翠峡谷、五女拜寿、十里画廊等景观争相竞艳，使人进入物我两忘的境界。登上主峰，回首俯瞰群峰叠翠，将军峰、王母峰壁立万仞，犹如刀劈，险峻无比。极目远眺，南天玉屏，群山竞秀，云腾雾绕，田畴如画。

### 2.林幽润碧

景区树茂林丰，山色葱郁，翠竹、灌木、山花等杂立其间，愈显婀娜多姿。登山道路两旁种满杨梅树和桂花树。春天，当北国还是千里冰封、万里雪飘的时候，南武当山已是百花盛开、争奇斗艳、鸟语花香之时，满山绿枝嫩芽随风摇曳，夹着泥土的清香，使人身体上的每一个细胞都舒爽起来。簇簇木莲、木兰、山苍、杜鹃点缀绿树丛中，或白，或粉红，或淡紫，或淡黄，微风阵阵，鸟语声声，令人沉醉。夏日，当外面是"三伏炎热蒸人欲死"，南武当山却是"清凉到此顿疑仙"。万木葱绿，鸟语花香，空气湿润而清新，到此处居住，既可避开城市的炎热，又可尽情享受"森林氧吧"，增长见识，调整身心。秋季是来南武当山旅游的最佳季节，或登主峰，览尽各色景观；或观鸟，聆听鸟语啾啾；或来一场"森林浴"，呼吸满山深绿；或提篮拾果，融入自然，尽情享受。南武当山冬暖夏凉，冬景淡化，而秋韵正浓时正是观赏各种动植物的好季节，漫步于林间曲径，耳闻群鸟歌唱，与自然融为一体，感受大自然的天籁。

南武当山风光

### 3.险峻峡谷

在武当峰与将军峰之间的大峡谷，有"小一线天"和"大一线天"等险要峡谷景观，其间怪石林立，抬头仰望只见天开一线，从天空中撒下一缕阳光，将一线天景观装点得绚丽无比。出一线天往右转，就是南武当山著名的"探索云梯"景点，是登武当峰览胜的铁索之道，仰视可见一条铁链悬挂于石壁之中。据说，此处壁立八十度，登松梯三十八，凿石为盘，阔五尺许，既登则坐慧于此，仰视铁索，袅袅如丝，风吹玲琅，声在半天，缘索石壁凿砍二、三寸仅容半足。攀缘而上，手握足悬，索摇身颤，汗濡手滑，几几欲坠也。以前的游人香客遇上峰顶观光朝圣，必须鼓足勇气攀缘而上。而如今，为了方便游人上下，现已建成登峰阶梯，铁链悬挂于石壁，供有胆识的探险爱好者尝试古之韵味。宏伟的"寒谷飞虹"宛如空中彩虹，桥底的寒谷则深不可测。

### 4.秀水流畅

南武当山河流清澈，泉水景观较多，典型的有观音圣水，泉水自岩中流出，传说是观音布泉，古人赞该泉是水色甜碧，可鉴发眉，味甘洌。游人冷饮心甜，泡茶醇香，喝上几口能醒脑益智，令人心旷神怡。其他景观有武当小瀑布、武当溪、九连溪、石下溪流、武当仙泉、石下水库、上排湖等，与十里画廊峰林奇景相映成趣，游于其间好不畅快。

### （二）人文景观

南武当景区内不仅拥有以"奇、幽、险、秀"为典型特征的丹霞自然山水风光，还拥有历史悠久、民俗丰富的客家传统物质文化景观和文化遗产。

### 1.围屋景观举世无双

南武当山及其邻近区域的建筑景观丰富，其中最主要的是客家围屋。龙南县被称为是中国客家围屋第一县，并于2007年10月被上海大世界吉尼斯立项为"拥有客家围屋最多的县"。景区内最具代表性的围屋主要分布在村庄内，包括新围围屋、鸭子丘围屋、大山围屋和柏树下围屋等，其规模大、风格特别、保存完好，环境秀美，与南武当山胜景相得益彰。

### 2.文化遗产内涵丰富

**香火龙**　龙是客家人的精神图腾，每年元宵节，栗园围都会举行香火龙表演，围屋内外锣鼓声声，鞭炮阵阵。稻草龙上被插满点燃的香，舞动时整条龙火光闪闪。"四柱落井""黄龙缠柱""黄龙摆身"等惟妙惟肖的表演让人惊叹。2008年，龙南香火龙被列入江西省级非物质文化遗产名录。

**太平龙舟会**　每逢端午节，杨村镇都会在大池塘中举办龙舟会。太平龙舟会为期五天，包括龙船下水、参赛船队报名、龙船会、进村扫邪、龙舟预决赛、颁奖、游船等活动。除了龙舟赛之外，每年的农历五月初一至初五，客家人还分别举行龙船下水、村宴、祭屈原等十多项民间端午节活动。

### 3.佛教胜迹香火日旺

武当圣庙始建于明崇祯年间，清乾隆三十四年（1769年）重修，现仅存重建武当的碑等文物古迹。武当佛堂两侧镌有楹联一副曰："武力不如法力力修力行力作善，当仁何必让仁仁心仁德仁为宗。"取联首两字合并再现"武当"。由于历史的变迁，古庙曾被毁坏，于20世纪90年代再度重修，现有高大雄伟的武当佛堂，是游人香客必到之处，随着游客的不断增加，其香火日益旺盛。

过武当圣庙经竹林幽径，至武当峰西崖便是映莲夕照，这里是南武当山开山祖师钟有能（法名释映莲）老和尚的崖葬之墓。据传，钟有能幼年出家，静心养性，习武研佛，布善施医，至一百四十九岁修成正果，于西崖洞穴坐化圆寂，三年尸体不化，后得道升入仙界。

## 二、民间传说

### 1.南武当山的传说

相传很久以前，现在的龙南县武当镇大坝村、石下村地片是没有山的。一天，一位叫张果老的大仙欲使大坝人养猪致富，挑了九十九只小猪来大坝

墟卖。当地一财主想抢张果老的小猪，因财主知道张果老"有打"，便请了几个走江湖的大汉和数十名家丁去挑衅他。张果老捋须哈哈大笑，顿时将一担小猪放出，九十九只小猪飞也似的跑至现在的南武当山地段，一字儿排开。张果老将扁担向天空一指，九十九只小猪顿时像雨后春笋一般长成了九十九座犬牙交错的石峰。张果老又将扁担向天空一指，只见江湖汉子及数十名家丁腾空而飞，而后一个个落下，变成了各种奇形怪状的石头。赶墟人见状，方知张果老是神仙，纷纷向他作揖。张果老挥手致意后挑着一担空猪笼腾空而别。

### 2.玉石岩的传说

相传很久以前，江西龙南人请神堵塞石峡山缺口。天神派了一位仙人下凡去堵缺口。仙人因对天神有怨气，当他用一根长长的扁担挑着一担很重的石头飞至龙南杨坊上空时，故意将扁担忽地折成两段，下落的石头顿时变成了玉石岩的上岩和下岩；飞出的两截扁担亦变成了流经玉石岩脚下的濂江和围绕县城的渥江，而石峡山的缺口却依然如故。

## 第七节　森林幽谷大鄣山卧龙谷

婺源大鄣山卧龙谷是一处纯自然、纯生态、纯原始的峡谷，为国家4A级旅游景区。卧龙谷静卧在大鄣山脉，这里飞泉瀑流泄银吐玉、彩池幽潭碧绿清新、山峰岩石挺拔奇巧、生态民情原始古朴。景区四季变换着不同的色彩，春季山花烂漫，夏季碧泉淙淙，秋季红枫尽染，冬季冰雕玉砌。高山峡谷里更是瀑布成群、彩池连环、交相辉映。青色的山、绿色的树、白色的瀑、彩色的潭构成一幅天然泼墨的山水画。

高达90.7%的森林覆盖率使整个景区成为天然大氧吧。景区沿山涧幽谷设计修建了数千米科学、合理而又变幻无穷的游步栈道、护栏，朴拙茅舍、古雅茶亭、精巧石屋点缀其间，显得那么贴近生活、贴近自然。

**大鄣山**　也称三天子鄣山，地处皖赣地界，是江西婺源县北部的屏障，属黄山余脉。明朝诗人汪循《登大鄣山》诗云："清风岭上豁双眸，擂鼓峰前数九州。蟠踞徽饶三百里，平分吴楚两源头。"这里也是"吴楚分源"的屋脊，是鄱阳湖水系乐安江与钱塘江水系新安江的分水岭。大鄣山群山环抱，山峰林立，主峰擂鼓尖海拔1629.8米，巍峨雄伟，俯瞰平川，是婺源县内最高的山峰。

**卧龙谷**　号称"江南第一奇谷"，以雄、险、奇、秀而著称。其雄：峡谷河段长3千米，天然落差240米，急流汹涌，轰鸣震谷。其险：峡谷深切，深500—1000米，最大坡度达80多度，峡谷幽深，危崖峭壁。其奇：谷内瀑布众多，千丈瀑从落差193米高处的悬崖绝壁凌空倾泻，属国内第二高瀑。其秀：奔泻的清泉，穿行于岩石之间，悬垂流蚀，形成深潭、彩池，宛若银钱串珠，阳光照射，七彩交织，水动石变，相映生辉，呈现一幅幅美妙动感的画面。卧龙谷内树在石上生，石在水中长，瀑在岩上飞，泉在山间唱。谷口是峭石嶙峋，溪流潺潺，枝叶扶疏，潭静池幽；深入其中，流泉随山势起伏，回旋、转折，有时如素绢白练，随意漫流；有时又如游龙飞舞，飘逸毕现；再前行，百米高的瀑布无所顾忌地宣泄腾嚣，张扬着个性。于是峡谷里水气、雾气交织升腾，彩珠晶体相互碰撞，俨然一部雄浑跌宕而又充满野性的交响曲。大鄣山卧龙谷景区是一个集观光旅游、寻古探幽、休闲避暑、攀岩探险、康体竞技为一体的充满山野趣味的森林乐园。

🔵 大鄣山卧龙谷

## 第八节 流荫积庆文公山

　　婺源文公山是国家4A级旅游景区，距婺源县城27千米，主峰海拔315米，森林覆盖率达99%，大气环境质量远远优于国家一级标准。山上松、杉、栗、栲、楠、枫等树种繁多，10万亩天然阔叶林遮天蔽日浩瀚无垠。文公山是享受"森林浴"的绝佳胜地。

　　文公山原名"九老芙蓉山"。山上的千年古驿道绵延不断、曲径通幽，是一条文化积淀丰富的修身养性之路。南宋嘉定二年（1209年），宋宁宗谥朱熹为"文公"，后人故将山名改为文公山。

### 特色景观

　　文公山景区的主要景点有：

　　**文公湖**　文公湖坐落在中云镇晓林村，因处在朱熹故里文公山西麓山脚边，故称文公湖。文公湖水质清澈，三面群山环抱，湖中有小岛。自然风光

　🔖 文公山景区

秀丽，绿色葱茏。湖边水鸭、林中飞禽走兽和湖中鱼儿共同构成了一幅和谐的生态画卷，优美的生态环境吸引了许多游客和垂钓爱好者。

**积庆亭**　中国的历史是一部儒和道合成的历史。无论儒和道，都是一种精神的教化，这些在婺源文公山都得到了注解。积庆亭是一间徽式山亭，其功用是过往行旅遮风避雨小憩之处，因承载着朱子"流荫先灵""积庆后昆"的思想内涵，让后人注目与回味。

**古驿道**　文公山九峰散列叠起，像婺源大地上绽放的一朵巨大芙蓉，构成了一片超尘净域，透着一种宁静、安详、古典和深邃。山峦、古木、翠竹、静湖，荡起盈眼的绿，如梦幻般在文公山流淌。一条宋时就连接婺源与饶州的驿道，隐没在文公山的密林深处，记录着过往的履痕，收藏着千百年的足音。文公山的古驿道是婺源一段历史的旅途，透着石头与森林交合的气息，成了先人为我们引路的地方。

**朱熹纪念馆**　婺源是宋朝理学大家朱熹的故乡。朱熹纪念馆坐落在文公山朱子文化园内，占地面积300平方米。它设有三个展室：第一展室主要介绍朱熹的生平、著作及对历朝历代的影响；第二展室陈列

文公山古树

153

及介绍了朱熹两次回故乡留下的遗迹与传说；第三展室则介绍了朱熹的理学思想及爱国精神、农本思想等。

## 第九节　华东屋脊黄岗山

黄岗山（也作黄冈山），位于江西省东部、铅山县南沿、武夷山脉北段西北坡，江西武夷山国家级自然保护区内。其是武夷山脉的主峰，因山顶生满萱草（俗称黄花菜），八九月开花时节，山岗遍染金色，蔚为壮观而得名。

### 特色景观

黄岗山生物资源非常丰富，自然风景优美，环境幽静，气候凉爽，盛夏时节尤为清凉宜人。保护区景观特色具体表现在以下几个方面。

#### （一）自然景观

**1.千峰之首傲视群雄**

黄岗山，海拔2160.8米，是华东六省一市的最高峰，乃真正的千峰之首，有"华东尾脊""南平天山""武夷支柱""江西第一峰"之称。站立山顶，颇有"会当凌绝顶，一览众山小"的气魄。在此，晨可观红日喷薄，昼可望云海翻浪，夕可看晚霞绮连，夜可思摘星揽月。

**2.武夷峡谷奇绝壮美**

保护区内最为壮观的景观之一便是由地质遗迹及地貌而形成的大峡谷，中生代的地壳运动奠定了其地貌的基本骨架。受地质构造的严格控制，西部发育了岩壁陡峭的深大断裂谷和断块山脊，形成了一条长达数百千米的大峡谷，断裂带横跨闽赣两省。极目远望，可以观看这条断裂带笔直地伸展远方，气势宏伟磅礴，目光所及的峡谷长度也有数十千米之远。由于受断裂构造影响，倾斜岩层产生单斜山，峡谷两侧的山体坡度为45度以上，峡谷地段长达5千米以上，坡度大、水流湍急，溪涧遍布险滩，两岸植被丰富，林荫覆水，潺潺清流穿峡走谷，时而潺潺，时而泃湍，其声如鼓如琴，在深邃的峡谷中，奏出天籁。这些地质遗迹和地貌景观不仅是观光旅游的好场所，也是科普教育的好素材。

### 3.原始生态引人入胜

黄岗山地处亚热带，属于亚热带湿润型季风气候，冬春温暖，夏季凉爽，秋季天高云淡。景区植被保存良好，有成片的亚热带常绿阔叶林、次生的马尾松林、各类竹林和原生针阔混交林，森林旅游资源极为丰富，森林景观丰富多彩；生态环境清幽宜人，生态景观多姿多彩；山涧泉水淙淙、溪沟流水潺潺、瀑布高悬飞泻；山花树影绮丽迷人，松石景观雄伟奇特，云雾变幻气象万千。

（1）特有的垂直带谱。黄岗山从海拔900—2160.8米依次向上分布着毛竹林、常绿阔叶林、常绿落叶阔叶混交林、针叶阔叶混交林、针叶林、中山苔藓矮林、中山灌丛草甸，是国内唯一可以在一个小时内沿公路考察欣赏到的最典型、最复杂的植被垂直带谱，大有"一日看尽长安花"之感，妙不可言。这里分布着全球最大的南方铁杉原始林和仅见于此的柳杉天然林。林内百年以上树木比比皆是，有南方铁杉伫立在山路边已逾六百年，它挺拔有力，剑枝戟叶，俨如战士站岗放哨，又像千手观音凝神守望。

📍黄岗山（又称黄冈山）

（2）黄腹角雉之乡。黄腹角雉是我国特产珍贵濒危动物，为国家一级重点保护动物。因腹部羽毛呈皮黄色，故名黄腹角雉。黄腹角雉主要分布区域在江西、浙江、福建、广东、湖南，野外种群数量为四千只左右，其中黄岗山自然保护区保存的野生种群数量在五百只左右，是目前国内现存数量最多之地，因而被中国野生动物植物保护协会授予"中国黄腹角雉之乡"的称号。丰富的黄腹角雉资源使江西黄岗山已经成了享誉世界的"绅士户外运动"——观鸟的著名首选目的地。

（3）独特的山溪瀑布。瀑布是保护区内壮观的自然美景之一，拥有的瀑布数量多、落差大、流量丰，常年性瀑布有十余处，季节性瀑布和雨后性瀑布数不胜数。到冬季，这些瀑布、河流又是另一天然绝景，于山间、陡崖、巨石等处形成的冰瀑，如洁白无瑕的幕布、幕帘、风衣披于其上，栩栩如生，其形状随崖、石、山势而千姿百态，在群山和常绿树种的映衬下，显得格外壮观独特。

（4）壮丽的云海日出。保护区内除了有华东第一高峰黄岗山，还有海拔2128.5米的华东第二高峰读书尖。伫立峰顶，可见日出、日落、云海、雾海等壮丽的天象景观。在保护区内的读书尖峰顶，于凌晨五时左右观看日出，可见在东方绚丽朝霞的烘托下，初为一条红线，渐渐扩散，久之红云下忽现弓形，须臾呈半圆形，其升极速，瞬间跃出云面，光芒四射，给无垠的苍山雾海撒上一层奇幻的金辉，壮观非凡，引人入胜。

保护区内峰峦叠嶂，春夏之季，山下水汽蒸腾而上，常在半山腰形成烟波浩渺的云海奇观，白如羊毛，平似毡毯，如登仙境。云雾轻柔虚幻，山涧虚实莫测。云起初似天女散花，如仙鹤起舞，令人陶醉；登临山顶，雾生脚底，飘然而上；极目四望，气势磅礴、奔腾翻涌的云雾在脚下漫延成一片浩瀚的汪洋，而层叠的群峰，散落在雾霭中若隐若现，犹如海上的点点岛屿，更像一群虔诚的僧侣，在烟雾缭绕间向神灵顶礼膜拜；云海雾涛中，峰顶时隐时现，宛如巨鲸嬉戏于浩渺的烟波之中。

### 4.森林氧吧名不虚传

保护区内空气十分清新，每立方厘米负氧离子含量一般在五万个以上，最高处有近九万个。到了这里就是进入了一座自由的"天然氧吧"。游人徜徉其间，呼吸着每立方厘米含有数以万计负氧离子的优质空气。

### 5.生物多样科普佳地

保护区既保存有古老的孑遗植物群落，也有珍稀名贵的品种。有各种药用植物、蜜源植物、观赏植物等，是我国东南部的绿色翡翠植物基因库。这里还有云豹、黑麂、黄腹角雉、藏酋猴、白鹇等国家重点保护动物。因此形成了内容丰富、品种多样的生物多样化景区，堪称"珍稀植物王国，奇禽异兽天堂"，是对青少年进行科普教育的理想之地。

### 6.回归自然其乐无穷

保护区内少量的加工企业全部以原竹加工为主，社区居民生产和生活均以非消耗性资源的方式进行，除极少量的生活污水外，整个保护区内气候温和、空气清新、环境优美，地表水清纯甘甜，无噪声，鸟语花香，乡村旷野自然韵味浓郁，让人有一种十分强烈的回归自然的感觉，与邻近其他区域相比，具有难以替代和超越的整体环境状况，是亲近自然的绝佳去处。

### （二）人文景观

保护区较为典型的人文景观是江西共大武夷山分校和畲族风情。其中，共大旧址即共产主义劳动大学旧址，学校位于保护区原管理处址南2千米处的烟辅。共产主义劳动大学于1958年8月成立于江西，曾受到毛泽东、朱德等老一辈革命家的高度赞扬，周恩来总理题写了校名，当时闻名全国。江西共产主义劳动大学即现在的江西农业大学。

保护区附近的畲族人口主要分布于社区乡镇篁碧畲族乡。畲族，自称"山哈"或"山达"，意为居住在山里的客人。"畲"的本义为刀耕火种，是畲族历史上主要的生产方式。畲族人有其特定的风俗习惯、民族饮食、民族禁忌、民族体育，尤其畲族婚礼别具情趣，独特的风格、绚丽多彩的畲族文化，芳

香四溢的乌米饭，以及集中反映畲族文化源远流长并渗透到畲族人民生活各个角落的畲族民歌更是丰富多彩、情趣盎然。

## 第十节　森林泉瀑大茅山

大茅山为国家级风景名胜区，国家4A级旅游景区，地处三清山、龙虎山、景德镇围合的地理中心位置，位于德兴市东南部，属花桥、龙头山、绕二等三乡镇交界地。由大茅山景区、笔架山景区、四角坪景区、双溪湖景区组成。大茅山与三清山东西并峙，是怀玉山脉又一高峰，其主峰海拔为1392米，古有"千峰倚空碧，万嶂碍于云"之赞，为德兴古六景之一。

大茅山已有两千多年文化历史。据说战国时期楚国宰相黄歇（春申君）避难隐居在此，留下黄歇田的地名。唐末黄巢起义军在这里屯兵修整，使大茅山得到了进一步的开发。宋朝文学家朱熹、叶元恺等常光顾此地并在此讲学，苏轼等大文学家也多次光临。明朝是大茅山开发的鼎盛时期，常有文人骚客和江湖侠士出现在大茅山之中。清朝在此基础上又发扬光大，使其成为著名的江南佛教圣地。

国内革命战争时期，其是方志敏开辟的革命根据地之一，粟裕率领红军北上抗日，并在此地建立了根据地。

1957年，大茅山得到开发，山上建有迎宾馆、小别墅，这些建筑成为接待国内外游客旅游、休闲、会议、避暑的胜地。一些国际友人，以及朱德委员长、沈钧儒副委员长都曾到这里视察。

大茅山位于我国东部亚热带湿润季风区，具有气候温暖、雨量充沛、光照充足、昼夜温差大、四季分明、夏冬季长、春秋季短等山区小气候的特点。

大茅山别墅

## 特色景观

大茅山风景名胜区资源丰富、特色鲜明，是一处以峰林地貌、峡谷水景、森林生态为主要特征的风景名胜区，保存了完整且重要的历史变化过程。大茅山风景名胜区既有秀谷碧水，溪流蜿蜒的潭瀑景观，也有幽深静谧，林深幽静的森林景观，还有雄浑险峻、天生奇绝的峰林景观，奇岩怪石、形神兼备的岩石景观，更有变幻莫测、云海雾涛的天象景观。

### （一）自然景观

#### 1.江南九寨

大茅山是泉潭瀑与森林生态景观完美结合的典范。花岗岩峡谷形成的河谷湿地景观、雨水侵蚀形成的花岗岩壶穴景观（潭）与森林原生态景观完美结合，形成了林幽潭静瀑美、具有极高美学价值的自然美。山得水而活，水得山而媚。大茅山无论是安详流淌着的溪流，还是飞奔而下的瀑布，因为有了高山峡谷的映衬而显得充满着灵气。而大茅山的挺拔突兀的山峰、幽深的山谷，也因为有了那些奔涌、灵动的秀水而少了一些冷峻，多了几许温柔。天鹅湖、仙女潭、五彩池个个引人入胜，深山峡谷与碧潭串珠的溪流，似串串翡翠项链，镶嵌在祖国大地上，使大茅山形成了江南罕见的"九寨沟"风光。

#### 2.原生林海

大茅山是同纬度低海拔常绿阔叶林基带保存最完好的地区之一。大茅山保存有从海拔100—800米原生性强的常绿阔叶林基带，是研究常绿阔叶林生态系统和生态演替过程的重要区域。珍稀的原始次生阔叶混交林与茂密的植被，使大茅山构成了国内罕见的深山原生生态环境。

#### 3.雄峰奇岩

大茅山是研究花岗岩地貌形成的最典型区域之一。它与三清山和灵山是赣东北怀玉山脉最典型的花岗岩出露地区，是花岗岩峰峦（大茅山）、峰林（三清山）、倒石（灵山）三种景观类型的代表，共同构成了研究花岗岩地质地貌最典型区域。独特的花岗岩地貌，使得大茅山风景区奇峰怪石林立，更让大茅山峰峦岩石充满了灵性，而且给了人们无限的想象空间。僧尼峰的坚守，悟空石的俏皮，鸡冠石的灵巧，活灵活现的蟒蛇吞象，无不让人们感叹造化的神奇，同时也使大茅山产生了具有极高研究价值的地质遗迹景观。

### 4.云烟绿影

山以草木为毛发，以云烟为神采，山得草木而苍翠，得云烟而秀丽。

大茅山有着丰富的植被，是一座天然大氧吧和生命的乐园。春天里，山花似锦，草木繁盛；夏天林秀竹翠，丰茂如盖；秋天里，苍松遒劲如瀚海，层林尽染入画来。不论是什么季节，云蒸霞蔚，雾霭蒸腾的景色都能时常看见，当阵阵云涛涌来，会让人觉得这时的大茅山宛若仙境一般美轮美奂。

### 5.碧潭清泉

大茅山西南之水由乌风洞马溪河直泻而下，沿途有大小瀑布数十道、大小水潭数十个，而徐公潭即其最著名者，向为德兴六景之一。

徐公潭因人得名。据传五代时，徽人徐岱在此修性得道。一日，徐岱告诉众人说："我走了。"言毕投身入潭，潭中蛟龙随之把他接走了。从此后，每逢岁旱，远近百姓都会赶来求雨，有求必应。

徐公潭潭水澄清如镜，深不见底。旧志曾记载：潭旁有一石，石上尚存徐公履迹。潭侧曾建徐公庙、喜雨亭，现不存。20世纪70年代，于徐公潭侧500米处建双溪水库，面积约3平方千米。湖光山色，交相辉映，泛舟湖上，寻古访奇，游之别具风味。

**万岁泉**　相传，朱元璋与陈友谅大战，曾败走德兴。朱元璋只身逃到大茅山脚的朗口，情急之下，拐入山边小道暂避。此时朱元璋已饥肠辘辘，而山崖旁只有一眼山泉，潺潺流个不停。朱元璋别无他法，只能以泉水充饥，之后便迷迷糊糊进入了梦乡。醒来后，朱元璋像换了个人似的，浑身是劲。

大茅山雪景

望着微微冒着热气的泉水，想想昨晚的经历，朱元璋连声说："神泉！神泉！"大难不死的朱元璋后来做了皇帝，大茅山脚下的这一汪清泉因为曾救过天子一命亦被称作"万岁泉"。

### （二）传奇故事

**黄巢藏兵乌风洞**　唐朝末年，黄巢率兵在山东起义。襄阳一战遭受重创后，黄巢转而率兵南下，辗转来到大茅山之麓。他见此地山深谷险，进可攻，退可守，于是就命义军开进大茅山，以避官军锋芒。官军尾随追击他们到大茅山，经多方打探，方知黄巢已率义军遁入深山。由廊口入大茅山腹地乌风洞，仅有一条羊肠小道盘旋而上，山腰间有一垭口，宽不过数尺，双峰夹峙，下临深渊，真可谓"一夫当关，万夫莫开"。黄巢凭借乌风洞有利地势，命大部义军依山傍水安营扎寨，养精蓄锐以待再战。官军查遍大茅山五峰十岗、七沟八谷都找不到黄巢军踪迹。原来，乌风洞南面笔架山绝壁千丈，官军因为这里是天然的屏障，故而未在此处设防。想不到休整后的黄巢义军在笔架山开凿出一条栈道，成功地躲过了官军的追杀。世易时移，当年双方活动的遗迹至今依稀可寻，乌风洞、黄歇田、田棚、点将台、跑马坪和马溪等都与当年黄巢义军练兵有关。

**天鹅湖**　天鹅湖坐落于乌风洞的天鹅湖又名翡翠湖，是马溪水上一颗璀璨的明珠，湖面的轮廓犹如一只美丽的天鹅。相传很久以前，有一群天鹅飞经此处时，其中一只因为受了伤，它便临时决定就地过冬。这里山高林密，花草丰茂，空气清新，山谷间一个个大大小小的水潭，被马溪水连成了一串晶莹剔透的珠链。那只天鹅伤愈后，十分眷恋此处，于是每年带回许多同伴聚集此处嬉戏、觅食。久而久之，无名水潭就有了一个美丽的名字——天鹅湖。说也奇怪，水潭的形状也越来越像一只亭亭玉立的天鹅。

大茅山这种以奇绝的峡谷潭瀑景观、罕见的原生态环境、典型的花岗岩峰峦地貌、悠久的历史文化为主要特色相结合的风景名胜区具有十分突出的典型性、稀有性。它风光秀丽，层峦叠翠，松林如海，瀑布深潭遍布，气候凉爽宜人，是集绿色游、山水游、人文游、历史游、观光游、休闲游于一身的风景名胜区。

## 第十一节 曹洞宗发祥地洞山

洞山景区为国家4A级旅游景区，由洞山、黄檗山、五峰山、天子山四个主要景区以及官山、南屏山、陶渊明故里、渊明湖、天宝古村五个独立景点组成。主景区洞山位于赣西北宜春市宜丰县同安乡洞山村，属亚热带温暖湿润区，四季分明、气候宜人，是一处集佛教文化、自然生态于一体的旅游胜地。景区内古木参天、藤蔓环绕、

翠染洞山

飞瀑鸣泉、鸟翔兽走，景致美不胜收。洞山有普利禅寺、价祖塔、苏辙诗石刻、木鱼石、七仙桥、罗汉松、石上楠、逢渠桥、夜合山塔林、红米塅塔林、牛形山塔林、经坑塔林等多处景点，山门上"洞山禅林"四字由赵朴初先生亲题。

洞山风景名胜区以中国佛教禅宗临济宗和曹洞宗两宗发祥地而蜚声海内外。从唐朝至清朝，曾建有数百座寺庙，一千多座僧释墓塔。这些寺庙和墓塔千姿百态，奇异非凡，别具特色，是不可多得的历史文化遗产和建筑艺术珍品。

### 一、特色景观

洞山以中国禅宗五家之一的曹洞宗发祥地而闻名中外。唐大中十三年（859年），高僧良价在此睹影悟道并创寺讲法，与弟子曹山本寂一起，共同创立了曹洞宗，创禅学新法，从而使此宗广传天下，并成为日本、朝鲜及东南

亚国家的禅宗主流。洞山也被中外信徒尊为曹洞宗祖庭，良价及其佛塔被奉为祖师、祖塔，被佛教界视为圣地。

黄檗山是中国佛教禅宗五宗之一临济宗的发祥地，临济宗开山祖师希运在黄檗开山讲法，首创"当头棒喝"法。黄檗山不仅以临济宗祖庭而闻名海内外，其茶、竹、瀑、泉也名闻天下。黄檗禅茶被誉为"中州绝品"。

五峰山峰奇林茂，净觉禅寺始建于南朝刘宋永初年间（420—422年），是江西最早的寺院，迄今已近一千六百年的历史，唐宋时香火旺盛，僧众云集，与希运禅师隔山相呼应，为临济宗禅学思想的形成起了积极作用，道场之隆一时盛于江南，故与洞山、黄檗山合称为江南"三大释家祖庭"。

天子山西邻官山国家级自然保护区，北靠五峰山禅林，东与临济祖庭黄檗山相连，宛如一道翠屏，点缀在港口平川。天堂岭、松涛坡相拥着鼓沉坪和郁兰坳，俨然扶手屹立左右，使整座山形如太岁椅。长塍河如玉带从山前而过，萝卜寨九条山岭正对山前纵向排列，犹如九龙朝圣。山中翠林层层，古树参天，瀑布飞溅，猴麂共鸣，鹭燕齐翔，景色优美。"高树鸟啼青嶂里，半山泉响白云中"是该景区的真实写照。

## 二、民间传说

### 黄檗山虎跑泉的传说

在黄檗寺旁，有一个泉水池叫虎跑泉，其名字来历还有一个神奇的传说。有一回，希运禅师在正殿召集大小和尚宣讲禅宗佛法，突然有一只吊睛白额猛虎在青天白日里从山上跑下来，闯入大殿，碰倒香案，众和尚吓得乱作一团。希运禅师不慌不忙，闭上眼睛，口中念着咒语，用手一指，那倒在地上的香案瞬间变成一块大石，把猛虎压在下面无法动弹。从此，老虎被压在大殿的大石下，每天听希运禅师讲经诵课，时间久了，老虎也被感化了。希运禅师圆寂时，那老虎突然从大石下翻身跑出来，跑到希运禅师墓边，一头撞死在墓塔前。而那石头下则长年不停地往外涌出泉水。后来，和尚用石板砌了一个池子，那泉水也就被称为虎跑泉。用池内的泉水泡上几片黄檗茶，气味特别香甜。

## 第十二节　碧泉峰翠青原山

青原山为国家4A级旅游景区，位于吉安市青原区河东镇东，乃江西文化名山，属嵩华山脉，海拔316米，峰峦连绵10余千米，集佛教文化、名人文化和秀丽风景于一身，被誉为"山川第一江西景"。青原山山上古木翁郁，奇葩芬芳，碧泉翠峰，各具其趣，有潭、泉、溪、峡共三十余处。喷雪、虎跑、珍珠、小三叠等飞瀑流泉，并泻于密林之中；攀天岳、芙蓉、翠屏诸峰挺拔巍然、秀色如绘。

### 特色景观

青原山以其清丽脱俗、旖旎多姿的自然风光和著名的赣中佛教圣地而闻名国内外，是著名的旅游胜地。

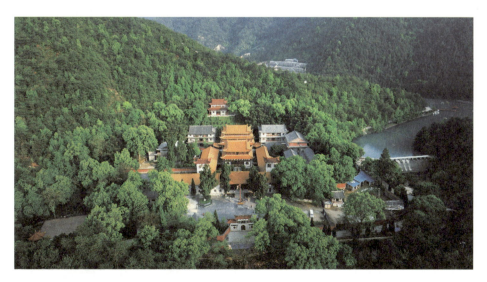

📍青原山净居寺风光

### （一）自然景观

#### 1.碧湖飞瀑

景区中有一净湖，水质无污染，清澈碧绿，四周山林茂盛，景色宜人，有西湖之诗情画意，具桂林山水之甲秀。还有一瀑名叫铜壶滴漏瀑布，高近20米，丰水期瀑身宽约7米。其自崖顶喷泻而出，声如古时铜壶滴漏报时之声音，气势宏大，蔚为壮观。

#### 2.岩溪幽谷

景区中有一从油笋坑湖至虎形山的一段幽谷间水溪，曰青原溪。此溪长约12千米，溪面宽6—15米不等，溪流蜿蜒曲行，穿林击石，如琴似咏；两侧林木苍翠欲滴，古树叠岸，鸟语花香。步行其间，凉风拂面，心旷神怡。而从铜壶滴漏瀑布至石龚坑村一线有铜壶谷，谷地两侧的崖壁如同刀削，缝隙间茂树丛生，藤根交织，野花点点，艳丽夺目，因其口小腹大，故名。

#### 3.古树名木

"枫叶知秋"是一片高大枫香林，每当秋日来临，林中红叶尽染，十分壮观。紧靠"枫叶知秋"的是一片临水湿地松树林，是1946年引种栽培的美国湿地松母林，其干高达20余米，通直圆满，四季苍翠欲滴，苍劲挺拔。

#### 4.奇峰怪石

钓鱼台湖南侧有一峭壁山峰，形似屏风，故称翠屏峰。净居寺正门对面，坐落着一座形似象鼻的小石山，高20余米，长百余米，与青原溪相依，古樟相拥，奇石夹秀，景致迷人。在铜壶滴漏崖顶，有一水沼，秋冬时节，沼水不多，可见一长形黄色光洁卵石半裸水面，形如一条游动的大黄鱼。另有一石，好似一位身穿无领布衣的尼姑，仰面躺在崖口，头顶山泉，人称观音枕水。还有老鼠爬坛、仙人凿字、神虎探山等奇峰怪石，让人目不暇接。

### （二）人文景观

#### 1.佛教名山

自古名山僧占多。唐朝神龙年间，佛教禅宗六祖分示其弟子行思（弘济）

禅师，择定青原山开辟佛场。行思禅师于唐朝神龙元年（705年）由今广东省韶关南华寺至青原山，创建青原山安隐寺，即今净居寺。青原山的佛教在其鼎盛时期，金山庵堂寺庙星罗棋布，据说有三十六处之多，僧徒达数千之众。宋朝诗人文天祥有诗描述："……活火参禅笋、清泉透佛茶……夜影灯前客，江西七祖家。"传说唐朝鉴真和尚第五次东渡日本受阻，折回途中路过吉州时，曾宿于青原山净居寺。至宋、明以后，净居寺成为江西一大名寺，系佛教禅宗南宗青原系的发祥地，是我国南方重要佛教道场之一。

净居寺内有七祖塔、李纲诗碑、试剑石、卓锡泉、出木井、千年古罗汉松、七祖亲栽柏等景点。

### 2. 书院文化

向来名山藏古寺，钟声伴书声。吉安自古人杰地灵，人才辈出。青原山碧泉翠峰，风光绮丽，很早就是读书胜地。这里的青原会馆与七祖佛场——净居寺并立一地。青原会馆是吉州（今吉安）最早的书院，也是江西著名书院之一。吉安的历史名人像文天祥、胡邦衡、杨万里、刘辰翁、解缙等人，

白鹭洲书院

都曾在青原山求学、讲学或退隐此间长住下来。自宋朝以后，理学盛行，青原会馆与吉安城东江心上的白鹭洲书院成为吉安理学的两大论坛。青原会馆的传心堂、白鹭洲书院的道心堂都是为理学家专设的讲堂。

**3. 名人胜迹**

明正德五年（1510年）王守仁任庐陵知县，几度来青原山倡良知之学，儒学在吉安兴盛。明万历年间吉安名儒邹守益、罗洪先、聂豹及欧阳德崇阳明之学，吉安各县纷纷在青原山寺右侧设置会馆，春秋于此会讲三日，从游者达百余人，有"江西杏坛"之称。阳明书院前为传心堂，后祀王贤，旁有明德堂，为祭祀闰章所建，西翼有二楼，左为仁树，右名见山，系读书处。

进入青原山的第一亭为红亭，亭门上有文天祥手书的"青原山"三个刚劲有力的大字。文天祥曾多次游览青原山，并在此求学，这三个字是他于1275年书写的。

在净居寺大殿左侧斋堂的墙壁上有石碑42块，每块长67厘米，宽42厘米，石碑呈青灰色，光滑坚硬，诗的正文字体较大。此诗由宋朝名相李纲所赠，至今保存完好。相传，笑峰大然禅师与宋商王、肖翔、虞卿显及九牧五人岁会于此。

颜真卿书"祖关"、文天祥书"青原山"、黄庭坚亲笔长诗碑、李纲的《游青原山记》，成为著名的青原山墨迹四宝。明末"四公子"之一的哲学家、科学家方以智的《天在山中》亦为青原山珍贵的墨宝。

# 第十三节　洞天福地麻姑山

麻姑山，其以峻秀奇丽的自然景观和深厚的文化底蕴闻名于世，自古以来都是我国东南道、释、儒三教活动中心和避暑游览养生健身的胜地。其位于"地气殊异，山川炳灵"的南城县西部，距县城4千米，主峰海拔1176米，是国家4A级旅游景区。

　　麻姑山，原名丹霞山，唐开元年间，因麻姑仙女的故事发祥于此，本山道士邓紫阳奏立麻姑庙而得名。《云笈七签》载，在道教三十六洞天，七十二福地之中，麻姑山为第二十八洞天、第十福地，洞天福地兼而有之，在我国名山之中也属少见。唐朝著名诗人刘禹锡登游麻姑山时发出了"曾游仙迹见丰碑，除却麻姑更有谁"的赞叹。

　　唐朝时九州之内求仙炼丹蔚成风气，麻姑山颇得青睐。此地的山泉被用来炼丹，就连用这里的泉水酿制的"麻姑酒"也被列为贡品，献于皇上。唐开元二十七年（739年），麻姑庙落成。唐天宝五年（746年），唐玄宗又复命增修仙宇，塑立诸像，显耀祠宇，麻姑山名声大噪。

　　唐大历六年（771年），大书法家颜真卿登游麻姑山，挥笔写下了名震书坛的《麻姑山仙坛记》，这本书被后代书家誉为"天下第一楷书"。加上后来刘禹锡、白居易等名人的赞咏，使麻姑山名声大噪，慕名前来登临的游人络绎不绝。

　麻姑山

🔖 麻源三谷

明朝著名旅行家徐霞客第一次上麻姑山住了两日，下山后仍觉游兴未尽，数日后再度上山，饱览仙山景致后方依依离去。他在游记中说，麻姑山以水称奇，以水为胜，其瀑布有五级之多，而每一级各显其奇。

## 特色景观

麻姑山景区旅游资源丰富，不仅有风光秀丽、气候宜人的自然景观，还有底蕴深厚、蜚声海内外的人文景观，以及享誉华夏的丰富特产资源。

### （一）自然景观

#### 1.麻源三山秀出东南

麻姑山，森林密盖，素湍绿潭，是座天然氧吧，丹霞芙蓉，岚气阵阵，云雾缭绕，是长寿养生胜地。玉练双飞、垂瀑三叠、神功泉等自然景观尤为著称。山中群峰竞秀，树木葱茏，悬泉瀑布，飞漱其间，风景十分秀丽，古人视为洞天福地。其主要风景点有垂玉亭（半山亭）、玉练双飞、龙门胜迹、仙都观、麻源三谷等。

　　麻姑山是岩石结构，临江竖立，气势雄伟，分东西两峰，东峰为"飞鳌峰"，西峰为"天柱峰"。两峰之间有素称"从石天光"的一线天，中间架一天桥，桥长约2米，宽1米，沟通两峰。

　　麻姑山岩壁陡峭，茂林修竹，风景秀丽，似如仙女屹然壁立。有一幽深岩洞，洞内冬暖夏凉，石柱、石笋、石乳比比皆是，景色奇异，是观赏游览之佳地。麻源三谷，丹霞地貌，仙桃石、老人峰、望天龟等奇山怪石与麻源水库山水倒映，构成了一幅天然的风景画。特别是"老子天下第一峰"，雄秀霸气，堪称绝景。

### 2.赣东千岛醉仙湖泊

　　醉仙湖（洪门水库）属江西省大型水库，位于南城县东部16千米处，相传古时有仙人醉酒于此，故而得名。湖中大小岛屿千余个，故有赣东"千岛湖"之称。

　　醉仙湖地形地貌独特，连片的丹霞地貌，奇山怪石、形状各异，沿湖青山别具一格，郁郁葱葱，叠翠多姿，堪称"水上丹霞"。同时醉仙湖湖区气候

玉练双飞

宜人，冬暖夏凉，水鸟、候鸟种类繁多，风景秀美，是各种鸟类栖息繁衍的天堂。

### （二）人文景观

（1）道教文化。麻姑山自古以来就是百姓口中的洞天福地、长寿仙境。麻姑仙女曾三次历经"沧海桑田"成为长寿之象征。麻姑山是我国东南道教圣地。传说在汉昭帝时，仙人浮丘公及弟子王、郭二仙就在丹霞山中修炼。自东晋葛洪在此修道炼丹后，这里就被看作祥瑞多福的通天之境，成为清幽的道教场所。其中仙都观被认为是道教圣地，始建于唐开元年间，历代几度重修，现仙都观为1992年重建，观内是占地面积1万余平方米的仿古建筑群。从宋真宗、仁宗到高宗，八代帝王对麻姑仙女及仙都观均有诰封。该观现被列为江西省级重点文物保护单位。

（2）佛教文化。麻姑山不仅是我国东南道教场所，也是我国佛教传播净土，历史上曾庙宇林立（九十九座庙宇），香火旺盛。碧涛庵是清康熙六年（1667

鲁公碑亭

年）在宋朝工部尚书何异的何氏山房旧址上建造的庵堂，距今已有三百五十多年，成为麻姑山佛教主要活动场所。尤其是在"道佛一家"的思想基础上，麻姑山又成了佛教传播圣地。

📍碧涛庵

（3）儒教文化。麻姑山是我国儒家传道、授业之圣地。北宋思想家李觏曾在此设"读书林"讲学，"唐宋八大家"之一的曾巩曾求读于此，唐朝大书法家颜真卿游麻姑山时写下的《麻姑山仙坛记》是我国书法史上的一座丰碑。

### （三）民间传说

如梦如烟、宛如仙境的麻姑山，孕育了优美神奇的麻姑仙女的神话传说。麻姑是中国古代神话中的女仙。据葛洪的《神仙传》记载，她的本事有惊人之处：一是能穿着木屐在水面上行走，可与达摩祖师脚踩芦叶渡海相媲美；二是能掷米成丹砂；三是曾三次经历沧海桑田（成语"沧海桑田"即出于此），麻姑也因此成为吉祥长寿的象征。

（1）麻姑成仙。远古时代麻姑山有一洞，名丹霞。洞中有一老姬，居山多年，饥食野果，渴饮酒泉。时逢九月初九，老姬醉卧丹霞，忽闻霹雳响动，半空落下三颗明珠，坠入其腹内。老姬忽然惊醒，原来是一场梦，她这才松了口气。但十个月之后，她竟一胎生下三女。长女，晨曦初露，天色麻亮降生，取名"麻姑"；二女从之，取名"从姑"；三女为后，取名"毕姑"。麻姑长得聪明、漂亮，因误服了千年茯苓而成仙。麻姑成仙丹后仍心系家乡，经常显灵家乡，为穷苦乡亲除病消灾，频赐丰年。

（2）麻姑献寿。农历三月初三是西王母的寿辰，每当寿辰之日，西王母

都要设蟠桃会宴请众仙，八方神仙、四海龙王、天上仙女等都赶去为西王母祝寿。花仙子们采集了各色鲜艳芬芳的花卉，邀请麻姑仙女与她们同往。麻姑将仙桃和灵芝酿成仙酒，带到蟠桃会，献与西王母……这就是"麻姑献寿"的故事。麻姑是吉祥长寿的象征，所以也成为画家、雕塑家、乐工作品中的常客，在清朝甚至被编成戏曲，在宫廷中演唱，以示吉庆。从此，"麻姑献寿"成为我国流传很广的神话传说。

## 第十四节　群玉之山玉笥山

玉笥山位于峡江新县城西南2.5千米处，原名群玉山，因山中有三十二座峰，并且每座峰都是四季"削玉染黛"，因而得名玉笥山，最高峰送仙峰海拔521.1米。峡江县玉笥养生谷景区于2022年被评为国家4A级旅游景区。玉笥山峰峦连绵不绝，自北向南有覆箱、太白、元阳、送仙等峰凌云摩霄。漫山古木森幽，重重掩映，四季如春，清泉长流。山脚有紫霄、仙人、温涧、泰、鹤、龟等六大钟乳石，或钟灵毓秀，或突兀奇峭，或虎踞龙盘，形态各异呈

玉笥山

奇献巧，有"神柱支天""虹桥飞架""鹤舞迎客""寿龟伏地""骆驼向月"等景点。春天山里杜鹃齐放，红艳夺目，桐花绽开，洁白耀眼；夏天山里树木葱茏，芳草萋萋，蝶飞蜂舞，涧流清冽；秋天山上红叶灿烂，各种野果随处可见；冬天山明水静，竹林森森，时有野生动物出没。据说"玉笥山"之来源与汉武帝大有关系。相传，汉武帝晚年遍巡天下名山，以求长生不老之术，他于元封五年（公元前106年）带领一班文武官员来到群玉山。东方朔禀告："明天午时，西王母亲赐'上清宝篆符图'于陛下。"武帝即令侍从连夜在太白峰筑降经坛。翌日授图时，忽然天上飘下一玉笥，武帝惊愕，不知主何征兆。东方朔解释道："玉有君子之德，笥乃盛万物之器，故兆陛下盛世万载，帝业永存。"武帝闻之，龙颜大悦，并将群玉山改为玉笥山。

## 特色景观

### （一）自然景观

#### 1.峰奇石怪

玉笥山独特的花岗岩和石灰岩地质，使之有峰峦奇特之妙。它有太白、元皇、降真、秦望、三会、双龙、挂冒、覆箱、芙蓉、紫虚、彩云、魏仙、仙女、正一、西平、丹灶、金井、乱石、翳石、上方、下方、狮子、石桥、元秀、太阳等三十二座奇峰。每座山峰都苍翠欲滴，浮青拂绿，恰似三十二朵青芙蓉，隔江插作长屏风。

玉笥山怪石颇多，令人叫绝，有横列如屏的仙人石、拔地千仞的紫霄石、盘踞百亩的泰石、矫首引吭的鹤石、伸头低伏的龟石等等，其中尤以仙人石最为著名。仙人石位于何君村中央，怪石层磊，为六石中最玲珑奇秀者，石上仙人桥，大自然造就，桥上可容十余人，桥洞可藏五六人。桥两侧陡峭，甚险峻。石南有"骆驼峰"，如双峰驼伏地，昂首向天，若于蒙蒙细雨天观之，更见其惟妙惟肖；若于月夜观之，其则如向天嘶鸣，更有一番情趣，故又名"峰驼鸣月"。

## 2.洞异泉清

山中溶洞亦别异，曲折幽深，迂回错落，引人入胜，已知者有大秀、郁木、元龟、云储、归云、白云、何君等洞，曲折幽深。

玉笥山还有泉流三十六处，号称"三十六涧"。最著名的是山脚处的仙人泉，其泉眼深不可测，冬温夏凉，清可鉴发，其味香洌。水自石下出，绕石洞穿行，在石前汇聚两泉池，上池为村民饮用水，下池为洗涤用水。

### （二）人文景观

#### 1.洞天福地

玉笥山是道教名山，有道教三十六洞天的第十七洞天——大秀法乐洞天，地仙梁伯鸾所主之所，七十二福地的第八福地——郁木福地，真人赤鲁班所主之所，一山兼揽洞天福地，天下少见。山内最盛时有一阁、一池、二宫、二祠、二桥、三园、三庵、六宅、九亭、十二台、二十一观、三十六坛，有五百道士在此修炼。唐宋时香火颇旺，《玉笥实录》记载："兴唐以来，远近士民祈祷之盛，海内少见。"

云腾飙驭祠，坐落于元阳峰南，俗称"南祠"。始建于唐天宝六年（747年）。相传唐贞观年间，吉州刺史吴云储辞官携家修道于此，道成后举家飞升，后人以其灵异传入朝廷。唐玄宗李隆基遣宦官崔朗建庙祀之，初名"云储寺"。历代重修、规制不一。宋真宗时，加封吴云储为"华岳府主"，赐额"云腾飙驭"，奉祀吴云储"顶日月冠，剑履圭佩，一如王者"。今祠系1987年何君村委会集资重修。近年这里出土有关道教的丰富文物，揭示出这里丰厚的道教文化内涵。汉朝的梅福，三国的葛玄，晋朝的葛洪，唐朝的方干，南唐的徐铉，宋朝的黄庭坚、朱熹、刘弇，元朝的范梈、虞集、揭傒斯，明朝的王守仁、王世贞、罗洪先、罗伦、刘同升、解缙、胡俨、金幼孜、练子宁，清朝的查慎行等历史名人都曾游历过此山。

#### 2.神话传说

（1）十徒成仙。传说秦初，孔丘明、骆法通、吴天印、张法枢、谢志空、周仙用、邹武君、谢幽岩、杨元中、何紫霄、宋云刁、李德授和唐建威不堪骊山修陵之苦，逃匿江南，后宋云刁、李德授、唐建威三人藏于庐山，其余十人来到玉笥山修道。孔丘明、骆法通、吴天印、张法枢、谢志空、周仙用、邹武君、谢幽岩和杨元中九人潜心修炼，到汉景帝时，九人功成道就，在狮子峰升入天宫。唯有何紫霄喜好游荡，未曾及时赶到，等何紫霄到时，地上只留下一箱霞衣，他抓起霞衣，一脚把箱子踢翻，是故此峰名为覆箱峰。何紫霄痛改前非，刻苦修炼，终成地仙。其修行之处，已成为村庄，吴氏村民命其村名为"何君村"，以纪念何紫霄。

（2）汉帝金井。郁木楼旁有口水井，相传当年汉武帝回銮时，口渴了到此掬水喝，掬水时不小心把龙袍上的金帛掉进井里，见金帛久久不下沉，武帝便命人打捞，打捞之时金帛又立即沉入井底，武帝便叫人停止打捞，说算作是买水之钱，故井名为"汉帝金井"。此井井水清冽，味道甘纯，晶莹见底，喝了可以解暑消灾，据说，当年有人会用茶油来这里换井水。

雪蘸玉笥千山寒

（3）祈梦征魁。明嘉靖五年（1526年），罗洪先来这里祈梦，因那夜人多，楼里无法住下，遂在石桥上的百花亭里将就了一夜。第二天早上，睡在楼里的人说："昨夜一披金甲神人告知'百花亭里状元游'。"那年正值大比之年，罗洪先果然中了状元，回家祭祖时来玉笥山还愿，欣然写了一副对联：秀才出去状元回，营求功名都如意，并把"梦楼"二字改为"先觉楼"，寓先知先觉意。二十年后，罗洪先因上书反对皇帝一意玄修、荒怠朝政而遭致仕，还乡后携友来玉笥山游玩，写诗《云储洞梦楼》一首："黄叶铺阶枕碧溪，白云深处不闻鸡。廿年尘土俱闲梦，肯受山灵幻境迷。"

（4）陈抟老祖。陈抟，字图南，自号扶摇子，亳州真源人，他特能睡，一睡即上百日，故称"睡仙"。宋太祖赐号为"希夷先生"。据传，一日，陈抟邀吕洞宾一起驾云南游，因飞得较低，当他经过玉笥山附近的一个叫湾里的村庄时，被一浣衣老妇看到。老妇误以为那是鸭子，便大声嚷道："快来看呀，云里有只鸭子在飞。"听见老妇一嚷，陈抟法术立破，变成一木雕掉在地上。村民看到从天上掉下一个木雕，认为是神仙显灵，就恭恭敬敬地把木雕抬回村里，安放在祠堂里供奉、祭祀。正月里，当地有抬神像出游受香的习俗。一天，村民抬着陈抟的木雕像到玉笥山云储寺受祭拜，第二天回去时竟再也抬不动。原来前一天夜里陈抟已托梦给抬神像的人说："我不回去了，一是玉笥山风光旖旎，我甚爱之；二是我和吴云储甚为投缘；三是吴云储一再款留。我意已决，你们就在云储寺边建一楼供奉我吧。"楼里的陈抟像作睡梦状，故此楼又称"梦楼"。

## 第十五节　仙女盆浴白水仙—泉江

白水仙—泉江风景名胜区位于江西省西南边境，地处罗霄山脉南段东麓、井冈山山南的遂川县境内。此处古为扬州地域，历史悠久，由汤湖景区、泉江景区和白水仙景区以及万福仙景点几部分组成。

白水仙景区位于碧洲镇南 1500 米处的白水村。据《龙泉县志》记载，昔日女子三姐妹学道于岩，遇仙授以仙丹，白日飞升，后人立祠祀之。辄岩上有三瀑布，泉注射数十丈，若仙人缟衣而立，像仙人显迹。白水仙由是得名。

泉江景点群以县城泉江镇为主，此外还涉及周边的枚江乡和雩田镇，主要风景资源有革命胜迹和历史遗迹。红色遗址主要有遂川县工农兵政府旧址、毛泽东旧居、遂川联席会议旧址、遂川县革命烈士纪念馆、遂川县革命烈士纪念碑等；其他旅游资源主要有虎潭陂、岳飞点兵台、雩溪宝塔、葛仙岩等。

汤湖景区位于罗霄山脉南端的汤湖镇境内，主要由汤湖温泉、狗牯脑茶山和安村水库构成。汤湖温泉古称大鄢泉，《龙泉县志》记载，大鄢泉有白气如沸，可煮熟羊豕。其自然泉有十数处，主要称"大汤湖""小汤湖"，泉周九个土墩，泉水顺坡而下，广传为"九龟下潭"。此外，驰名中外、被誉为遂川三宝之一的狗牯脑茶，即产于汤湖狗牯脑山。

## 特色景观

白水仙—泉江风景名胜区虽然景区分散，但其景物景观类型较多、质量较高，尤其是其生态环境保存较好，极具生态价值。主要特色自然景观有沸泉名茶、碧潭仙瀑、秀峰奇崖等。

◎ 茶山云雾

1.沸泉名茶

温泉主要指汤湖温泉，位于县西南60千米的汤湖镇，属汤湖景区。汤湖温泉古称“大鄢泉”，有自然泉数十处。温泉区云蒸雾罩，热气腾腾，地表水温达到84℃，一昼夜的涌水量达2050吨，为江西省温度最高之温泉，素有“江西小海南”之称，是游览疗养之首选。

在汤湖镇有一观光茶园。园内植被郁郁葱葱、纵横交错。阳春三月，万亩茶山绿意盎然，清香扑鼻。

在汤湖磺石村后，有狗牯脑茶山，是中国名茶“狗牯脑”的原生地，海拔496米，亦为汤湖景区的最高点。从山脚至山顶景观各异，山下竹林葱葱、金橘灿灿，山腰茶山叠翠、古迹犹存。山上有登山步道由东麓直通山顶，游人在山顶既可观茶山美景，又可眺汤湖全貌。

2.碧潭仙瀑

右溪河旁的虎山下山形如虎蹲，古称虎阜啸风，为龙泉城八景之一。其下临的深潭故名虎潭。自南唐以来，拦河筑坝，叫虎潭陂，潭水碧澄，宛如西湖，风景极佳。

白水仙爆布

白水仙有一个三叠瀑布，飞银泻玉，气势磅礴，终年不息。第一瀑为仙女瀑，高达约86米，宽10米，远看宛若白衣仙女依山伫立。第二瀑叫珍珠瀑，高约50米，泉流碎如珍珠，玲珑剔透。第三瀑称登山瀑，高约30米。三叠瀑布首尾相衔，恰似一条柔和的玉带。离白水仙瀑约300米远的另一山中，还有个五级瀑布，称作“七

星瀑"，其中最低一层如一个丈余宽、逾两丈长的石盆嵌于悬崖陡壁上，形似斧凿，实为天工。瀑布自上泻入，在此形成巨大旋涡，又从"盆"沿飞溅出去，犹如仙女在沐浴戏耍，人们称之为"仙女浴盆"。

### 3.秀峰奇崖

水口峰为白水仙景区最高峰，位于遂川与万安接壤处，海拔895.9米。山上长满杜鹃、野菊，阳春三月，盛开的杜鹃花让漫山铺满似火的红。登上水口峰，视野开阔，秀丽风光尽收眼底。晴天晨望日出，霞光喷薄，气势雄浑壮丽。此外，伴随着天气的变化和一天中的日落日升，水口峰可观察到雪顶等特殊的气象景观。

"一线天"系地壳运动裂变而成，一山裂为两半，好似被长剑劈开，形成了一条深约200米、宽约1米的山槽。抬头仰望，只能见到一线天空。鹰嘴崖，是一块大石崖，远眺形似鹰嘴，色如青铜，嘴尖如钩，目光深邃，气势不凡，与仙女瀑仅一壑之隔。传说，这只雄武的山鹰暗恋美丽的仙女，终日目不转睛地注视仙女修炼，可又不敢吐露心迹，只好伫立久候，站成了一座山崖。

## 第十六节　始皇南巡地秦山

秦山位于瑞昌市中部地区，北瞻长江，东依庐山，南临西海，其最高峰海拔约921米，为瑞昌海拔高度之最。

秦山因秦始皇南巡至此而得名。相传，秦始皇平六国统一天下后，纵游天下名胜，唯有一次让他舍宝马香车，屈尊下驾的便是秦山。秦始皇迎风立于山顶，眺望长江，普天之下，均属王土，心中大悦，随即封下赫赫国姓之名——秦山。

传说，宋朝著名大学士苏轼就任黄州知府时曾慕名而至，几度登临，并留下了"吴楚插高峰，羊肠曲径通。风光收半壁，无水不潜龙"的佳句。南

宋抗金将领岳飞到江西与湖北交界的九宫山招编杨再兴的时候曾途经秦山，其部将刘泗将军途中染疾，在秦山不幸病故，现秦山林场石桥塘村仍存刘泗将军墓（又称武烈将军墓）遗址。

## 特色景观

秦山风景名胜区的自然景观以洞府峡谷、优良生态环境为胜，人文景观以道教遗存、革命旧址为胜。总体来说，可以将风景名胜区的特色景观概括为以下四个方面：奇幻洞府、万顷林海、清幽秀谷、道教圣地。

### （一）自然景观

#### 1.奇幻洞府——幽深幻变、独具魅力的峨嵋溶洞群

峨嵋溶洞群是秦山风景名胜区最重要的地质遗迹景观资源，散发着无穷的美感和魅力，展露着一系列令人难以置信的地质构造特点和让人瞠目的奇异景观。

峨嵋溶洞群以其洞室规模巨大、洞体成群发育、洞内钙化微地貌齐全为特色。这些溶洞有的洞洞相连（有的是进水口，有的为出水口，虽为多个洞口，但多为同一洞体），有的平行排列，有的经过一段地表河又汇集到"另一个"溶洞（以前很可能就是同一个洞体）。内有万佛洞、下坂洞、老社洞、洞上洞、洞下洞、东廓洞、歇狮洞、银狮洞等大小溶洞数十个，在规模上堪称亚洲第一。

#### 2.万顷林海——景迹繁多、生态环境优良的青山翠林

秦山景观众多，登秦山可见大峰小峰，层层叠叠。北瞻长江，船帆点点；东望庐山，烟云缭绕；南瞰平川，沃洲绿野；西眺桃花尖，山势奇特，坡侧有跑马埂，古为赛马练兵之地。埂侧松林密布，下有山泉潺潺，林深泉清，风车口、伴刀剑、蜡烛峰、香炉包伴其周围。春游秦山，可观其山峦叠翠；夏上秦山，可赏其云雾缭绕；秋进秦山，可见其红枫翠竹；冬入秦山，可览其玉树琼枝。春见山容，夏见山气，秋见山情，冬见山势。

秦山森林覆盖率高，植被茂盛，水质清澈，主峰附近的大片山地已成为茂密的林区，特别是太清宫附近已是一片林海，有典型的森林和山区小气候特征。每当酷热夏季，秦山内气候凉爽宜人，与庐山的气候接近。秦山空气清新、湿润、负氧离子浓度高，是生态旅游和休闲避暑的理想之地。

📍 秦山太清宫

### 3.清幽秀谷——清雅秀丽、幽深宁静的峡谷景廊

秦山风景名胜区内的峡谷以清雅秀丽取胜，尤以青峰峡谷和枫树坳峡谷景色最为秀美。

青峰峡谷两侧有翠竹红枫相衬，谷风吹动，树影疏斜，翠竹倾首，流水潺潺，别有一番风味。半山间有村落散布，夕阳斜照，炊烟缭绕，一派田园风光。

接近秦山山麓，经万丈岩等悬崖陡壁，由小路进入枫树坳峡谷。路侧一股清流自溶洞口奔突而出，沿谷底蜿蜒流去，石砌农舍零星地散布于溪岸。山道时而溪左，时而溪右，山花烂漫，含笑迎人，鸡鸣犬吠，不绝于耳，山村风味隽永淳厚。靠近横港水库有一钙化瀑布注入山溪，此处丰草滋长，盖满瀑面，瀑流自荫翳的树巅山峦中流出，为这条风景线生色不少。

### （二）人文景观

#### 1.道教圣地

秦山是赣北著名的道教圣地。相传，三国时期有三仙来秦山结庐，后由于山川之胜为人所共仰，住山道徒越来越多，至唐时人数已逾百，所以建了上清、太清、玉清三大宫殿。后来又不断弘扬，香火愈盛。庙内缥缈而出的烟雾汇入云海，在阳光折射下，似紫气，也似灵光，让人不禁将此地疑为天

庭仙境。因此，朝山进香者比肩接踵，络绎不绝。长此以往，秦山遂成道教圣地，成为长江流域中部道教活动的中心，至清朝曾经有赣鄂道界在秦山联宗续谱的盛举。现在湖北通山县仍有部分道观留存着此次所修的道教家乘。

随着历史的变迁，秦山道场也几度兴废。特别是日寇侵华时期，更是遭毁灭性的破坏，庙宇古迹荡然无存。新中国成立后，在党的民族宗教政策的正确指导下，秦山的道教活动场所日渐恢复，主要有上清宫、太清宫和玉清宫。太清宫的修建为秦山再次成为赣北的道教活动中心创造了有利条件。至此，逢年过节，每月初一、十五，毗乡邻县的善男信女便纷纷到秦山朝拜。

### 2.民间传说

（1）七子坟。七子坟位于青山林场力士沟村南面的山坳上。关于七子坟的故事有多种不同的传说。其一传说明朝末年有户侯姓人家，一母生七子，兄弟六人外出谋生，远走他乡，唯有第七个儿子留在家中尽守孝道，伴随老母艰难度日。不久母亲病故，第七子悲痛欲绝，跪守坟前。一个风雨交加的夜晚，这位孝子被饿虎所伤，死于虎口，村人感其孝道可嘉，怜其死得凄惨，在侯母坟旁筑起七子坟，愿其母子永远相依为伴。

（2）秦山三仙人。三国时期有修道士康道成、费文伟二人由武汉黄鹤楼携鹤来到秦山，见此山川秀丽，清幽雄奇，具有仙山之灵气，遂驻足山中，始建上清宫，结庐修炼。宋朝驾前护都景崇弃官遁世，隐居青山，崇奉道教，德行周全，慈悲济世，普度有缘，遂建太清宫、玉清宫，后修道之人奉康、费、景三人为开山始祖，并称为"秦山三仙"。秦山由此成为赣北著名的道教圣地，清朝曾经有赣鄂道界在秦山联宗谱的盛举。

相传康、费二仙在此结庐修炼，自耕自食。一日，发现一只梅花鹿在地里吃庄稼，驱之复至，天天如此。康、费二人想把鹿赶走，不再危害庄稼。一日，两人穷追不舍，追至武宁鲁溪洞，鹿进洞不见了，只见一根粗木横在洞口，"叱之为龙，即乘之仙去"。故当地民间有"秦山得道，鲁溪成仙"的传说。

## 第十七节 修江八景南崖—清水岩

南崖—清水岩风景名胜区位于江西省修水县四都镇境内，与庐山西海风景区同属一条旅游路线。景区地势平坦，属丘陵地带，平均海拔高度在200米以下。

南崖，位于县城修河南岸，傍水而座，风景天成，人文荟萃，绝壁耸立，古木参天。西坡一翠亭高踞修河大桥南端之侧，倚亭俯瞰，车水马龙，行人如织。游客沿小径上冠云亭，城郊全景尽收眼底，夜游山顶，则见万家灯火，一派银光。

清水岩风景名胜区由清水岩溶洞群、东岭石林、修河峡谷、仙姑湖等呈带状分布的景区构成，集山水、石林、溶洞、人文于一体，民间流传着许多美好的神话和传说，历代文人墨客留下许多诗词墨宝、石刻碑文。各景区顺路傍水，自然成线，奇观胜景比比皆是。这里气候宜人，山清水秀，岩石奇特，洞府幽深，千亩湖面，烟波浩渺，身临其境，如入图画，使人流连忘返。

### 特色景观

#### （一）自然景观

#### 1.七百里修江第一山

南崖被誉为"七百里修江第一山"。南崖古树参天，古藤倒挂，绿荫浓密，风景迷人。两岸翠柳修竹，绿影扶疏，碧水一条，白鹭点点。入夜明月当空，波光粼粼，别有一番韵味。岸上形态各异的大型山石有如鬼斧神工，令人叹为观止。

#### 2.东岭石林甲天下

东岭石林位于四都镇东，因岭上多奇石故名。东岭石林有牌坊石、岗上、水井坬、老虎橱、仰天橱、阚家岩等六个小景区，整体呈弯月形分布。景区

奇岩怪石比比皆是，形态各异，可与云南石林媲美。此处奇石高者20余米，低者匍匐于地，多为一岩一景，有的则数石组成一天然特大盆景，底座无明显分界，形状随视角的变化而变化，相互参差起伏，犬牙交错。岩石之间，或为缝隙，或成石门，且多象形，有的互为"保护"，有的则互为"争斗"，形神兼备，耐人寻味。

### 3.清水岩洞觅奇境

清水岩位于四都镇西北面清水村中，溶洞幽深，涓涓清泉终年不涸，故名清水岩。

南崖前有一山洞，洞宽20余米，深30余米，形如巨钟伏地。洞口左壁上有石刻"神清洞"三字，正中有一石台，原立有观音石相，称为观音石。台后有双龙泉，水清莹洁，双双流入观音石下的双龙洞。洞顶倒悬着许多钟乳石，形似各样水果，稍下有一石，形如袒肚弥勒，称为仙果供佛。从仙果供佛下面绕过九曲幽径便登上了山谷台，相传黄庭坚在此读过书，至今刻石手迹犹存。东面支洞中潺潺水边的岩壁上有一排人形岩，称为八仙过海。左前方有一巨大岩石，一边陡峭，一边倾斜，如蓬莱仙岛，楼阁隐约，曲径通幽。

清水岩一带有洞无数，其中最长、最神秘的要数龙崖洞，其天生关卡，不容钻通。洞口清水长流，洞顶怪石嶙峋，洞高30余米，倒挂的钟乳石形态各异，最逼真的要数"普陀反骑象"了。

📍 清亮亮的修水河

### 4.烟波浩渺仙姑湖

仙姑湖位于四都镇西部，因附近有仙姑岭、仙姑寺、仙姑洞，故名。仙姑湖系人工湖，即红旗水库，始建于1970年。仙姑湖四周环山，岸西小山多奇岩怪石，有"二虎逞威""巨蟹拜月""大鹏展翅"等景观。站在仙姑岭上西望，湖光山色尽收眼底。下得山来，看广阔的湖面，烟波浩渺，如能划一叶小舟荡游湖中或穿行于湖汊，真叫人心旷神怡。湖的西岸由大小不同、形态各异的奇石组成，为人们提供天然钓矶，在这里垂钓，妙不可言。

### （二）人文景观

**1.史迹胜地**

（1）南崖仙山。南崖早在宋朝时就被称为"修江第一仙山"。南崖东侧的云岩寺被誉为"修江第一禅林"。南崖上有宋朝诗人、大书法家黄庭坚纪念馆，其中陈列着不少历史文物和数以百计的广场书碑刻。楼后九曲回廊上，黄庭坚的手书碑刻《赤壁怀古》《墨竹赋》等。崖上还有山谷祠、澄秋阁、一翠亭、顺济亭、冠云亭等建筑和名胜。

（2）清水岩洞。南、北洞有先人摩岩石刻八处，其中有宋朝著名理学家周敦颐题名石刻两处。明礼部尚书胡滢诗咏《清水岩》："开辟龙门一洞天，玲珑紫翠结云烟，群仙拱伏环千里，元气流通涌一泉。赤脚禅僧骑虎入，黄冠仙子伴龙眠。我来扫石焚香罢，一笑心同太极先。"

**2.民间传说**

（1）抱子石的传说。关于抱子石的传说很多，当地记载，传说很多年前，有一青年樵夫在砍柴回家的路上救得一落水村姑，不久二人便结为夫妇，隔年得子。谁知好景不长，当地有一财主见村姑青春年少，生得貌美，顿生歹意，欲纳为妾，便心生一计：时遇兵荒马乱，正好借机将樵夫强征入役，樵夫之妻便唾手可得。财主按计行事，将樵夫五花大绑，送往兵营，从此樵夫音讯全无。对于纳妾一事，村姑誓死不从，财主欲强抢，村姑见势抱着孩子跑到江边，财主穷追不放。霎时，天昏地暗，一声惊雷，财主被雷击中，村姑母子也不见踪影，唯见江边一巨石屹立，酷似一个抱着孩子的女人站在水中。从此这里便流传着抱子石的传说。

（2）旌阳山的传说。旌阳山在县城东面，与凤凰山隔江相望，坡度东缓西陡，峭壁临江，呈圆锥体，当地人称哨子山。传说有一天，许真君（许逊，

亦名许旌阳）追蛟不放，一经州治，蛟龙踪影全无。许真君担心妖孽入城危害生灵，即登秀峰山顶察看，见州城上空风和日丽，祥云朵朵，知城中安然无恙，遂顺江往下一看，只见神石脑处有一股黑气，与一团红光形成对垒，便知孽怪必定藏于神石脑深潭之中。许真君下得山来，又登梅岭，磨剑霍霍，以斩妖孽。后人为了纪念许旌阳追蛟除害之义举，便将秀峰山改称为旌阳山。

## 第十八节　潜龙露角玉壶山

　　玉壶山，因整座山远看似酒壶而得名，古称壶山，位于萍乡市莲花县，主要由玉壶山、垂花岩、石廊洞、砻山口、神泉湖五个景区和宾兴馆、花塘官厅（列宁学校）、莲花革命烈士纪念馆三个独立景点为主要景源而共同构成。景区绵延数十里，主峰玉壶山海拔380米。

　　相传，玉壶山为齐天大圣孙悟空大闹蟠桃宴醉酒后抛下的一只仙家玉壶幻化而成。传说齐天大圣孙悟空因搅了王母娘娘的蟠桃大会，自知闯下了大祸，于是乘着酒兴，准备回到凡间那个洞天福地的花果山。岂料，半路间酒力发作，便急忙按落云头，在一座山峰上歇下脚来。他因口干舌焦，便从腰间掏出一个酒壶，将酒壶里的酒喝了个精光，顺手将那酒壶扔下峰去。只见峰峦突现，蜿蜒起伏，风光锁翠，黛色含青。又有那枯藤老树，奇花异草，千株乔松，万竿修竹，百鸟争鸣，山泉叮咚。这酒壶便化作了玉壶山。

### 特色景观

　　玉壶山山势雄奇峻拔，峰峦叠翠，是以峰、石、瀑、洞、云、林兼胜，且以雄、奇、险、秀、幽著称的一座名山。同时景区人文景观丰富，古往今来曾吸引众多文人墨客探幽览胜，留下了大量的诗文辞赋。

### （一）自然景观

#### 1.灵山秘洞"小南岳"

玉壶山由五座山峰组成，主峰玉壶山，其余为轿石顶、锦屏峰、凤凰台、元阳山。山上自然风光，千姿百态。扑朔迷离的元阳洞、蕊珠洞和新发现的石洞三大洞天福地，势若万马腾空、象形各异的玉壶山石林，悬挂于玉壶山巅，长流不息的天外飞泉，称为玉壶山"三绝"。玉壶山背面连绵不绝、古木参天的森林，碧波荡漾、湖光山色的鸬鹚湖，怪石林立、凝乳堆雪的石峰和垂花岩，也令人留恋不已。

#### 2.秀水幽林大氧吧

神泉湖景区以库湖景观为主，有楼梯磴水库修建形成的黛碧湖和人工瀑布，四周青山环绕，林木葱茏。这里植物种类繁多，以杉木、湿地松、马尾松、油茶、枫香、木荷为主。景区空气十分清新，植被覆盖率在80%以上，素有"天然氧吧"美称。水随山形转，岛在水中游，如新月镶嵌，景区风光旖旎，气候宜人，亦是水上垂钓、游乐、商务会议、户外烧烤的理想去处。

神泉湖

### （二）人文景观

#### 1.文人墨客探幽览胜

古往今来，玉壶山吸引了众多文人墨客探幽览胜，留下大量诗文辞赋。唐开元名相姚崇、宋相周必大、元朝状元李祁、大禅师兼诗人李嗣晟、明朝理学家兼文学家刘元卿、大旅行家徐霞客、台阁大学士兼诗人李东阳、清朝宣统皇帝汉文教师朱益藩等人都曾游览或隐居此山。山上有元阳观、法藏寺、文峰塔、焕文阁等道、佛、儒文化遗址，有姚崇洗墨池、晚唐道家名士杨筠松铁笔诗、刘元卿诗碑等人文景观。

#### 2.佛教圣地香火不绝

唐贞观元年（627年），禅师泰上人云游玉壶峰后，因爱这里山水幽静，即择地营建道场，名曰法藏寺，又名楼阁寺，列境内五大名刹之首。其四周青山环抱，前为碧波荡漾的鸬鹚湖，山清水静，后为松涛阵阵的松树林，鸟鸣山幽，实属佛家净地。南宋文天祥游历后，欣然题写"觉堂寺"三字。自古以来，法藏寺香火甚旺，名噪四方，善男信女络绎不绝。

## 第十九节　重峦叠翠华林寨

华林山是一座横跨高安和奉新的历史名山，华林寨是华林山主峰，海拔约816米，是高安市的制高点。此地重峦叠翠、群山环抱、地势险峻，进可攻、退可守。传说唐宣宗李忱来此避难时有诗赞曰："灵岫摩天空，鸟道入云际。"

华林山因地势险要，曾爆发过多次农民起义。隋大业十二年（616年），应智顼屯兵华林寨起义反隋，直至隋灭。明正德年间，以陈福一等人为首的华林起义声势浩大，震惊了明王朝。起义军总营盘（华林寨）遗址尚存，1983年被列为高安市重点文物保护单位。

793年，高安名士幸南容（746—819年）在上游湖北面桂岩山创办的桂岩书院是中国历史上创办最早的招徒授业的私家书院之一。

## 特色景观

华林寨风景区内资源丰富，景点品位颇高。华林寨风景区自然风光融层峦叠嶂、怪石奇洞、碧湖清溪、跌瀑深潭、密林古树于一体；融清幽、雄伟、奇秀、开阔、古朴、野趣于一炉。人文景观则具名人胜迹多、宗教遗址多、古建筑遗迹多的三大优势。景区的风景资源特色可概括为翠湖幽林、奇石洞天、华林世家、史迹胜地。

### （一）自然景观

#### 1.翠湖幽林

湖泊是风景区内丰富的自然景观中最为突出、最具代表性的典型景观。尤以上游湖及其优越的生态环境为代表。

上游湖总体呈三汊状，湖岸十分曲折，湖湾湖汊密布，湖岸长度达78.5千米，半岛多达二百零七个，有湖心岛三十六个，属湖心岛较少而半岛甚多的人工湖泊。上游湖水态变幻莫测，有山、岛、水缠绵相依的迷宫式水域，有水天一色、横无际涯的内陆平湖，还有清幽曲折、山高水险的山峡。湖中岛屿形态各异、松青杉翠、嘉木繁荫。上游湖水清可鉴人，水质良好，达到国家一级标准；湖区空气清新，负氧离子含量高，而且含尘量及噪声小。湖中鱼类资源十分丰富，湖面上常有大量白鹭、野鸭等候鸟飞翔栖息。可谓是：鹭飞湖愈静，蝉鸣林更幽。山青水尤清，秀丽数上游。

#### 2.奇石洞天

华林山独特的地貌使风景区内怪石满山，奇洞广布。颇具代表的有丫口石、西溪造像石、燕子石、八百洞天、长石洞天等。其中以丫口石和八百洞天最为奇特，极富魅力。

丫口石海拔624米，矗立在高（安）奉（新）两县市交界的山脊上，石身高64米，底座直径103米，由八块巨石自然叠成。因其顶端受地壳构造运动

华林山丫口石

影响分裂成两半，其形状酷似乌鸦张嘴而得名。从南北方向看，似张嘴呼啸的猛虎盘踞在山巅之上，从东向西看，犹如友谊的双手把奉新与高安紧紧连结在一起，叫人回味无穷。石群底座，石缝巷道纵横交错，宽者1米，窄处不足盈尺，但能侧身仰头而过，饱览石缝中一线天的风光。壮年者可拾级而上，登峰眺望高、奉两县市，美景尽收眼底，大有"丫口石峰下，万岭不思游"之感。

相传，蜀中八仙之一的李八百以华林山李家岭为修炼地，后称为"八百洞天"。八百洞天由无数巨石组成，石洞奇特，是一座天然迷宫。

### （二）人文景观

#### 1.华林世家

华林胡氏历史悠久，源远流长，据史料记载，南北朝时胡藩帮助南朝刘宋开国有功，封土食邑豫章，爱华林山水之美而居，实为华林始祖。华林胡氏自始祖胡藩开基立业以来，艰苦创业，励精图治，遂成雄踞一方的名门望族。自古以来，胡氏子孙不负先辈所望，群贤相涌，人才辈出。自874年至1174年间，华林胡氏通过科举共考取进士三十名，平均每十年就考取一名进士。宋朝著名教育家胡仲尧就是其中的杰出代表，胡仲尧是华林胡氏第二十八代世孙，他创办的华林书院是中国古代的著名书院。华林书院为胡氏一族培养十三名进士。宋哲宗绍圣四年（1097年）中进士的胡直儒，则官至刑、吏、兵三部尚书。宋真宗曾有诗赞："一门三刺史，四代五尚书，他族未闻有，朕今止见胡。"

### 2.史迹胜地

**华林寨**　是华林山脉最高峰，这里群峰环抱，地势险峻，易守难攻。历史上曾爆发过多次农民起义，尤以明朝正德年间陈福一、胡雪二为首的华林起义最为声势浩大，名闻遐迩，朝野震惊。华林寨就是这次农民起义的发源地和大本营。至今华林寨还留有当年起义军总营盘建筑的遗留物及起义军将士用过的兵器和生活用具。

**桂岩书院**　书院因所在地有桂花树和页岩而取名为"桂岩书院"。南宋宰相吉安人周必大曾在该书院两次重修时为其题额，以示鼓励。书院自唐至清，历经三兴三废，规模渐趋完善，有朝拜厅、授业堂、自修堂、习读斋、藏书室、花园、膳食房，其执教人均由创办人、重修人亲自提任，同时邀请名人志士来院讲学。据高安华林山洪城村《幸氏宗史》记载，当年"应桥车马驰逐，长途游客如织"，前来求学、讲学者络绎不绝，开一代兴学重教之先河。桂岩书院的创办人为唐中期高安名士幸南容，他目睹朝廷对科举仕进者重用有加，毅然辞官归家自办书院，并进行当时达官贵人不屑一顾的授业活动。唐贞元九年（793年），幸南容也通过科举荣登进士，与柳宗元同榜并结为忘年之交，后官至国子监祭酒（相当于今教育部长），曾出使吐蕃，政绩斐然。告老还乡时，柳宗元著《送筠州人司成幸南容归序》表示敬意，死后其《墓志铭》又由柳宗元亲自撰写，朝廷追封其为渤海郡开国子文贞公。桂岩书院曾于唐中和二年（882年）荒废，宋朝郢州通判幸元龙于1211年重修。明魏忠贤"毁天下书院"，桂岩书院也遭此浩劫，片瓦不留。现存遗址是清乾隆年间重修的建筑物残留。桂岩书院自兴至废历经千余年，仅幸氏受读于桂岩书院而中进士者就达五十多名。

### 3.白鹤山崇元观遗址

崇元观位于华林山的白鹤山下，桂岩书院东1千米处。该道观三面环水，一面依山，水面和白鹤山中有许多白鹤栖息，四周古木参天，环境优美僻静。崇元观始建于晋朝，为道教活动圣地，古称"仙都"。诗人吴瑗赋诗赞道："几年结袜访仙都，谁道梨云有六株。为问松花瑶草处，胡麻曾许阮刘无。"有史记载，在崇元观修炼的道人先后有丁义、丁奎、丁秀英、吴猛、吴采鸾和张惠感等，其中以丁义最为著名。丁义，又称翠岩道人，精通医术，《搜神记》称丁义为"至人"（意为至高无上之人）。丁义终生修炼于崇元观，并以毕生精力潜心钻研《易经》，写下《易山诗讲》《仙人寄语》《仪园诗稿》等书。东晋诗人陶渊明曾慕名到崇元观，拜读丁义诗稿真迹后写下五言诗三首，在其《题丁仙父子真迹》中称道丁义："高风肖山巅，义重笔笔镌。范抱秋河水，道连晚霞天。凛矣犹蔚矣，苍然且昂然。问君诚几度，世得此真荃。"唐宣宗李忱也曾携仆僧胡恂（后为侍御史）到崇元观学道，胡恂作《翠岩道人诗评》一文称道丁义诗作。另外相传丁义之女丁秀英随父学道，终身未嫁，得道后于东晋永和二年（346年）与吴猛之妹吴采鸾结伴乘鹤西去。后人为纪念丁义父女，在观后立有丁仙福地牌坊。20世纪50年代，因修建上游水库，崇元观未及拆迁而被淹毁，今遗址处仍有断墙残壁和断碑。

### 4.藏兵洞

藏兵洞位于上游湖螺形山以北300米处一山脚下，有五个洞口，分布数十平方米内，洞口浑圆，径1米许，直立而下，深约5米，底部相通，幽深邃密。相传，朱元璋与陈友谅大战鄱阳湖，陈友谅兵败后逃至此地藏身，因而此处又称"陈友谅避难所"。

# 第 二 篇
## 碧 水 悠 悠

# 第一章
# 人间仙境庐山西海

## 第一节　概　况

庐山西海是国家5A级旅游景区、国家级风景名胜区、国家水利风景区、国家森林公园、亚洲最大土坝水库，它位于江西省九江市西南面，跨永修、武宁两县，紧临长江经济带，属环鄱阳湖城市群中心范围，与庐山、鄱阳湖构成赣北旅游体系中的金三角格局，其地理区位与旅游区位优势十分突出。

庐山西海属亚热带季风气候，雨量充沛，霜期较短，春季湿润，夏季阴凉，秋季干爽，冬季阴寒，由于森林覆盖率高以及柘林湖水面的调节作用，故湖区气候温暖湿润，四季分明。

## 第二节　特色景观

庐山西海湖水清澈，碧波荡漾，风光秀丽，气候宜人，四季各具特色。景区内有神奇灵验的神仙树，好似玉液琼浆的滴水洞山泉，活灵活现的人鹤共舞石，经久不息、跌宕起伏、清澈见底的桃花溪，白沫飞溅、声势浩大、气吞山河的黄荆马喷水瀑布，汩汩细流、沁人心脾的西海温泉，饱经风霜、四季常青的千年罗汉松，挺拔苍翠的红豆杉，高耸入云、神秘莫测的桃花尖。

📍 庐山西海

　　景区内风景秀丽，丛林幽深，怪石嶙峋，南北麓受潦、修两河相夹，植被繁茂。云居山因山势雄伟高峨，常为云雾所抱而得名，云海是其一大景观。雨过初霁，站立于山顶，可见万顷云海似大海茫茫无际，云居诸峰飘浮于云海之上，宛若蓬莱仙岛，奇幻无比。苏轼赞曰："冠世绝境，大士所庐，四百州天上云居。"

　　庐山西海良好的生态环境，为各种动物的繁殖与栖息提供了良好的环境。庐山西海水域中生存了大量现代桃花水母，是全国最大的桃花水母繁衍地。庐山西海大坝南岸现存大量原始类水母化石群，其数量之多、个体之大、保存之完整，实属罕见。水母化石群的发现在生物演化史上有重大意义，揭示了我国南方震旦纪后动物群的存在，充实了世界前寒武纪晚期软躯体动物的内容，具有很高的科学研究价值和观赏价值。

　　庐山西海山清水秀，湖面宽广，水域中千姿百态的岛屿星罗棋布，点缀湖面，犹如颗颗翡翠落银盘，登高远观，湖光山色尽览眼底。沿湖地貌各异，四周翠峰簇拥，有千仞壁立的悬崖，有傍湖而坐的村落，有湖滨坦荡的田畴，

有直泻湖面的飞瀑等。

## （一）自然景观

### 1.天景

云雾景观：庐山西海水域面积巨大，一望无涯，水汽蒸发强烈，水面常为云雾所缭绕。尤其是雨过初霁，站立于湖旁高处，可见万顷水面云蒸霞蔚，烟波浩渺，茫茫无际，诸岛飘浮于云海之上，宛若蓬莱仙岛，奇幻无比。一俟日出，茫茫云海逐渐散去，化作缕缕白絮，似烟如纱，冉冉上升，云飘山移，妙不可言。

日月星光：景区内有壮观的日出，黎明时分，但见东方天空渐红，片刻之间一轮红日一跃而出，万道金光洒遍山川大地，大好山河尽览眼底。与云居山日出不同，湖上日出自有其特有的魅力，尤其是湖平如镜时，天上彩霞倒映在宽阔的湖面上，放眼天地之间，满眼都是绚丽的色彩，加上东方一轮红日，和倒映在湖中的金色阳光，具有极大的魅力。在此观日落，在余晖中，大小不一的庐山西海岛屿像一座座墨绿色的海上仙山，星罗棋布落在泛着金光的湖面上，显得神秘莫测。

西海

### 2.地景

岛屿景观：庐山西海碧波万顷，岛屿密布，占地5亩以上的岛屿有997个。庐山西海主要有燕子岛、二龙戏珠、墨斗山、腰子岩、人字岛、飞凤山、鹿角尖、猴子岩、沧海一树、鲫鱼山、碉堡山等。

峡谷景观：庐山西海为九岭山脉和幕阜山脉所夹，湖两旁地貌多成陡崖、线状山间谷地。山谷两侧黛山茂林，苍翠欲滴，奇石林立，崖壁陡峭，古松苍虬，茂树丛生，近前俯瞰，令人头晕目眩。谷底老树枯藤，鸟语阵阵，流水潺潺，秀美绝伦，实有匡庐锦绣谷之神韵。

地质珍迹：景区内的原始类水母化石群，直径多为8—10厘米，最大的直径约有28厘米。化石保存密度每平方米约五个。化石由中国地质大学专家鉴定为原始类水母属（新种），地层同位素年龄5.7亿—6.5亿年。

### 3.水景

湖泊景观：庐山西海万顷湖光，平衍似镜，座座岛屿，簇簇拥翠，烟波浩渺，倒影如画。雨、雪、阴、晴时的景色各异，湖岛相映成趣。形成有潘龙港、田家垅、王埠港、红岩潭、南山坳、枫树湾、百湾迷宫、七里坳、丁公垅等湖湾景观。

溪泉景观：景区内溪流纵横，清流不涸，主要有百花溪、桃花溪、白水、交水、黄荆河等，诸溪蜿蜒曲行，穿林击石，涧水响鸣，如琴似咏。"明月湖"形如满月，方圆十余亩，澄清如玉，玲珑剔透，旭日东升，金江荡漾，遥映真如，华憧瑞霭，蔚为壮观。古人赞曰：天上云居真饱景，一泓收尽万山秋。易家河温泉，水温在58℃左右，富含各种矿物质。寒冬时节，大雪压枝，其周边片雪皆无，热气腾腾。

📍 生态西海

瀑布景观：黄荆洞上，朝天简东侧有一条壮观的瀑布——马喷水瀑布，其飞流直下30余米。瀑布三叠，第一叠从两座高崖间的狭口处喷泻而下，平流数丈后下坠为第二叠，又平流十数丈后，分多股跌入深渊是第三叠。整个瀑布变化多端，景象奇妙，古人描绘为"散珠斜雨，飞雪轩烟，碧玉横流，宛如水帘，玉屑晶莹，喧嚣如雷"。此瀑终年不竭，平时素练飘逸，雨后尤其是春汛时，倒海翻江，声震数里，蔚为壮观。

### 4.林景

森林景观：云居山林木繁茂，山上诸峰林木苍郁，山色含黛，松、杉、竹青翠欲滴。五脑峰、青石湖近万亩竹海，碧涛阵阵，婆娑多姿；扁担坳、大马颈松涛万顷，苍翠挺拔，春日时节，遍山杜鹃、瑞香、兰草色彩斑斓。

珍稀生物：在庐山西海水域中发现了大量现代桃花水母，是迄今为止，全国最大的桃花水母繁衍地。

生态西海

### （二）人文景观

### 1.建筑

工程构筑物：庐山西海大坝坝长630米，底宽425米，坝顶宽6米，坝高73.5米，加上1.7米的防浪墙，共高75.2米。另有标志性建筑及风景亭廊，如文峰塔、观音像、观湖塔等。

### 2.园景

专类游园：近年来庐山西海的风景资源得到了合理的开发利用，建设了许多新的景点。主要有民俗文化村、海昏秀域、飞龙山、蛇岛、水浒城、将军岛、奇峰乐园、锁岛、金猴岛、水上乐园、桃花岛、百鸟岛、鳄鱼岛、千佛山庄、生存岛、观音岛、茶岛、观湖岛等。

### （三）民间传说

#### 1.天葬坟的传说

在风景名胜区的黄荆洞桃花尖上有"王母墓""朝天简"景点。相传，三国的吴侯孙权出生在庐山西海黄荆洞下的金灵寺，其母逝世后，出殡至墓地，天空突然间电闪雷鸣，暴雨倾盆，送葬的人们皆回家避雨。第二天，人们返回墓地时发现棺材竟然消失不见，而墓地却出现一座山峰，山顶有一巨石，头高尾低，颇像一具棺材。人们说这是神灵显圣，遂将孙母棺材送到山顶，谁知棺材却化为巨石。从此，人称该墓"天葬坟"，后因孙权称王，又称"王母墓"。旁一山峰颇似古代朝臣之牙笏，又称"朝天简"，又名"象简朝天"。山峰常年云雾缭绕，传说是孙权为母所烧的"不了香"。传说还有七位仙女把守黄荆洞门。至今当地仍留传有歌谣："桃花尖，雾沉沉，马喷水，洒金银，朝天简，天葬坟，七姐妹，把洞门。"

#### 2.黄荆河的传说

相传，黄荆是一位勤劳、朴实、善良的青年。一日，他偶然与下凡游玩的桃花仙女相遇，两人一见钟情，私订终身。后来，王母娘娘发现，召仙女回天庭。桃花仙女因爱恋黄荆的勤劳善良，哭得死去活来，泪水汇成了小溪，直泻修河。桃花被化作山石后，黄荆悲痛欲绝，沿河奔走呼喊桃花的名字，后不知所往。有人说他已跳入了河中，要像河一样永远依偎在桃花的身边。于是人们称这条河为黄荆河。

#### 3.猴子岩、鲫鱼婆的传说

庐山西海大坝两侧各有一山峰，南为猴子岩，北称鲫鱼婆，均因形似而得名，两山之间河面狭窄。传说，古代有一商人从吴城去修水经商，船至猴子岩，夜泊于河心。半夜商人被争吵声惊醒，披衣细听，乃猴子岩与鲫鱼婆争吵打斗，比谁长得快。猴子岩说："我猴子岩马上长过来。"鲫鱼婆不服气："我鲫鱼婆马上长过河。"说完两山直向河中靠拢。商人见状，急叫船夫开船，

但船未开，山即将靠拢，万分紧急之时，突然出现一白须老者，大声喝道："且慢，且慢，我是山神，未经禀报，尔等焉能擅自逞强，要过河需待千年之后。"猴子岩与鲫鱼婆正长到相隔百米处时被山神止住。从此这里成了修河河道最狭窄的地方。商人感激山神搭救，在船头烧香拜祭山神，感念他的救命之情。

# 第二章
# 九天瑶池仙女湖

## 第一节　概　况

　　仙女湖风景名胜区位于江西省新余市，景区内有新石器时代遗址，"仙女下凡"的神话记载，明朝建造的万年桥，唐朝状元卢肇的读书台，东汉古陶窑以及明朝科学家宋应星撰写科学巨著《天工开物》的地方——分宜古城遗址，等等，无不与湖光山色交相辉映。

　　仙女湖是一座拦截袁河形成的人工湖，属国家4A级旅游景区。

　　仙女湖风景名胜区处亚热带地区，属亚热带季风气候，四季变化明显，气候宜人。

## 第二节　特色景观

　　自古以来，仙女湖就是以其山温水软、天清地馥而钟灵毓秀、生机勃发。仙女湖风景名胜区湖中岛屿星罗棋布，湖汊港湾扑朔迷离，动植物种类繁多。仙女湖风景名胜区的景观特征可概括为："情爱圣地""群岛曲水峡谷""亚林基因宝库""水下古城遗迹"。

　　仙女湖是新余人民的母亲湖，相传也是"七仙女下凡"的爱情湖，是东晋文学家干宝所著《搜神记》中"七仙女下凡"传说和"中国七夕情人节"的发源地。

📍 仙女湖爱情岛

　　水是仙女湖的核心，其景观具备"岛屿成群""湖水曲折""峡谷成串"的特点。亚林中心是仙女湖的特色植物景观。仙女湖风景名胜区内植物种类繁多，植被茂密，资源丰富。另外，景区有很多起源于古老的孑遗植物，从而成为同纬度林业种质资源的基因宝库。

　　分宜水下古城是仙女湖最具历史文化内涵的资源，它隐藏在浩渺的钤阳湖下，充满神秘色彩，从而成为以自然景观为主导的仙女湖风景名胜区一个亮丽的文化景点。

### （一）自然景观

#### 1.湖泊景观

　　湖泊是本区最主要的景观资源。仙女湖风景名胜区就是以仙女湖为中心而形成的，且主要特色和景致皆因在水上而得名。

　　**仙女湖**　该湖横跨新余市所辖的渝水区和分宜县两个行政区域。其水态变幻莫测，有山、岛、水缠绵相依的迷宫式水域；有水天一色、横天际涯的内陆平湖；有山高水险、斗折蛇行的水峡。湖水清碧，苍山倒影，锦鳞游泳，鹭鸥集翔。湖水之中，散落着形态各异、芷郁兰葱、松青杉翠、嘉木繁荫、难以捉摸的魅力。登上湖中山岛，俯瞰仙女湖，只见山缠水、水绕山、山水相依。依据不同的形态，仙女湖又分为舞龙湖和钤阳湖。

**舞龙湖**　位于仙女湖东端，从旅游码头到钟山峡东部，因湖的形态像一条在九霄之上腾舞的巨龙而得名。同时，"舞"谐音"五"，因湖中的九龙湾、苑坑湾、洋田湾及九曲峡酷似四条小龙，加上母龙，共五龙，意谓五条腾舞的龙。以舞龙湖为中心所形成的分景区被命名为舞龙湖景区。此湖自然景物最好，岛屿最多，开发得最早。

**钤阳湖**　位于仙女湖的西部，从钟山峡西端至昌山峡，因分宜老县城钤阳镇浸淹湖中而得名。这是典型的内陆平湖，一望无垠，烟波浩渺，朝晖夕阴，气象万千，渔舟点点，渔歌互答。湖中还浸淹着一座四百多年前修建的大型石拱桥万年桥。以钤阳湖为中心形成的分景区被命名为钤阳湖景区，这里人文胜迹丰富。

### 2.山岳景观

九龙山、钟山、钤冈岭、大岗山、昌山、袁岭等群山，环抱仙女湖，犹如一幅幅巨型天然图画屏列四周，成为仙女湖景区的有机组成部分，丰富了景区的景观内容。

**九龙山**　坐落在景区东北部，以海拔532米的天子地为中心，围绕主峰山脉，延伸八条分脉，酷似八条小龙游嬉在母龙周围，气势无比磅礴。山上青松翠竹，奇花异草，景色壮观。九龙山还有不可磨灭的革命功绩，第二次国内战争时期，这里诞生了新余第一个党支部、第一支工农武装、第一个红色政权、第一个红军兵工厂和被服厂，为配合井冈山革命斗争作出了巨大贡献。

**钤冈岭**　又名钤山，海拔252米，位于景区钤阳湖南岸。它与淹没于水下的分宜古县城隔河相望，既是分宜的祖山，又是分宜古城的天然屏障，自然风光秀美可人。从钤冈岭北麓登山，首先映入眼帘的是明嘉靖朝丞相严嵩所创建的钤麓书院和他养病居住的钤山堂。逶迤而上，来到二三里的山腰，可以看到山岫的卓泉。泉旁筑有卓泉亭。由于为旧物所筑，这些亭子别有一番古朴苍凉的韵味。尔后，徐之孟又建问泉亭。明崇祯十六年（1643年）冬，因受战乱冲击，这些亭子皆遭倾圮。清康熙三年（1664年）守道施国章捐资重建。此后，又续建了惠风、得月、得翠等亭。

**钟山**　在仙女湖风景名胜区的中部，有两座夹江并峙的山峰，合称钟山。钟山盘踞回曲20千米，是古代分宜与新余的界山，古有"五星奠位"之说。据古籍记载，西晋永嘉元年（307年），此山因洪水暴发，而有大钟从山涧冲出。时人得到之后，送到官府，按验钟上的铭文，才知道是秦朝乐器，此山因此得名为钟山。相传，曾有渔夫在此钓得一把金锁，又得一钟如铎状。当他举钟时响如霹雳，山川震动，渔夫顿时意夺神骇，心折骨惊，此钟遂滑落

🔘 爱情岛风雨桥

水中。当时有人说，这是秦朝的驱山铎。正因为钟山之奇，所以隋朝曾打算在新余设钟山府，虽然未遂，但可见钟山名气之大。

**大岗山**　大岗山地处钤阳湖景区南部，是武功山的支脉，余脉一直延伸到仙女湖中的钟山峡、钤阳湖南岸。这里层峦叠嶂，攒簇云霄，还有寺观、碑刻、天桥等一大批文物遗迹，有猩猩、猴子、山魈、黄鹂、画眉、鹦鹉等动物。1979年，中国林业科学研究院在这里设立江西大岗山实验局，建了江下、山下、上村、年珠、长埠等实验林场和自然保护区，成为我国以中间实验为主的林业综合性科研实验基地。自然保护区内的原始森林和实验林场中试验栽种的竹木海洋，成为一个少见的植物王国。银杏、黄檀、罗汉杉、三尖杉等珍稀古树名木更为之增光添色。大岗山山高林密，气候特别凉爽，非

常适合度假、旅游。

### 3.峡谷景观

**钟山峡**　地处景区舞龙湖与钤阳湖之间，是两湖连接的纽带，长达3千米，与牛栏峡、昌山峡合称小三峡。在北钟山上，分布着卢肇读书台、石头船、沙帽石、猪心石、两板桥、憩所亭、钟山洞、石板砧、石刻等景点。

**昌山峡**　又名昌峡，位于景区钤阳湖的南端，因海拔382米的昌山而得名。昌山是袁岭的分支，山势高峻，横锁江流。由于水浪凶险，自古以来不知有多少舟船在此覆没，所以昌山原名伤山。南朝梁代（502—557年），人们以伤非善征，为求化凶为吉，改称为昌山。

**九曲峡**　地处舞龙湖区若虹群岛西北侧，绵延4千米，峡宽不足50米，水流平缓、弯道众多。

### 4.岛屿景观

在仙女湖水域之中，散落着一百多个岛屿，不同的岛屿具有不同的特点，它们共同构成了仙女湖景区这道亮丽的风景线。

**若虹群岛**　距旅游码头1.9千米，东西长2.2千米，南北宽1.7千米，总面积131公顷，由十一个小岛组成，最大的70公顷，最小的0.3公顷。在一些小岛上栽种了红枫、白果、湿地松、杉树等林木。

**龙王岛**　位于景区东南面，南北长950米，面积51公顷。它海拔190.5米，既是仙女湖最高的岛，又处在四大港湾的交结点上，南北翼护两大群岛和龟岛、鳄鱼岛，东西臣服诸多半岛。龙王岛山脊平坦如砥、蜿蜒幽深。从南至北有凌水崖、龙王庙、邃怀亭、通雅亭与观日石五景。凌水崖是一块在苍松掩映下的巨岩，其险绝不亚于庐山的龙首崖。而龙王岛北端的观日石是一块既棱角分明又浑圆滑腻的无根石，仁立在这紫色的观日石上，既可以扫视岛东、北、西三面的碧影岚光，又可以西观日落、东仰日出。

**六合群岛**　位于舞龙湖景区的腹地，东距若虹群岛600米，南距龙王岛250米。它长宽相若，均为2.1千米，岛上土深质肥，山林茂盛，坡度小，地

面平坦开阔，面积达191公顷。

**木鱼岛**　位于舞龙湖景区的南面，北距龙王岛150米。其植被良好，坡度平缓，岛中还有一个面积1公顷的湖泊。

**湖心岛**　位于钤阳湖中心，面积3.4公顷。岛上古木参天，橘树遍地。四周碧波连天，该岛东临蜿蜒曲折的钟山峡和气若长虹的枕江桥；南望景致变幻的钤冈岭；西南是淹没于湖底的分宜古县城和碧波中时隐时现的万年桥；西面有仙女湖的重要景观洪阳洞和昌山庙。

**蛇岛**　位于舞龙湖若虹群岛的北面，面积0.23公顷。岛上遍植颜色各异的杜鹃和挺拔的湿地松，建有蛇类教育馆和蛇池，定时举行蛇技表演。

**白鹭岛**　位于仙女湖旅游码头西北面，面积约20公顷。岛上杉树茂盛，并有许多高大乔木，为白鹭的栖息提供了良好的环境。每当夏秋季节，成千上万的白鹭在此栖息，成为一大景观。

### 5.瀑布景观

仙女湖风景名胜区内已发现的瀑布主要是位于其北部的大岗山中的黄毛洞瀑布和观音岩瀑布，两瀑布常年不断流，一年四季都可观赏。

**黄毛洞瀑布**　位于大岗山上村西南，瀑布源头海拔约600米，分为颈、腰、尾三部分。瀑颈夹在两块巨石之中，长约30余米，瀑腰婀娜多姿，瀑尾则水流平缓。瀑布多次叠散，多次弯曲。瀑布泻冲之时，略呈"之"字形，寓动态之美于天然野趣之中。

**观音岩瀑布**　观音岩瀑布位于大岗山年珠西北部，源头海拔634米，观音岩瀑布与黄毛洞瀑布不同，呈柱状流淌，瀑流一开始就弯曲不断，更具娟秀之美。

### 6.洞府景观

**胡仙洞**　位于钤阳湖景区南部大岗山上村西。相传胡大真人曾在洞中修炼成仙，故名。洞前建有胡仙庙。

### 7.自然植被观光

仙女湖风景名胜区地处亚热带地区，景区内野生和栽培的植物种类繁多，资源丰富，是我国同一纬度中木本植物所占比重最大的地区之一；优良珍贵树种200余种，国外重点保护植物50种。由于地理成分复杂，本区植物具有明显的中亚热带地带性和过渡性。

#### （二）人文景观

仙女湖风景名胜区有丰富的人文景观资源，主要有古遗址遗迹、古建筑、古墓、石刻、古代工程、革命活动旧址和纪念地等。

### 1.古遗址遗迹景观

**洪阳洞**　位于钤阳湖西北岸的袁岭山腰，属喀斯特地貌。相传东晋时著名道学家葛洪、娄阳两人曾在此炼丹，故名洪阳洞。据《分宜县志》记载，该洞"有石室十七，石穴七十二"，长5千米，分东西两部分，东室高大宽敞，西室幽暗深邃。洞口迎面石壁上镌刻"洪阳古洞天"五个大字，古朴苍劲，气韵雄健。两边刻有前人留下的篆、楷、隶、草四体游记诗文。此外，洪阳洞还存有新石器时代的文化遗址，遗址面积达2400平方米。出土文物既有软陶、红陶等陶器，又有砺石、石锛等石器，还有兽牙、牙床兽骨等动物化石，并发现了用火痕迹。1984年5月4日，洪阳洞被列入新余市第一批重点文物保护单位。江西省考古学家李家和先生考察后，认为这里可能存有八千年甚至一万年前的旧石器时代的遗迹。由此可见，洪阳洞不仅是观光胜地，还是本地先民最早创业之所。如今，洪阳洞已成为仙女湖景区的一个主要景点。

**新石器时代遗址**　位于景区钤阳湖东南岸下马陵，面积约3公顷。1958年元月，江西省文物管理委员会派人勘探时，发现了暴露于地面的文物遗迹有石斧、石锛、硬陶片、红烧土、灰土等。遗址标高约72米。这是江西省境内首次发现的新石器时代遗址。

**卢肇读书台**　位于钟山峡中部。唐武宗会昌三年（843年）卢肇以辞赋魁天下，遂开江西状元纪录，仕至集贤院学士、歙州刺史，著有《海潮赋》《文

标集》等。

**钤麓书院遗址** 又名钤阳书院，位于景区钤阳湖南岸、钤冈北麓，依山傍水，与分宜古城隔河相望。书院环境幽美静雅，如诗似画。

**水府祠（萧公庙）遗址** 位于景区钟山峡东口北岸海拔120米左右的山顶上，祠庙内原供奉着萧公和晏公两个神位。在未修建水库之前，袁河经过钟山峡的一段，滩陡水急，过往艄公无不登庙膜拜，祈求保佑。现仅存遗址，水上船工仍有人到此敬谒顶礼。

**分宜水下古城遗址** 北宋雍熙元年（984年）八月，朝廷析宜春之神龙、招贤、丰乐、化全、儒林、彰善、挺秀、文标、旌儒、清教十乡另置一县，处在宜春、新喻两县之中，以分自宜春，故名分宜。县城设在安仁镇，后改名钤阳镇，位于钤冈岭北麓，依山傍水，沿河建街，东西长约1500米，南北宽约1000米。城东南架有万年桥，横跨袁水，直达钤冈岭下。1958年，由于兴建江口水库，县城迁往现址，近千年的分宜古县城从此淹没于万顷碧波之中。只有到了冬季，水位下降，才能看到古城上的道路、墙基和瓦砾。

**2. 古建筑景观**

**万年桥** 又名万岁桥，俗称东门桥，横亘钤阳湖南部水中，是中国仅存的宰相所建之桥。全长384米，宽7.68米，既是拥有十一孔的大型石拱桥，也是全国保存的最长古桥之一。

从结构上看，万年桥是半圆拱桥。桥基是利用河底的天然岩石做基底，有很高的观赏价值和科研价值。仙女湖形成后，此桥已淹入水中，随着湖水的涨落，时而全部浸入水中，时而大部分外露，成为举世罕见的石桥。

**昌山庙** 又称龙姥庙、阆城君庙、孝通庙、圣母庙。位于仙女湖风景名胜区钤阳湖西端的昌山峡西岸，坐西朝东，依山傍水，古木参天。上下三进，楼阁并立，建筑巍峨壮观。昌山庙中塑有五十四座神像，而供奉的主神为龙姥（亦称龙母娘娘、昌山圣母），庙中还有历代文人所赠的诗书绘画。清雍正、乾隆年间又增建门楼、墙垣和文昌阁等。千余年来，该庙灵光独耀，香火鼎盛，吸引了方圆几百里的信众。特别是龙母诞辰纪念日，鼓乐齐鸣，唢呐声声，香客云集，热闹非凡，甚至远在广东、广西、湖南、湖北、浙江、安徽等省（区）的香客都会来朝拜。

**北山牌坊**　属于北山寺的附属建筑，位于北山寺正前方，是一座二墙五楼带拱门的门楼式大理石牌坊，呈五圣朝天状。正楼和四个边楼皆雕有人物、花鸟、草木，风格古朴典雅，气韵迷人。北山寺毁于1961年，只有北山牌坊历尽劫难，傲然独立。

**龙王庙**　1992年修复。庙中端坐着黄袍加身的龙王，据说这龙王呼风唤雨，神通广大。每当干旱，乡民们鱼贯而来，礼拜祈雨，辄有灵验。

**严嵩故里祠堂**　严嵩故里即分宜镇介桥村，位于景区钤阳湖北岸。介溪水环绕村北而过，其上有桥名介桥，村以桥名。严氏宗祠特别宏伟气派，几经沧桑、几经修复，旧貌不改。1985年，介桥严氏祠堂再修，更加富丽堂皇，气势恢宏，尤其是牌楼神采飘逸。进入牌楼，左手边立有万年桥碑，进入厅

📍 仙女湖门牌

堂，一、二进之间有天井，第一、二进衔接处左拐，有一偏厅，为严嵩会客
之所。

### 3.古墓景观

**严嵩墓**　其是明嘉靖内阁首辅严嵩的墓地，坐落在钤阳湖南岸的钤冈岭
北麓。外形简朴，砖木结构，依山临水，坐东向西。1988年11月17日，在严
嵩故里举办的严嵩与明朝政治学术讨论会参会的数十位国内外学者曾考察过
严嵩墓。

### 4.石刻景观

**钟山峡石刻**　钟山峡石刻有两处，一处是《钟山峡记》石刻，是为纪念
江西第一个状元——唐朝分宜卢肇所立。卢肇撰写的《钟山峡记》刻于钟山
峡北岸裸露的岩壁之上。另一处是四行镌有数百古篆字的石刻，位于耽江桥
以东200米处的北钟山山脚。仙女湖形成后，两处石刻被淹没。但到冬天，当
万年桥露出桥墩时，这两处石刻亦会悠然露出水面。

**白石岩石刻**　在钤阳湖景区大岗山长埠南的小石林中，横卧一块方平莹
滑之巨石，上有古篆刻十余行，不能辨识。

### 5.古代工程景观

**昌山堰**　位于仙女湖西端的昌山峡中。据有关文献记载，西晋永嘉四年
（310年），罗予鲁于昌山峡堰断为陂，从此灌田400余顷，梁大同二年（536
年）始废。唐朝，袁州太守郑望夫顺应民情，也在这里修堰灌田，为报答他
的悯农之心，人们把他修的堰命名为望夫堰。

## 第三节　民间传说

"仙女湖"的名称源自一千六百多年前东晋文学家干宝所著的志怪小说集
《搜神记》。很早以前，有六七位披着羽毛神衣的鸟仙，一边飞翔，一边寻找
梦中的乐土，当她们飞到豫章新喻（余）县上空时，立即被这里梦幻般的景

色所吸引，于是飘落下来，化作美丽的少女，嬉戏、玩耍，连臂踏歌，玩到最开心的时候，情不自禁地脱下了身上的羽衣。此情此景恰巧被一名路过的翩翩少年看到，少年惊叹之余顿生爱慕之情。他悄悄地将其中一件羽衣藏了起来，然后满怀热情地走了过去。仙女们发觉有人向她们靠近，刹那间张皇失措，赶紧披上羽衣，腾空飞去。那位找不到羽衣的仙女，却无法飞离尘世。然而塞翁失马，焉知非福。当她无奈地转过头来，用她美丽的双眼打量着走近的少年，顿时被少年英俊洒脱的气质所吸引。两人一见钟情，从此缔结了一段仙俗奇缘。

　　这个故事是古籍中关于"羽人"的最早记载，故事就发生在仙女湖。

# 第三章
# 大地翡翠阳明湖

## 第一节　概　况

阳明湖风景名胜区，曾名陡水湖景区，位于江西省上犹县南部的陡水镇。该地属罗霄山脉余脉，地跨崇义、上犹、大余、信丰四县。20世纪50年代，国家为开发驰名中外的赣南钨矿，解决开采所需电力，在此建起了上犹江水电厂，陡水也逐渐繁荣起来，形成定期贸易圩场，成为新兴的乡镇。阳明湖旅游业的发展与上犹江水电厂有着密切关系。该电厂1955年开工兴建，1957年工程竣工蓄水发电，形成了一座库容量为8.22亿立方米、水域面积31平方公里的人工湖泊。1992年对游人开放，1995年由省政府批准为江西省级风景名胜区，系国家4A级旅游景区、国家森林公园、全国十佳文化生态景区之一。

## 第二节　特色景观

阳明湖最大的特点在于：物种宝库、群岛曲水、渔家风情、工业遗产四大景观特征，其中峰峦如林，造型奇特，又有茂林幽谷、多姿的溪涧、变幻的云雾、独特的客家文化和淳朴的田园风光，具有奇、秀、旷、野等特色景观。

### （一）自然景观

#### 1.珍稀动植物

阳明湖有得天独厚的自然环境，给种类繁多的动物提供了良好的生态环境。林区有野生动物数十种，如国家一级保护动物金钱豹，国家二级保护动物穿山甲、蟒蛇等，金猫、水猴、野猪、野鸡、白鹤也常出没其中。

景区植被主要是常绿阔叶树、竹类和马尾松，形成数万亩乃至数十万亩边片分布。特殊的地理环境，使这里的阔叶林带树种丰富，不仅有高大的乔木，还生长着多种灌木和藤本植物。这里既可观赏到生长美丽花朵的树木和花卉，又可见到植被的垂直变化，还有许多属国家保护的珍稀树种。

始建于1976年的赣南树木园坐落于湖中，是我国南方一个重要的植物科研基地，具有极高的科学价值。整个园区是一座天然植物基因宝库园，是阳明湖国家森林公园的核心功能区，这里有腊叶标本一万多份，种子标本一千四百种，引种保育树种一千三百余种，其中五十多种为世界珍稀濒危保护植物。进入园区，漫步在山间小道上，但见林木葱茏，各种珍稀植物、奇花异草不时映入眼帘，一种原生态的、未经人工雕琢的自然美令人心旷神怡。

#### 2.湖泊湖湾

阳明湖内分布着形态各异的湖湾，如月亮湾、海盗湾、狮象把水口、水寨、深山含笑水湾、太极八卦湾等。湖面开阔处可达千米以上，视野开阔，

狮象把水口

波平如镜，狭窄处不足10米，仅容一舟通行。阳明湖群山拱卫，绿水长清，湖中藏湾，湾内套港，湖中有湖，岛中见岛，曲水通幽，扑朔迷离。

### 3.渔家风情

阳明湖景区渔业发达，湖内鱼类资源丰富，主要有石鱼、桂花鱼、银鱼、鲈鱼等。每到捕鱼季节，渔船在湖面星星点点忙碌着，夜幕降临时，一个个捕捉银鱼的定制网好似满天星斗落于湖中。满网的鱼儿，渔民的喜悦，沿湖的鱼馆，使人们渔乡风情油然而生。沿湖成片的竹林、杉木林、松林、阔叶林等郁郁葱葱，极富韵律美。

### 4.岛礁峰谷

阳明湖内有大小湖岛四十二座，乘船游览，湖水怀抱群山，叠山倒映湖中，湖光山色，美不胜收。阳明湖边有天然的狮山象山、睡美人、姐妹峰以及多处摩崖石壁，其中远眺诸峰，宛如一仰卧的"睡美人"，栩栩如生。由于拦坝成湖，形成了九曲溪峡谷、月亮湾峡谷、佛瀑、赣南树木园峡谷等秀美幽谷景观。

### （二）人文景观

#### 1.历史古建

"陡水跃进门"始建于20世纪50年代，从建筑学角度看，融中国古代"功德牌坊"符号和外国"凯旋门"符号于一体，它不失为陡水跃进门装饰审美建筑物的一次创举。

从人文角度看，作为历史文化景观的"陡水跃进门"，既是陡水镇标志性的建筑物，也是陡水人具有历史唯物主义胸怀的写照。沧海桑田，它是陡水镇珍贵的文化遗产。

#### 2.历史遗址遗迹

始建于明朝的青庐寺坐落在青庐山玉屏峰下，原大雄宝殿面积500余平方米（寺院土木建筑尚存）。殿外禅坪中央，有一株被植物学家称为桂花王的红花桂树。寺院左侧从峭壁中迸喷而出的仙人泉，富含多种微量元素。

赣南森林铁路于1964年竣工，全线长65千米，修建的主要目的是运输沿线地区的木材。因生态保护的需要，辉煌一时的赣南森林铁路于1998年停用。1997年，德国研究蒸汽机专家一行专程来赣南考察时，称之为"目前世界上保

赣南树木园九曲览胜

存最完好的小蒸汽机车和窄轨线路之一"。赣南森林小火车被中科院旅游资源评估小组专家誉为"世界级旅游珍品"。

江口水域是阳明湖最宽的一个水域,距铁扇关约15千米,在淹没前是一个经济繁荣、人口云集的大圩镇。圩场成丁字形构造。镇上以前有个较大规模的铸造铁厂,民间有句话说,"走上走下,不如江口的铁厂下",可见当时的铸造铁厂在百姓心中是盛兴的。圩上还有一个万寿宫,搭有戏台,逢年过节、喜庆日子时,乡亲们在这儿看节目、逛庙会。江口圩之所以能成为经济文化中心,主要还是因为它是营前江口和崇义江的交汇处,江面平稳、宽广,适宜竹排、木船的停放。江口圩自然就成了南来北往的生意人歇息地,成了水上运输的中转站。

# 第三节 人文典故

## 一、名字起源

阳明湖位于江西赣州西部的上犹县,处于上犹江中游,原名陡水湖,因地处上犹县陡水镇内而得名"陡水湖"。它高山峻、湖水秀、景如画,"湖光山色望无涯,九曲十弯处处汊"。

2018年7月,陡水湖正式更名为阳明湖,是为了纪念明朝心学家王阳明。王阳明在赣州任职四年期间,为当地作出了卓越贡献。

## 二、民间传说

### 1.姐妹峰的传说

阳明湖边有一高一矮的两个山峰——姐妹峰。其不险不奇,也不华丽,可其朴实坚韧,给人一种抗暴镇邪的力量。至于其来历,在这一带流传着这样一个故事。在很久远的时候,这里地势平坦,村庄稠密,人丁兴旺,四邻八乡和和美美,日子过得火红太平。但好景不长,在前面深山里修炼成精的斗篷蛇经常出没村庄吸人血，害人命。顿时，许多村庄坟墓如山筑，哀魂遍山野，幸存者惶惶不可终日。住在园村石岭的吉家姐妹两人采草药路过此地，见村庄萧条、尸横遍野，乡亲们在泪水中度日，就连她们相中的情郎哥也命归九泉。她们问明缘由后，就直奔铁扇关上的神庙去求拜菩萨。菩萨看见姐妹态度坚决，义无反顾，就告诉了她们降伏蛇妖的秘诀，最后还说："你们要除掉这妖精，就只有牺牲自己，你俩将变成面对面的两座黄土山。你们愿不愿意？"姐妹俩齐声答道："愿意。"菩萨说："去吧，照我说的话去做。"姐妹俩翻山越岭，披荆斩棘，历尽艰辛，采集了一百种蛇药，又砍来了一百株秃杉，在深山中炼了七七四十九天，炼成了两粒药丸。她们来到蛇精出没的洞口，各吞食一颗，顷刻姐妹俩只觉得自己在不断地长高变胖，同时，睡在洞中的蛇精，也嗅着了美人的气味，它急忙爬出洞来，见是两个白胖细嫩的姑娘，高兴得发狂。蛇精先咬断姐姐的血管，把血吸干，姐姐也因此变得焦黄。蛇精又扑向妹妹，把妹妹的血也吸光了，妹妹也变得焦黄。蛇精饱食一顿后，正欲回洞美美地睡上一觉，突然只觉得肚胀头重，动弹不得。可姐妹俩虽然全身焦黄，仍在不停地长高长肥，很快就把蛇精压在她们的脚下，过了几天，这儿拔地耸立起两座黄土山。乡亲们知道后，为纪念为民除妖的姐妹俩，从方圆几十里的崇山峻岭中移来了许多常青树，并将这两座镇妖压邪的山峰叫姐妹峰，以表达对她俩的怀念之情。

### 2.铁扇关桥名的传说

铁扇关桥名有一个来由，传说是《西游记》里孙悟空过火焰山时向铁扇公主借扇的地方。但这一说法没有多少根据。铁扇关的桥名，传说是南康唐江的一位书法家写的。起初，这位书法家不愿意写，觉得自己是个凡夫俗子，又不是本地人，桥名理应邀请铁扇关土生土长的道士来书写。但他拗不过大家，就提笔写了桥名。未等桥造好，这位书法家就逝世了。在临终前他对身边的人说："我惹怒了铁扇公主，书写桥名时既没有请道士，又没有祭天神，她要捉我去做奴仆，每天扫院庭。"

# 第四章
# 卿卿我我鸳鸯湖

## 第一节　概　况

　　婺源鸳鸯湖原名大塘坞水库，位于婺源县西部赋春镇，离县城紫阳镇43千米，2009年被评为国家4A级旅游景区。20世纪80年代初，因水库周围生态环境良好，吸引了众多的野生鸳鸯来此越冬，故1986年后逐渐被改称为"鸳鸯湖"，1997年被定为省级自然保护区。鸳鸯湖湖水清澈，湖岸杨柳垂堤，花繁叶茂，楼台阁榭点缀其间，与绿树相映成趣，别具南国湖光韵味。

　婺源鸳鸯湖

## 第二节　特色景观

鸳鸯湖水体主要为地表水。良好的自然环境，吸引了大量的动物在此栖息繁衍。据初步统计，湖区共有动物八十九种，其中哺乳类十七种，爬行两栖类二十二种，鸟类五十种。鸟类又分为水鸟类十四种，山林鸟类三十六种，尤以鸳鸯居多，最多时达两千多对，占全世界已知野生鸳鸯数量的三分之二，是亚洲乃至全世界最大的野生鸳鸯越冬栖息地。

这一自然景观不仅吸引了国内众多科研机构及鸟类专家来此考察，许多海外游客也纷纷慕名前来，称鸳鸯湖是一个"静谧的绿色世界"，是一块"超尘净土"。

鸳鸯湖碧水中央兀立有湖心岛，岛上建有湖心亭、廊桥、观鸳阁等景观，辟有桃、李、柑橘果园。1986年始，婺源鸳鸯湖每年有上千对鸳鸯翩然汇聚于此越冬，白天，千余对鸳鸯成群成片栖息在库湾之中，红嘴翠羽，如鲜花盛开，双双对对形影不离，或嬉水觅食，或翱翔长空。雄鸟嘴红色，脚橙黄色，羽色鲜艳而华丽，头具艳丽的冠羽，眼后有宽阔的白眉纹，翅上有一对栗黄色扇状直立羽，像帆一样立于后背，非常奇特和醒目，在野外极易辨认。雌鸟嘴黑色，脚橙黄色，头和整个上体灰褐色，眼周白色，其后连一细和白色眉纹，亦极为醒目和独特，在野外容易辨认。傍晚，一对对鸳鸯偎依在湖畔林间，卿卿我我，悠然自乐，不时传出"咕咕"的私语声。难怪世人常把鸳鸯比作夫妻，将之视为恩爱吉祥的象征。

# 第五章
# 飞瀑流泉萝卜潭

## 第一节　概　况

　　萝卜潭景区位于奉新县中部的罗市镇南店前村境内，为百丈山—萝卜潭风景名胜区最核心的景点之一。百丈山—萝卜潭风景名胜区由百丈山景区、萝卜潭景区、九仙汤景区、华林山景区及仰天峡漂流、宋应星森林公园、干洲潦河奇石等独立景点组成。

　　百丈山—萝卜潭风景名胜资源丰富，风景区内有中国佛教"禅林清规"发祥地百丈寺，有犀牛潭瀑布和八潭八瀑（也有人说是六潭六瀑）的萝卜潭瀑布群，有创办于宋朝的华林书院，还有我国《天工开物》作者宋应星的纪念馆，有一温一热的双泉九仙温泉等景物景观二百多处。

## 第二节　特色景观

　　萝卜潭景区内有大小瀑布二十余处，景点八个，分别是果林拾趣、桃谷幽境、江南第一瀑布群八潭八瀑、千年古树芭蕉园、霜枫晚秋、梅垅冬韵、宗寺静心、青恋览胜。

　　萝卜潭瀑布群，有"江南第一瀑布群"之称，八潭八瀑连贯而泻，蔚为壮观。从一瀑到八瀑直线距离约500米，蜿蜒台阶二千多级。瀑布或窄或宽，

萝卜潭瀑布

叠飞而下，声播如雷，飞瀑流泉，似长河倒挂，如玉带飘舞，像珠玉垂帘。潭形或圆或扁，形状各异。瀑口垂帘处，仙女沐浴，二石耸立，一方一尖，方如玉皇大印，尖似飞来金冠。潭水清澄如镜，两岸青山水雾中映现彩虹之景，甚是奇妙，令人赞不绝口。

八潭之间岩石多奇，似人似物，天雕地造，引人遐想，有犀牛望月、二牛争潭、铁拐洞天、雄鹰展翅、八仙聚会、仙姑遮屏、老虎飞涧、大象饮水等自然景观二十多处。山上奇树盘踞，古朴苍劲，山中奇花竞放，清香扑鼻，令人心旷神怡，目不暇接，流连忘返。

## 第三节 民间传说

### 萝卜潭八仙传说

传说，八仙过海后，一日，一起游玩至奉新，仙人们口渴难耐，正巧看见一对夫妻在地里忙，于是向前询问哪里有能解渴的食物。夫妻两人回答说："这里正闹干旱，庄稼都枯死掉了，我们生活都没有着落，很难找到解渴的食物。"夫妻两人看见他们口渴难受的样子，就把地里仅剩的八个萝卜拔出来给他们吃。八位仙人非常感激，于是在此施法下了一场大雨。等八位仙人走后，八个萝卜坑竟慢慢渗出水来，后来形成了大家现在所观看到的八瀑八潭的萝卜潭。

# 第六章
## 风姿隽丽上游湖

### 第一节 概 况

上游湖，原名上游水库，地处高安市西北部的华林山西南面，是一座以灌溉为主，兼顾防洪、养殖、发电、旅游等综合利用的大型水库，总体呈三汊状，湖岸十分曲折，湖湾湖汊密布，水态变幻莫测，有山、岛、水缠绵相依的迷宫式水域，有水天一色、横无际涯的内陆平湖，还有清幽曲折、山高水险的峡谷。湖中岛屿形态各异、松青杉翠、林木繁荫。

上游湖山清水秀，风姿隽丽，湖水水质、环境空气质量等均达国家一级标准。其是高安对外开放的大窗口，南昌旅游休闲的后花园。

 上游湖

## 第二节　特色景观

### 名字起源

上游湖湖泊风姿俊秀，可用"幽、静、清、秀"四个字概括其特色。其景点分布错落有致，不同系列穿插其中，有体现自然风光的白鹭岛、古树林；有体味人与自然、人与动物情趣的猴岛；有凸现浓厚历史韵味的桂岩书院遗址、紫翠亭、藏兵洞；有刺激惊险的水上运动。丰富多彩的旅游项目将让游客游兴盎然，流连忘返。

上游湖湖水清碧、苍山倒影、锦鳞游泳、鹤鹭翔集。湖水之中散落着形态各异、嘉木繁荫、禽鸟栖息的岛屿近四十个，还有那数不清的湖湾、半岛，都具有令人难以捉摸的魅力。岛屿造型奇特，错落有致。湖岸蜿蜒曲折，青山环秀水，山水交相辉映。"山因水而活，水因山而秀"，湖中碧波荡漾，荡舟其中，令人心旷神怡，流连忘返。

上游湖的主坝位于上游湖南面，坝长380米，坝高28米，顶宽9米。夕阳中，在青山绿水的映衬下，大坝显得格外雄奇、俊美，且是登高远眺的极好景点。灯火辉煌的夜色中，主坝在流光溢彩的湖面倒映之下，似长龙卧波，格外绚丽夺目。

## 第三节　人文典故

### 一、民间传说

上游湖被几百座或孤立或相连的山岛怀抱着，山水相依，山因水而蕴玉生辉，水因山而含珠献媚。传说仙人李八百兄妹曾在此修炼，此事有诗为证："道人西蜀来，自谓八百岁。爱此华林幽，穴居聊避世。"据《高安县志》载，仙迹石，张果老煮石度人，迄今斧灶宛然。仙迹石即华林灵迹，是古高安八景之一，传说昔唐宣宗李忱游华林山水，曾留下有名的《浮云宫》，其中有两句："灵岫摩天空，鸟道入云际。石罅紫苔封，泉泓墨龙憩。"

## 二、湖畔名人

上游湖像一块造型斑斓的晶莹翡翠，镶嵌在逶迤起伏的丘陵地带，山水绿浪相接，水天明净相映。上游湖像一位明眸灵透的纯情少女，徜徉于巍峨峻峭的华林山麓，经年累月为一方旺盛的生灵送去生命的源泉。传说很久前，有凤凰栖息于此，凤凰栖息的山头便叫凤凰山，上游湖也因此钟灵毓秀，湖边的村庄陆续诞生了幸南容、周德清、朱轼等许多著名的历史人物。

# 第七章
# 碧波荡漾象湖

## 第一节　概　况

象湖风景区坐落在江西省南昌市城区西南角，位于青云谱区、西湖区、南昌县三地交会处。

象湖风景区历史上曾是一片沼泽丛生、水草丰茂、湖水浩渺、候鸟聚集的低洼湿地。1958年，箭江、将军渡建闸堵口，象湖始由自流湖变为固定湖。1974年底，南昌市郊区政府组织群众对象湖滩涂进行了初步改造，将原有的生态湿地变成了精养鱼塘区和集中水面区两部分。1998年，为抵御百年难遇的洪涝，南昌市政府对其实施围湖筑堤、绿化植树，始具今日公园之雏形。

1998年象湖被列入城市重大景区工程重新规划，建设旅游休闲、水上运动、生态园三大功能区，基本形成了"环湖一路、湖心四岛、湖中两条堤、西南一座山、八千水面柳如烟"的总体格局。

## 第二节　特色景观

象湖风景区景点错落有致，古建筑疏密有序，碧湖青山特色突出，古典园林风格张扬。2002年象湖万寿宫被评为新"豫章十景"之一，称为"象湖仙踪"。由此使得景区的声誉不断提高，并很快驰名海内外。"一环""二

230

象湖晨曦

堤""三带""八区""十景"是象湖风景区独特的风景格局。

## 一、园林古建映春风

### 1.豫章台

豫章台为大型水上运动观礼而设计建造。为保护北线原有的风光带，设计时既要考虑满足活动观礼，又要与总体景观相协调，故采用适当尺度的民族建筑形式来表现，其主楼采用十字歇山屋顶，两边设置的群众看台分别与主楼连体成"楼台—廊—亭"的格局，看台四周以精致的花岗岩石栏围合，主楼高25米，明清皇家建筑风格。驻足四望，周边水景尽收眼底；环湖观此楼台，感觉稳重而活泼，精致而不华丽，为整个北线景观营造出不少古朴气息和诗情画意。

### 2.重檐六角亭

景区以东300米岸线拐角处有一重檐六角亭，是静心驻足的好地方。游人

坐下既可静看游船水中漫游，又可让人忘却烦恼，而该亭挺拔的身躯掩映在柳絮春风里，也是一幅美妙的图画。

### 3.藕香榭

荷花池边的藕香榭，是清朝皇家园林式建筑，是一组廊榭连体，其主榭伸入水中，连廊也半在水中，半倚池岸，临水侧立而开敞，东侧一观景平台，雕花镂空石栏三面围合，犹如舟浮于水，平静而安详，水中看倒影，一幅极佳的水景图画。象湖景区内这些功能性古典园林建筑，在给游人提供良好的观景视觉的同时，自身也以独特的艺术造型成为美景的一部分，提升了欣赏品位，从建筑艺术角度显示出象湖景区古典园林的独有魅力。

### 4.环漪阁仿古群

在象湖湖心岛环漪阁仿古群的平面布局中，依照岛的地形突出环漪阁主楼于北面高地，来宝轩、翰墨林、铭香堂等，依岛自身平面曲线和地势高低，在东、南、西面分别布设并形成院落围合，东北角南北贯通的坡面上设有四方形重檐松风亭，与主阁错落几个台阶，蜿蜒的木廊从东、南、西三面依形就势，分别对接来宝轩、翰墨林，铭香堂、松风亭并形成合围。此外，生活

象湖烟柳

小筑则就势设于西北坡角僻静处。整个建筑群主次分明，平面布局和高低座次均循其自然，不刻意填挖。当初为节省回填资金，西南山回填后自然地势为北高南低，堆"青龙""白虎"二山。

### 5.妙济山庄

妙济山庄位于景区的东北部，是一组徽派民居建筑群。妙济山庄既有和谐流畅的整体美，也有依山傍水的自然美。妙济山庄那具有江南水乡特色又具中国传统民居建筑的格调，加上其颇有"青山、绿树、鲜花，小桥、流水、人家"的意境，让慕名而来的中外游客赞不绝口。

## 二、道教殿堂焕新彩

### 1.万寿宫建筑群

万寿宫建筑群坐落在景区西南隅半岛，为象湖景区的点睛之笔，是为纪念许真君而建的一座道教宫观。万寿宫的原址在城内翠花街，其原名旌阳祠，唐朝时叫铁柱观，到明世宗皇帝赐额"妙济万寿宫"，后又改名为"景德观""延真观"，明嘉靖年间始改为如今的"万寿宫"，并沿用至今。

中轴线自南向北，依次为宫门、戏台、真君殿、玉皇殿、玉册阁，每个建筑因前后地势变化而南高北低；中轴两边的谌母殿、斗姆殿分别由东、西朝中轴坐向，并按两山之间现有宽度，向外移出6米，其台明南高北低；外围廊也因此在每个单体建筑旁设立台阶和拐折，其屋面高高低低、错落迂回，丰富了整个建筑群的平面布局和空间层次。

### 2.万寿塔

以59.9米矗立于妙济山之巅，为一千三百多年来南昌城内新建的第二座宝塔，昭示"太平盛世"之意。塔顶环顾，整个景区一览无遗，给人以心旷神怡的精神享受。该塔威武挺拔的身姿，规整优美的轮廓线成为整个景区一个明亮的闪光点，并使整个万寿塔景区增添了中华传统文化元素，大大地提高了景区的文化品位。

萬壽宮

勑詰

福國佑民永鎮西江
屏妖保童萬年崇祀

🔖 南昌万寿宫

## 第三节　人文典故

### 一、名字起源

象湖风景区是一个以本土文化为典型特征，集道教文化、生态保护、休闲度假、旅游观光、水上竞技等多功能于一体，具有鲜明的中国古典园林风格的城市型风景名胜区。2002年象湖万寿宫被评为新"豫章十景"之一，称为"象湖仙踪"。其名称来历有两种说法：一说是因当年陆九渊曾在此开坛讲学，"象湖"一名由其号（象山先生）而来；另一说是因湖面貌似大象外形，故名"象湖"。

### 二、许真君与万寿宫

许真君，原名许逊，字敬之。东汉末，其父许萧从中原避乱来南昌。三国吴赤乌二年（239年），许逊生于南昌县长定乡益塘坡。他天资聪颖，五岁入学，十岁知经书大意，后立志为学，精通百家，尤好道家修炼之术。许逊二十九岁出外云游，曾拜吴猛为师，得其秘诀。后又与当时的大文人郭璞结交，访名山福地，觅修真炼丹之所。晋武帝太康二年（281年），四十二岁的许逊被迫去乡就官，任蜀郡旌阳县令。他居官清廉，政声极佳，深受百姓爱戴。晋武帝死后，政局不稳，惠帝昏愚，贾后独擅朝政，引起八王之乱。任旌阳县令十年之久的许逊，毅然弃官东归。东归后，向吴猛学道。此后云游江南许多地方，为民除害、根治水患。据传，他在一百三十五岁时去世，一家四十二口"拔宅飞升"。为了纪念许逊，当地乡邻和族孙在其故居立起了"许仙祠"，南北朝时改名"游帷观"，宋真宗赐名并亲笔提"玉隆万寿宫"。在古代，有江西人聚住的地方，就有万寿宫。明清时期，江西经济发达，经营瓷器、茶叶、大米、木材和丝绸的赣籍商人行走全国，并在全国其他地方都修建了万寿宫，万寿宫也成为外地江西同乡的"江西会馆"。

　　南昌万寿宫和上海城隍庙、南京夫子庙同为江南著名道观，南昌万寿宫是海内外万寿宫的祖庭，地位尊崇。江西人将许逊作为自己的保护神，在全国各地乃至世界各地早期修建的江西会馆或江西同乡会都是以万寿宫命名的，这是为了纪念已被世人仙化了的许逊。南昌万寿宫在"文化大革命"时期被毁。象湖中的"祈福岛"上的万寿宫为2003年移址重建。万寿宫建筑面积约4600平方米，有戏台、真君殿、铁柱井、玉皇殿，两侧为钟楼、鼓楼，东为谌母殿，西为斗姆殿，后为玉册阁。

# 第八章
# 赣地温泉双绝

## 第一节　明月山温泉

明月山温泉位于宜春市城区西南18千米处明月山脚下的温汤镇。宋徽宗政和四年（1114年），袁州知州曾孝序引用宜春《图经》中的话说：城南三十里有温汤，其中出鱼，能熟鸡卵，祛风疾，至今如故。这是关于温汤温泉最早的文字记录，距今已有九百多年历史，如此长久不枯竭、不降温的温泉，在国内也属凤毛麟角。

明月山温泉赋存于地下300米深处震旦系混合花岗岩裂隙，其水质清澈，

明月山温泉

无色、无味、无臭，属弱放射性重碳酸氢钠高热淡温泉，内含多种人体所必需的微量元素、无机离子和气体，是一种集医疗、康复、保健价值为一体的天然优质温泉。

## 第二节　庐山星子温泉

庐山星子温泉是大自然赐予人类的宝贵资源，其位于庐山南麓、鄱湖之滨，地处庐山市星子镇。据庐山温泉区域地质构造、区域文化地质条件考证，星子温泉与庐山同时诞生，温泉生成的地质时代大约在中生代侏罗—白垩纪，距今已一亿数千万年。

古代典籍、庐山地方志无一不把温泉记为庐山一绝。庐山星子温泉古称"汤泉"，原有四个天然泉眼，温泉在胡廊庙南数里主簿山下，泉口为丈许，沸泉涌如汤，冬夏常热。泉水清澈如镜，从泉眼中喷出，汩汩作声。明朝著

⚲ 庐山温泉度假村水上乐园

名医药学家李时珍曾亲临庐山考察温泉，并在其巨著《本草纲目》中详尽记载了庐山温泉的性质、作用、治疗方法、适应证及效果，对其疗效、泉质提出了精辟的见解和科学的论断。

新中国成立以后，党和政府非常重视庐山温泉的开发建设，全国总工会曾在此创办庐山温泉疗养院。1961年秋，周恩来总理也曾到庐山温泉疗养院，沐浴了温泉。自2002年开始，政府对温泉度假区进行开发建设。庐山温泉度假区逐步建成世界级的集休闲、度假、旅游、娱乐、商务洽谈、理疗等多种功能为一体的休闲度假区。

## 第三节　人文典故

### 1. 重桂第

唐会昌五年（845年）春天，易重在京城会考名列一甲第二名。可是皇榜一出，朝野上下议论纷纷。许多学子纷纷上奏，说这次考试有猫腻，不能算数，应重来。于是皇帝决定会同礼部举行复试，皇帝亲自出题，亲自监考。经过复试，易重凭真才实学高中第一名，被皇帝钦点为状元，赐御笔"进士及第"匾额，至今这一匾额仍高悬在温汤九联坊的"易重纪念馆"内。佳音传来时，易重感慨万千，当即作诗一首，其中两句是："故里仙才若相问，一春攀折两重枝。"过去进士登科叫折桂，这诗文的最后一句"一春攀折两重枝"就是"两重桂"的意思，也就是说一年之中两次考中进士。后来，宜春人民为了纪念易重，将一条街道用"重桂路"命名。宜春易姓族人的府第也因此称为"重桂第"，并自称重桂子孙。温汤镇的土著易姓多为易重后代，他们秉承了许多先人美德，谦让而奋发，宽容而多识，纯朴而厚道。

### 2. 借首席

据传，唐会昌年间，宜春才子半江西，有卢肇、易重、黄颇、李潜、鲁受等，都是同窗好友。当时，朝考录取名额有限，僧多粥少，且每次考试只

能产生一位状元。易重高风亮节，胆识过人，传说他非常自信地提出："方今天下会试，才聚宜春，都往比试，乃自相抗衡，不如分期应举为佳。"唐会昌二年（842年），举人们去京城参加会试，易重主动放弃，送卢肇等西行长安。次年春闱放榜，卢肇高中状元，荣归故里。袁州刺史阎应元请来府县官员、乡贤名士，欢聚一堂，设宴庆贺。入席就座，大家都推状元卢肇坐首席，卢肇却说："我这次夺魁是易重'分期赴考'建议的功劳，而且易重年长，理应让给易重坐首席。"这本是卢肇的谦让之词，没想到易重却毫不客气，昂然坐到了首席上，并风趣地说："今日家乡设欢宴，首席本应状元公坐，状元公推让给我，我就恭敬不如从命，就当是借了个首席，下届一定奉还。"话语一出，惊呆四座。谁知次届春闱放榜，易重果真中了状元，还了卢肇个首席。"借首席"这一玩笑之语变成了现实，在街头巷尾传为美谈。

# 第三篇
## 名 楼 奇 洞

# 第一章
## 秋水长天滕王阁

### 第一节　概　况

　　滕王阁是一座声贯古今、誉播海内外的千古名阁，"临观之美""江南第一"，素享"西江第一楼"之美誉。滕王阁其气势宏廓显敞、殊形诡状、革弊鼎新，与湖北黄鹤楼、湖南岳阳楼并称为江南三大名楼。它是中国十大历史文化名楼之一，为国家重点风景名胜区、国家5A级旅游景区。

　　滕王阁的创建正值中国历史上空前繁盛的唐王朝，尔后历经风雨、迭兴迭废二十八次，现阁为1985年第二十九次重建，1989年重阳节竣工并对外开放。重建的滕王阁建筑群坐落在赣江与抚河故道汇合处，依城临江，滨临南浦，距唐朝阁址仅百余米。围墙采用园林式风格，辟"千里逢迎""胜友如云"二门可供出入，墙内青松翠柏，鲜花盛开，两个瓢形人工湖点缀其间。阁楼主体建筑共九层，为重檐歇山式大屋顶，净高57.5米，采取"明三暗七"仿宋建筑风格。整个建筑根据中国建筑学家梁思成先生于1942年所绘的草图，并参照"天籁阁"所藏宋画《滕王阁》及宋朝李诫《营造法式》一书重新设计，采用钢筋混凝土仿木结构建造。主阁碧瓦丹柱，斗拱重檐，雕梁画栋，绣户绮窗，保存了唐朝阁"层峦耸翠，上出重霄；飞阁流丹，下临无地"的雄伟气势。

## 第二节　特色景观

　　"落霞与孤鹜齐飞，秋水共长天一色"，滕王阁因此名句千古流传，文学家韩愈撰文称"江南多临观之美，而滕王阁独为第一，有瑰伟绝特之称"。宽阔的阁前广场将主阁衬托得分外雄伟、庄严，广场与主阁之间，以一条主干道南北相通。干道南端为一座白色四柱五檐徽式大理石牌坊，牌坊正中嵌两方贴金横匾，朝南为"荣戟遥临"，朝北则为"美尽东南"。整个建筑底层平面为十字交叉形，南北长80米，东西宽140米，建筑面积1.5万平方米；下部为象征古城墙的12米高台座，两翼为对称的一级高台，以游廊相接，游廊南北两端二亭一名"压江"，一名"挹翠"，与主阁组成"山"字形结构。

　　主阁台座之下负一层，辟有滕王阁华夏圣旨博物馆；台座之上为主阁六个游览层，即三个明层三个暗层，主要展示中华文明之光、赣文化之光和滕王阁自身的文化。主阁正门的巨联"落霞与孤鹜齐飞，秋水共长天一色"为

📍 滕王阁

毛泽东手书。其余楹联匾额，或集古人书法之精华，或为当今书画家之珍品。阁中有不少大型壁画，集中体现了"物华天宝""人杰地灵"的主题。丹青、翰墨两厅为艺术家们提供了高雅的创作环境。滕王阁内部陈设与建筑形成一个艺术整体，突出了文化楼阁的特征，蕴藏着源远流长的民族文化内涵。

滕王阁屹立于赣水之滨，与西山遥遥相望，登阁远眺，无限风光，尽收眼底。夜晚可乘"滕王阁号"游轮，从碧瓦丹柱的滕王阁下启航，夜游赣江。暮秋之后，鄱阳湖区成千上万只候鸟飞临，对应王勃《滕王阁序》中名句"落霞与孤鹜齐飞，秋水共长天一色"，成为登临滕王阁所览一大胜景。

## 一、名字起源

唐永徽四年（653年），唐高祖李渊的第二十二子、唐太宗李世民的弟弟李元婴始建滕王阁。相传，李元婴从苏州刺史调任洪州（今南昌）都督，心中不快。一日，在幕僚的建议下，李元婴带一班歌舞乐伎来到赣江边冈峦之上，登高远眺，顿觉胸中开阔，于是命人奏乐歌舞。然而冈峦之上乱石遍布，荆棘丛生，歌舞奏乐多有不便，于是幕僚建议在冈峦上建一楼阁，既可以极目远眺、饱览秀丽山川，又可以观看歌舞奏乐。李元婴闻此欣喜，不久便下令动工兴建。后李元婴受封滕王，因名之滕王阁。

因"初唐四杰"王勃所作《滕王阁序》中名句"落霞与孤鹜齐飞，秋水共长天一色"，滕王阁名噪天下，流传千古。继王勃之后，又有王绪写《滕王阁》，王仲舒写《滕王阁记》，世称"三王记滕王阁"。从此，序以阁而闻名，阁以序而著称。

## 二、民间故事

### 1.名士佳话

王勃，唐朝文学家，字子安。绛州龙门（今山西河津）人。王勃与杨炯、卢照邻、骆宾王齐称"初唐四杰"，其中王勃领冠。据说，王勃自幼聪慧过人，六岁能文，十四岁授任朝散郎，有"神童"之誉。后因故免官，其父王福畤受牵累，贬迁南海炎热之乡的交趾为官。唐上元二年（675年）九月，王勃从山西动身，赴交趾省亲，坐船逆长江而上，来到江西与安徽地界。在彭泽县东北，东流县西南，有一座马当山，形势险峻。相传，王勃船到马当，突遇风浪，船不能开，于是避风于马当山庙下。王勃到庙里观瞻了一番，正想回船去，突见一位老者坐巨石上，神态非凡，问王勃："来的是王勃吗？"王勃大惊，老者说："明日重九，滕王阁有盛会，若往赴宴会，作为文章，足垂不朽。"王勃回道："此地离洪都六七百里，一夜岂能赶到？"老者笑道："你只管上船，我当助清风一帆，使你明日早达洪都。"老者言毕，笑而远遁。依照老者指引，王勃登舟，只觉祥云缥缈，瑞气盘转，一路神风吹送，次日凌晨便到了南昌。

是日恰为九月初九，洪州都督阎公于滕王阁开宴，遍请江右名儒。阎公起身对诸儒道："帝子旧阁，洪都绝景，在座诸公，欲求大才，作此《滕王阁序》，刻石为碑，以记后来。"阎公女婿吴子章前夜已经草写了序文，故在座诸公假装不敢轻受，只一心要推让给吴子章，好让阎公名利双收。轮到王勃面前，他却不推辞，慨然受之，满座俱惊。阎公鄙笑，暂退更衣，喊："敬酒。"王勃欣然持瓠，对酒长饮，酒酣，索笔求纸，文不加点，满座又惊。小吏跑步报所写诗文，当报到："南昌故郡，洪都新府。"阎公道："此乃老生常谈，谁人不会！"吏又报："星分翼轸，地接衡庐。"阎公道："此故事也。"吏三报："襟三江而带五湖，控蛮荆而引瓯越。"阎公不语。吏又报道："物华天宝，龙光射牛斗之墟；人杰地灵，徐孺下陈蕃之榻。"阎公喜，道："此子视我为知音。"吏再报："落霞与孤鹜齐飞，秋水共长天一色。"阎公听罢，以手拍之，道："此子落笔如有神助，真天才也！"满座尽皆失色，阎公更衣复出，携王勃之手，盛酒满瓠，王勃酣醉。阎公大喜："帝子之阁，有子之文，风流千古，使吾等今日雅会，亦得闻于后世。从此洪都风月，江山无价，皆子之力也。吾当厚赏千金。"这时，宴席之间立起一人，言道："此乃洪都旧文，不

足为奇。"众人一见是阎公女婿吴子章。说罢,吴子章便将王勃所写《滕王阁序》背诵一遍,竟然一字不差,众人又惊。王勃起身笑道:"君之才,可胜汉时杨修、张松。但君可知序后可否有诗?"吴子章摇头道:"没有。"王勃提笔便写:

> 滕王高阁临江渚,佩玉鸣鸾罢歌舞。
>
> 画栋朝飞南浦云,珠帘暮卷西山雨。
>
> 闲云潭影日悠悠,物换星移几度秋。
>
> 阁中帝子今何在?槛外长江□自流。

写完便扬长而去,直奔江边。阎公正欲挽留。听得有人言道:"怎么结尾空一字没有写?"众人近前,果见诗空一字。阎公道:"只怕是我等轻慢了王郎,故空一字作难大家来猜,大家就猜猜罢。"众人面面相觑。有人便说是个"独"字,有人也说是"船"字。问到吴子章,他冥想苦思了良久,也只说"水"字。阎公面露不喜之色,说:"独字太浅,不合王郎诗境;船字太俗,不足论;水字太露,毫无诗意。"众人直琢磨到天亮,竟然没有想出佳句来。阎公问:"此时王勃船到何处?"衙卫答:"最快到了丰城。"阎都督命令:"你快马先追王郎,千金求其一字。"衙卫得了都督之命,快马加鞭,追上王勃,衙卫说明来意,王勃但笑,久之,说:"王勃乃一介书生,岂敢戏弄都督大人!我将这一字写在你手心上,你定要握紧拳头,见了都督方可伸掌,否则此字会不翼而飞。"便索了一支笔,并不蘸墨,就在衙卫手心里画了一阵,令其握拳,拜别。只说衙卫回府,就在阎都督面前伸开巴掌,竟空无一字。阎公自语:"怎么会空空如也,空空如也呢?千金难买一字啊!"猛然一惊,莫非是一"空"字。"妙哉!好一个'空'字!"众人齐声附和称赞。阎都督拍案称绝:"'阁中帝子今何在?槛外长江空自流。'这个'空'字用得妙,万千感慨,尽在这个'空'字上。"

## 2.雅集胜地

滕王阁的自然美与人文美，堪称珠联璧合。自王勃作序后，历朝的官绅、文士常以此阁作为雅集之地。无论是博雅君子，或是附庸风雅的俗客，对这座江南名楼都有不同程度的兴趣，体现了滕王阁自然与人文的感染力。

江西素为文章节义之邦，诗风文风极盛。以滕王阁为轴心的诗文创作，从初唐王勃作序开了雅集群唱之先，一千多年来，文涛滚滚不断。从这些作品中，我们依旧能看到当时的情景。唐人杜牧所作的《怀钟陵旧游》，就描述了雅集歌宴的盛况。韩愈在《新修滕王阁记》中，也有雅集盛会的记述。明朝文人结社之风盛行，以滕王阁为轴心的文化活动频繁。万历年间，江西左布政使李长庚曾邀江西的才人文士，首创豫章社。嗣后，相继创立了滕王阁社、江天阁社、杏花楼社、悬藜社、环漪阁社等。到了清朝，滕王阁每次重建或重修后，必有雅集盛会。

## 3.迎送驿馆

自滕王阁创阁之始，这座江南名楼就成为频繁迎来送往之地。王勃赴阁都督重阳盛会，写出洋洋洒洒的《滕王阁序》后，官宦名流、墨客骚人接踵而至，登楼抒怀，竞相吟咏，相袭成风。白居易赴任四川忠州刺史，转道南昌，南昌地方官员在滕王阁中饯送诗人，老百姓亦一睹诗人的风采。为此，白居易特赋《钟陵饯送》七绝一首，诗云："路人指点滕王阁，看送忠州白使君。"元文学家虞集在《重修滕王阁记》中，对这座名楼迎来送往的功能也有记述，文曰："来莅是藩者……与往来之公卿大夫、观风之使、四方之宾客……相与登临览观于斯阁……"

明朝的南昌城建有七座城门，"接官送府章江门"，滕王阁就处在章江门外。阁前建有"接官亭"，官府的迎来送往都在滕王阁。从明朝进士陈冠《滕王阁送张宪使之云南》七律中的前面两句，"清秋霁晓豫章城，滕阁留欢送客情"中，展示滕王阁作为豫章城中迎来送往的理想之所地位，是不称驿馆的"驿馆"。

### 4.歌舞殿堂

唐朝文学艺术空前繁荣，中外文化大交流，各民族文化大融合。滕王把宫廷艺术及被汉族吸收融化的番乐胡舞，从中原带到江西，在客观上推动和繁荣了赣文化。滕王以歌舞创阁的流风，一千多年来绵长不绝。几乎所有的洪州地方长官们，每逢庆典、接官、送客、宴宾、会友等事，均要在滕王阁举行歌舞盛会。不少诗词对阁上歌舞作了客观的写照。如唐朝诗人李涉的《重登滕王阁》、北宋名臣夏竦的《题滕王阁》七律诗等，尤为值得一提的是，明万历二十七年（1599年）重阳节，江西巡抚王佐在阁中大摆宴席，并演出了《牡丹亭》。当朝大学士张位和剧作家汤显祖及大小官员们同观此戏，开创了在滕王阁上演戏剧的先例。自2016年以来，滕王阁景区设置了"滕王宴乐"这一夜游节目，与一江两岸灯光秀、滕王阁主阁裸眼3D秀等表演深受游客喜爱。

# 第二章
# 章贡合碧八境台

## 第一节　概　况

　　八境台坐落在江西省赣州市北八境公园内，章江和贡江在这里汇合，为江西省级重点风景名胜区。其建于北宋嘉祐年间，因郡守孔宗瀚筑台后绘制《虔州八境图》，并以图求诗于苏轼而得名。历代文人题咏八境台甚多，其是赣州市文物保护单位，是江南宋城历史文化旅游区重要组成部分。

## 第二节　特色景观

　　八境台是赣州古城的象征。其依城墙而筑，原为木结构，曾几次毁于火灾。1984年重建时，改建为高28米的三层仿宋式建筑，飞檐斗拱，画梁朱柱，雄伟壮丽。登上八境台，赣州城外的山水田园之美和城内的亭台楼阁之秀皆可尽收眼底。

　　八境台内还设有赣州市博物馆，展出的历史文物颇为丰富，台下辟为八境公园。园内绿树苍郁，碧水微荡，楼亭对峙，清新幽静，景色如画。

## 第三节　人文典故

　　据史载，原台为石楼，为北宋嘉祐年间孔宗瀚所建。孔宗瀚是山东曲阜

八境台

人，孔子第四十六代孙。他鉴于"州城岁为水啮，东北尤易垫圮"，于是"伐石为址，冶铁锢基"，将土城修葺成砖石城，建城楼于其上。八境台建成后，孔宗瀚绘图请苏东坡题诗，苏东坡遂作《虔州八境图八首并序》《八境图后序》。前一首诗中，苏东坡在中国历史上第一次提出了城市八景，形成一组旅游胜境，为后世模仿，如燕山八景、泸城八景、香港八景、台湾八景等，"八景"不失为中国旅游文化的一个里程碑。登临台上，赣州八景一览无余，宋朝的赣州八景是石楼、章贡台、白鹊楼、皂盖楼、郁孤台、马祖岩、尘外亭和峰山。到了清朝，由于景观发生变化，在八境台上所见的八景是三台鼎峙、二水环流、玉岩夜月、宝盖朝云、储潭晓镜、天竺晴岚、马崖禅影、雁塔文峰。

# 第三章
# 郁然孤峙郁孤台

## 第一节　概　况

郁孤台位于赣州城区西北部贺兰山顶，是城区的制高点，赣州宋朝古城墙自台下逶迤而过。其属江南宋城历史文化旅游区重要组成部分，是赣州市级文物保护单位和江西省级重点风景名胜区，因坐落于山顶，以山势高阜、郁然孤峙得名。游人登上郁孤台，可远眺秀丽的山光水色和赣州市区全景。

## 第二节　特色景观

郁孤台创建年代史籍未详，但距今最少有一千二百年的历史。清同治《赣县志》记载："郁孤台，在文笔山，一名贺兰山，其山隆阜，郁然孤峙，故名。唐李勉为州刺史，登台北望，慨然曰：'余虽有不及子牟，心在魏阙一也，郁孤岂令名乎？'乃易匾为望阙。"北宋绍兴十七年（1147年）仍名郁孤台，并在台北增建望阙台。沧海桑田，郁孤台屡经废兴。清同治九年（1870年）重建，1959年修复，1982年3月拆除，1983年6月在原址大致按清同治年制式重建，次年9月建成。三层，高17米，仿木钢筋混凝土结构。著名书法家、中国书法家协会第一任主席舒同为台题额。

# 第三节　人文典故

郁孤台为赣州名胜，历代文人墨客登临题咏甚多，其中以南宋爱国大词人辛弃疾《菩萨蛮·书江西造口壁》一词最为著名："郁孤台下清江水，中间多少行人泪。西北望长安，可怜无数山。青山遮不住，毕竟东流去。江晚正愁余，山深闻鹧鸪。"八百多年来，对辛弃疾这首"横绝六合，扫空万古"的词，人们唱和不绝。毛泽东曾手书此词，认为其"语言蕴藉，意味深长"。

郁孤台

# 第四章
# 周瑜点将烟水亭

## 第一节　概　况

烟水亭为九江市区主要名胜古迹，位于城南甘棠湖中的浸月岛上。相传甘棠湖曾是三国时东吴大都督周瑜操练水军的地方。后说白居易曾常来此处盘桓，"手把杨枝临水坐，闲思往事似前身"，后人在此建亭纪念，取他的《琵琶行》"别时茫茫江浸月"之句，取名浸月亭。到了北宋熙宁年间，周敦颐来游，见亭毁，意恢复，其子周寿代建，以"山头水色薄笼烟"的诗情，取名烟水亭，后再次遭毁。至明末，重建烟水亭于浸月亭旧址。现在建筑为晚清时遗迹，虽然仍用亭名，但其实际组成为以台榭为主体的小巧建筑群。

置身亭上，近掬甘棠碧水，远把庐山翠色，烟雾轻罩，清波茫映，墩榭迷立，绚丽媚雅，真是"四面湖山亭在水，半堤杨柳寺藏烟"。

## 第二节　特色景观

明清时期烟水亭建筑屡建屡废，清同治七年（1868年）由僧人古怀募捐重建。至清光绪年间，烟水亭建筑才形成目前的规模。新中国成立后逐年保养维修，并建九曲桥通向湖岸。

浸月岛上的建筑群分为左、中、右三部分。人们习惯上称岛上整个建筑为烟水亭，其实每座建筑各有名称。左为翠照轩、听雨轩、亦亭；右为浸月亭和船厅；中间依次是烟水亭、纯阳殿、五贤阁、观音阁。这三组建筑既各具特色又相互联系，形式变化多样，风格协调统一。庭院、天井内花木扶疏、秀石玲珑，清新典雅，是一座典型的江南水上园林，让人赏心悦目。

游人移步甘棠湖，走过九曲桥，进入洞门，即到四周环水的烟水亭。在粉墙环抱、楼台高耸、绿树浓郁、湖平如镜的环境中，犹如到达世外桃源。亭为水榭式建筑，有船厅、翠照轩、境波楼、纯阳殿等。亭前方丈地，石雕围栏贴水而起，垂柳翠柏点缀其间。两边有石凿"藏剑匣"，相传因为庐山北双剑峰之刃直对九江市，于是人们凿石匣藏住剑锋。从烟水亭向南眺望，在湖面波光粼粼、水岸交接的极远处，青黛色的山脉起伏迤逦，此即名闻中外的避暑胜地庐山。

## 第三节　人文典故

烟水亭是历代文人墨客宴游之地。亭内有风格各异的楹联匾额，或叙事绘景，或写意抒情，联由景出，文景交融，游亭观联，雅趣盎然。

旧时，烟水亭是本城民众祭祀先贤的香火之居。五贤阁内纪念的五位贤士和贤吏是：田园诗人陶渊明，江州刺史李渤，江州司马白居易，宋、明理学大师周敦颐、王阳明。现烟水亭各厅室已改作九江文物陈列室，在这里还可以看到具有地方特色的出土文物。

据府志记载，"八仙"之一的吕洞宾，曾当过浔阳县令，为九江人办过不少好事。纯阳殿中的吕洞宾塑像早已毁于兵燹，殿后留下一块相传吕道人亲书的"寿"字碑。斗大的"寿"字，一笔九转，寓意"九转成丹"，字体苍古，初看是个"寿"字，细看则为"丹"字。据说这块似"寿"似"丹"的字碑，寄寓了吕洞宾对九江百姓人寿年丰的美好祝愿。

◎ 烟水亭

　　烟水亭石级两旁有藏剑石匣一对，立于亭前石级两旁，有纳锋藏剑之意。据载，九江常遭屠城和匪寇骚扰，按阴阳家之说，皆因郡城面对庐山双剑峰所致。宋乾道年间，郡守唐立方乃辟谯楼前地筑为二城，夹楼矗其上，谓之匣楼，曰：匣实藏剑，后遭毁，现石匣凿于清同治十二年（1873年），为知县陈鼒扩建烟水亭时所凿。

　　相传，浸月岛又是东吴水军都督周瑜的点将台。东汉末年，柴桑为东吴属地，吴主孙权的行宫就设于此处。东汉建安十三年（208年），曹操率领83万人马，离开许昌，浩荡南下，追赶刘备，虎视东吴。孙权封周瑜为大都督，命令他率领水军在甘棠湖中日夜操练，迎击曹军。当时，甘棠湖与长江、鄱阳湖相通，水域宽阔，为东吴的一处水上要塞。湖上战舰云集，雄师队列。雄才大略的周瑜在此挥师点将，联合刘备，大败曹兵于赤壁，创造了以少胜多、以弱胜强的范例。因此，此处又名周瑜点将台。烟水亭内有"周瑜战迹陈列馆"，馆中介绍了周瑜的生平，正中一座3米多高的周瑜携书挎剑塑像，再现了这位儒将的勃勃英姿。

# 第五章
# 宋江题诗浔阳楼

## 第一节 概 况

　　浔阳楼位于九江市区滨江路中段，初为民间酒楼，始建于唐朝，宋朝时重修，以后屡经兴废，距今已有一千二百多年的历史，现在的浔阳楼为1988年重建。浔阳楼之名最早见于唐朝江州刺史韦应物《登郡寄京师诸季及淮南子弟》一诗中的"始罢永阳守，复卧浔阳楼"的诗句。随后，江州司马白居易在《题浔阳楼》诗中又描写了它周围的景色。

　　重建的浔阳楼，其建筑风格参照明朝容舆堂刊本《水浒传》插图和宋朝《清明上河图》设计，是一座仿宋式建筑，外三层内四层，九脊层顶，龙檐飞翔，青瓦朱栏，四面回廊，古朴凝重。正门匾额上"浔阳楼"三个苏体金字出自赵朴初的手笔，大门两边朱红柱上，悬挂着著名书法家王遐举先生所书对联："世间无比酒，天下有名楼。"楼门上方竖立一根望竿，悬挂一面酒旗，上书"浔阳江正库"。浔阳楼景区是浔阳城区滨江景观带上著名的龙头名胜，其影响足可与江南三大名楼相媲美。

## 第二节　特色景观

### 1.水浒惊鸿

浔阳楼一楼大厅陈列着一套《水浒传》中一百零八将的人物瓷像，这套人物瓷像出自瓷都景德镇，其做工精细，人物性格与气质，形态各异，堪称陶瓷艺术精品。当时烧制好这套瓷像后，模具全部销毁，此套人物瓷像因此世界上绝无仅有，十分珍贵。东西两面墙上依据施耐庵的《水浒传》故事情节绘制出两幅大型瓷板壁画，其"宋公明发配江州城""浔阳楼宋江题反诗""黄文炳设计害宋江""梁山泊好汉劫法场"等栩栩如生的画面，为浔阳楼增加了传奇色彩。

浔阳楼二楼忠义堂传说为当年宋江醉酒题诗处，正面墙壁挂有"梁山泊

浔阳楼

忠义全图"大型壁画，现仍备有宋江当年喝过的"蓝桥风月"美酒，以及独具特色的"水浒宴"。房间的白墙上题有宋江反诗《西江月》。

**2.临江名楼**

浔阳楼地处长江之滨，历史悠久，美名远扬。施耐庵在《水浒传》中对浔阳楼的精彩描述，更令这座名楼增辉添彩。

浔阳楼三楼跑马廊展示了名家字画等艺术作品。顶楼为音乐茶座，厅内摆放着仿宋桌椅。游客登楼品茗，追思梁山好汉，挥笔题诗作画，仿佛身临水浒其情、其景；凭栏眺望，面对浩瀚大江，远眺现代雄伟壮观的长江大桥，近观明代古朴典雅的锁江楼宝塔，是一处最佳观景之地。

# 第三节　人文典故

## 一、名字起源

浔阳楼，因九江古称"浔阳"而得名。另有一种说法，相传宋朝时，匾额上"浔阳楼"三个字由苏轼亲笔手书。当年苏轼本要题写"浔阳酒楼"四字，但不慎墨污了"酒"字，于是他将错就错，干脆去掉那个"酒"字，浔阳楼由此得名。

## 二、名著述说

宋江题反诗出自《水浒传》中的情节。话说宋江寻李逵、张顺不得，独自一人，闷闷不乐地信步走到城外，看见那一派江景非常，观之不足。走到一家酒楼前，仰面看时，旁边竖着一根望竿，悬挂着一个青布酒旆子，上写着"浔阳江正库"。雕檐外一面牌额，上有苏轼大书的"浔阳楼"三字。宋江看了，便道："我在郓城县时，只听得说江州好座浔阳楼，原来却在这里。我虽独自一个在此，不可错过，何不上楼自己看玩一遭。"宋江来到楼前，只见门边朱红华表柱上的两面白粉牌上各有五个大字："世间无比酒，天下有名楼。"宋江便上楼来，寻了个靠江的阁子坐下。凭栏举目，喝彩不已。酒保上楼来问道："官人还是要待客，只是自消遣？"宋江道："要待两位客人，未见来。你且先取一樽好酒，果品肉食，只顾卖来。鱼便不要。"酒保听了，便下楼去。不一会儿，酒保盘托着托盘上楼来，一樽蓝桥风月美酒，摆下菜蔬时新果品、按酒，列几般肥羊、嫩鸡、酿鹅、精肉，尽使朱红盘碟。宋江看了，心中暗喜，自夸道："这般整齐肴馔，济楚器皿，端的是好个江州。我虽是犯罪远流到此，却也看了真山真水。我那里虽有几座名山名迹，却无此等景致。"随后独自一人一杯两盏，倚栏畅饮，不觉沉醉。猛然蓦上心来，他心想："我生在山东，长在郓城，学吏出身，结识了多少江湖上人，虽留得一个虚名，目今三旬之上，名又不成，功又不就，倒被文了双颊，配来在这里。我家乡中老父和兄弟，如何得相见！"不觉酒劲涌上来，宋江霎时潸然泪下，临风触目，感恨伤怀。忽然作了一首《西江月》词调，便唤酒保，索借笔砚。他见白粉壁上多有先人题咏。宋江寻思道："何不就书于此？倘若他日身荣，再来经过，重睹一番，以记岁月，想今日之苦。"乘其酒兴，磨得墨浓，蘸得笔饱，去那白粉壁上挥毫便写道："自幼曾攻经史，长成亦有权谋。恰如猛虎卧荒丘，潜伏爪牙忍受。不幸刺文双颊，那堪配在江州。他年若得报冤仇，血染浔阳江口。"

宋江写罢，看后自顾自地大喜大笑起来。一面又饮了数杯酒，不觉欢喜，自狂荡起来，手舞足蹈，又拿起笔来，在《西江月》后又续上四句："心在山东身在吴，飘蓬江海谩嗟吁。他时若遂凌云志，敢笑黄巢不丈夫。"

宋江写罢诗，又在后面大书"郓城宋江作"五个字。写罢，掷笔在桌上，又自歌了一回。再饮过数杯酒，不觉沉醉，力不胜酒。便唤来酒保要结账，取些银子结了账，多的都赏了酒保，便拂袖下楼来去了。踉踉跄跄地取路回营里去。宋江开了房门，便倒在床上，一觉直睡到五更。宋江酒醒时已全然不记得昨日在浔阳江楼上题诗一事了。

# 第六章
# 浔阳江头琵琶亭

## 第一节　概　况

琵琶亭始建于唐朝，原址位于九江城西长江之滨，即白居易送客之处。但历代屡经兴废，多次移址。清乾隆年间重建，至咸丰年间又遭兵毁。今址为1988年3月重建，近年来又得重资打造，成为长江国家文化公园（九江段）文化地标之一。整个庭院采取中轴线对称布局，分主亭、左碑廊、右碑廊三部分，主建筑琵琶亭坐落在临江的花岗岩石基上，朱柱碧瓦、古朴庄重。庭院内小径蜿蜒花木扶疏，池塘、假山相映成趣，形成院中有园、亭中有亭的绝妙佳境。

## 第二节　特色景观

### 1.江州司马夜赋歌

琵琶亭矗立于临江花岗岩石基之上，朱柱黛瓦，古朴庄重。通向琵琶亭的碑廊上镶嵌着数十块白居易的江州诗作以及历代名家题咏琵琶亭的书法碑刻。亭上悬挂的"琵琶亭"金字匾额是著名艺术大师刘海粟手书。底层楹柱挂有著名书法家沙孟海书写的楹联："一弹流水一弹月，半入江天半入云。"而大门上的"琵琶亭"金字匾额则为著名女书法家萧娴八十八岁时所书，两旁楹联由中国当代著名的书法家、学者启功撰联并书写："红袖夜船孤，虾蟆陵

琵琶亭

边，往事悲欢商妇泪；青衫秋浦别，琵琶筵上，一时怅触谪臣心。"门内照壁正面嵌着毛泽东主席手书《琵琶行》贴金大理石石刻，这是毛泽东主席当今仍传世的书法作品中，篇幅最长、字数最多的作品，原作为1959年在庐山的时候背诵书写，现收藏在庐山。庭院正中的高基座上立有由整块汉白玉雕刻的白居易全身像，精彩再现了大诗人的风采和魅力。

### 2.滚滚长江东逝水

琵琶亭坐落于长江以南，九江长江大桥之侧。立于琵琶亭上，但见滚滚长江日夜奔腾东流入海。江风拂面，令人不禁为长江的大气所激奋，更为一桥飞跨南北、天堑变通途所折服。

## 第三节　人文典故

### 一、名字起源

唐宪宗元和十年（815年），两河藩镇割据势力联合叛唐，派人刺杀主张讨伐藩镇割据的宰相武元衡。白居易率先上疏请缉捕凶手，以雪国耻，却被腐朽的官僚势力攻击为越职言事，并捏造"伤名教"的罪名，将他贬为江州（今江西九江）司马。次年秋夜，诗人送客湓浦口，遇到琵琶歌女，深感与琵琶女"同是天涯沦落人，相逢何必曾相识"，便挥笔写下了著名的长诗《琵琶行》。后人为纪念白居易，就在当初送客处建亭，并以诗命名为"琵琶亭"。

### 二、民间传说

#### 浔阳江头天涯歌女喜相逢

唐明皇年间，朝纲败坏，奸臣弄权，忠臣受压，老百姓处于水深火热之中。相传有一年，江州城里蔓延一种奇怪的眼病，得这种病的人，先是两眼红肿，继而双目失明，任何神医妙药都无法医治，一时之间人心惶惶，百姓苦不堪言。当时，江州城里有一位歌女，名叫胡秋娘，穷苦出身，靠卖唱为生。那天唱罢曲子回来，看见女牵娘，子牵父，一个个盲人沿街乞讨，顿生同情之心。胡秋娘后在梦中得神人指点在浔阳江头建一水池，并用池中盛满的甘泉神露，给盲人精心揩擦，使盲人全都重见光明。人们竞相赞颂胡秋娘为救苦救难的活菩萨。这一来，到处都在传颂胡秋娘的大恩大德，一直传到京城另一名歌妓裴兴奴的耳朵里。

裴兴奴是长安（今陕西西安）东南曲江人氏，曾从师学艺，弹得一手好琵琶，是长安城里有名的歌女。岁月如梭，年华渐渐老去，裴兴奴姿色渐不如从前，已嫁给一个商人为妇。可是"商人重义轻别离"，抛下她外出做生意去了。裴兴奴只落得独守空船，悲对明月，泪湿衣衫，四处飘零。她听说胡秋娘用一颗慈善的心拯救了江州穷苦百姓，心里十分感动，便决心去拜访胡秋娘。于是，裴兴奴从长安南下至金陵，乘船溯江而上，一路上弹着琵琶，唱着新编的歌词，赞美胡秋娘。这日，终到江州，把船停泊在浔阳江头，裴兴奴上得岸来，观看了胡秋娘所建的甘露池，听见了人们对胡秋娘的一片赞美之声，心里越发对胡秋娘产生了敬意。胡秋娘听说裴兴奴专程从京城来拜访她，心里着实过意不去，特地前来迎接。两位歌女相逢，相见恨晚，携手进了船舱，促膝谈心。她们越谈越投机，从白日谈到黄昏，从月出谈到黎明，整整谈了三天三夜。她们互吐衷肠，谈到朝政腐败，生灵涂炭；谈到自己的悲惨身世，不禁声泪俱下，感伤不已。裴兴奴抱起琵琶，面对茫茫月色，拨动琴弦，伴着呜咽低泣的江水声，弹起了催人泪下的曲调。胡秋娘也情不自禁地和着音韵，歌喉婉转，如清泉滴石，唱起了凄凉悲伤的歌词，述说着人间的不平。裴兴奴正弹到悲伤怨恨之处，只听"砰"的一声，琴弦断了。裴兴奴愤愤地说："这苦日子实在难熬，我再也不愿过这种寄人篱下的生活了。"胡秋娘也泪眼凄凄，说："姐姐，我也早有这个打算，只是我们到哪儿去安身呢？"裴兴奴说："天下之大，难道就没有你我姐妹立足之地吗？天涯海角，我们姐妹二人远走高飞吧！"裴兴奴说着，忽地站了起来，一步步走到船头，把琵琶向岸上一抛，那琵琶扑通一声，正巧落进胡秋娘修建的水池里……

天色微亮时，裴兴奴和胡秋娘的船只已经不见踪影了。唯独浔阳江头的水池里升起了一座飞檐亭阁。据说那天夜里江州司马白居易正好送客来到江边，听见了凄婉的琵琶声，有感于琵琶歌女的身世，写出了著名的诗篇《琵琶行》。

# 第七章
# 瓷都城徽龙珠阁

## 第一节 概 况

龙珠阁位于景德镇市区昌江河畔、珠山旧址之上。唐朝称聚珠亭，宋朝称中立亭，明朝称朝天阁和环翠亭，清朝又改称文昌阁，20世纪20年代重建后称龙珠阁。1990年龙珠阁再度重建，现在的龙珠阁是一幢仿明重檐宫廷建筑，共六层，高约34.5米。其周围地底下埋藏着无数宝贵的文物遗存。龙珠阁自明朝开始就是御器厂、御窑厂的代表性建筑，是明清官窑遗址。现已成为景德镇的城徽。

## 第二节 特色景观

重建后的龙珠阁，广阔数丈，围以红墙，复以黄瓦，气势巍峨。阁之大门及内殿梁柱均髹以朱漆，金碧辉煌。阁中前后殿的神龛中设有白瓷跌坐观音、香炉、烛台及纯以夏布调漆为胎，身涂金彩之神像等，二楼则供有三教创始人孔子、释迦牟尼、老子之塑像。另设有占坛，安放沙盘銮笔。

龙珠阁内分为与原官窑相关的资料展示和经复原的官窑瓷展示两部分。其中，官窑瓷的展示部分对景德镇官窑瓷器的研究有不可或缺的重要参考价值。作为官窑遗址和现代官窑瓷器研究成果展示场所，龙珠阁一直是中外陶瓷爱好者关注的地方。

## 第三节　人文典故

龙珠阁内的瓷器均为残件。历代官窑为朝廷烧制的御用瓷器在种种原因影响下被筛除的瓷器，要在指定地点由专人用专业工具将瓷器击毁，以免流入民间。龙珠阁内的瓷器文物是由专家们在官窑销毁瓷器的遗址挖掘并复原的。虽然这些瓷器都是未入庙堂的次品，并被严重毁坏，但仍能从中看出瓷都制瓷精湛的工艺，令人叹为观止。那些送入皇宫侯府的珍品想必更是精美绝伦。

龙珠阁

在日本产瓷区濑户市，也有一座"龙珠阁"屹立于"珠山"之巅。不过，那"龙珠阁"是仿景德镇的，其"珠山"也是假的，但表达的却是濑户人对景德镇龙珠阁的崇敬之情。

# 第八章
# 巍峨楼殿宜春台

## 第一节 概 况

　　宜春台位于江西省宜春市城区春台公园内，是江西著名古迹，宜春市特级文物保护单位。其高130.4米，是古袁州治所宜春城中的制高点，昔人称为"一州之壮观，万家之游息"，为宜春八景之"春台晓日"。台上楼阁三层，一楼铺以大理石地面，四周走廊砌有护栏，二、三楼走廊全为木柱，雕刻花栏，门窗皆镂空雕花。拂晓登台，但见红日东升、飞檐染金，装点春城。

## 第二节 特色景观

　　汉武帝元光六年（公元前129年），宜春侯刘成于城中及周围立五台，其中最胜者为宜春台，植桃李万株，供人登览。宜春台"闾瑬之傍崛起数百尺"，故有"高出袁城百万家，巍峨楼殿锁烟霞"之誉。清光绪三十年（1904年）欧阳祁作五十字长联一副于台，咏诗写景。宜春台顶的建筑物原为仰山行祠，是祭祀仰山神龙的地方。旧时，宜春台及其四周楼台亭阁、寺庙宫观甚多。台上的水星鼎很著名，南昌绳金塔寺曾仿造。新中国成立后，以宜春台为中心辟为春台公园。

　　宜春台正面是由城砖砌成的高台，站在高台上，便可以看见一座气势不凡的三层楼阁。楼阁是庑殿式，重檐，四道阿顶，筒瓦覆盖。底层是砖砌的护栏，二、三楼则是木质花栏，镂空雕花的门窗，飞檐画栋，古雅精巧。楼阁的前侧还有厢房，与正厅成"品"字形。一间厢房内还锁着一块巨大的碑石，相传为慈禧御笔"宜春"二字碑。如今的宜春台，台上台下，楼殿堂院，亭轩榭阁，错落有致，雕梁画栋，古雅清静，殊壮观瞻。以台为坐标，花径、花圃、花台分布在林荫道畔，花团锦簇，万紫千

📍宜春台

红，四时争艳，香飘不衰。参天古木，珍稀名木，终年青翠欲滴，还有别有洞天的音乐茶座，各色各样的陈列展览等，成为广大市民和游客休闲游憩的理想场所。

## 第三节　人文典故

宜春台是东汉宜春侯所筑五台之一，也是宜春城历史最悠久的建筑，距今已有二千一百多年的历史，建台时间比江南三大名楼中的黄鹤楼早三百年，比岳阳楼早五百年，比滕王阁早八百年。历史记载武帝元光六年刘成封宜春侯时，"始于城中立五台，其最胜者为宜春台。"元朝著名诗人虞集在其《宜春台晚眺》一诗中，有"长沙王子旧层台"之句，写的就是此事。

北宋的宜春侯祠，南宋的仰山行祠，明朝的韩文公祠（祀韩愈）、三先生祠（祀道学家周敦颐、程颢、程颐）以及春风亭、一览楼、沩山阁、栖霞阁、水星鼎、"凭虚"与"积翠"二石坊等。这些郡邑名胜，有的以古朴雄伟取胜，有的以巍峨轩敞见长。

# 第九章
# 袁州古天文台

## 第一节　概　况

　　宜春古称袁州。袁州古天文台是国家重点文物保护单位，位于宜春市鼓楼路步行街天文广场。古天文台创建于南宋嘉定年间，据南京紫金山天文台、北京天文馆专家考证，它是我国现存最早的天文台，集测时、守时、报时、授时功能为一体，它的存在不仅能证明我国运用天文、气象观测指导民间生产、生活的历史久远，还具有极高的文物、天文价值。

　　鼓楼，又称谯楼，跨街卷拱筑台，台层屋叠，飞檐重阁，朱檐碧瓦，画栋雕梁，俨若宫殿，东面洞卷拱上阴刻"鼓楼"二字，西刻"余晖"，台南北两端有观天台，楼上设有夜天池、日天池、平壶、万水壶、水海影表、定南针、更筹漏箭、铁板鼓角，还设有阴阳生，轮值候筹打更报时。

## 第二节　特色景观

　　2003年，宜春市把袁州古天文台修复列为全市二十五项重点城建工程之一，并聘请国内专家对修复工程设计方案进行多次论证，按天文台创建时的原貌修复，同时还复原制作了浑仪、圭表、四级铜壶滴漏、天体仪、日晷、铜壶、鼓角等十五项室内古代天文仪器和占地2万平方米的天文广场。天文广场东南西北四个方向按西汉时期定位设置，在地面上铺设有青龙、白虎、朱雀、玄武图案，以及与天文有关的天干地支、二十八星宿和八卦符号，四周还设置十个日晷，既有测时功能，又有观赏价值。在天文广场上还建有现代天文台、天象馆、难禅阁和袁州会议旧址，用于天文观测和天文图片展示，成为国内的青少年天文科普教育基地。

📍 袁州古天文台

为了最大限度地保留谯楼天文台的历史信息，2003年的维修工程中重新启用天文台旧址的十万古砖。如今的谯楼位置处于宜春市的最繁华地段，过往行人在谯楼城墙上，不时可以发现刻有繁体字的古砖。最底部的墙基部分为南宋时期古砖，存有"皇宋淳祐十一年"的铭文砖，台墙为明清时期维修砌筑，存有明洪武十年（1377年）、清道光十六年（1836年）和清同治二年（1863年）的铭文砖。谯楼栋梁上还题有"大清光绪十四年"字样。

## 第三节　人文典故

南唐保大二年（954年），刺史刘仁赡建造袁州府署，当年达六百多间，规模宏大，谯楼只是其中的一部分。1219年，袁州知州滕强恕命人在谯楼上添设铜壶、夜天池、日天池、万水壶……设阴阳生轮值，自此暮鼓晨钟。到明万历年间，知府加修谯楼时，甚至为掌管观天象、推历法的唐钦天监台正袁天罡立祀，而在民间袁天罡已是被神化的天文学家。

20世纪90年代，中科院古天文史专家薄树人先生等众多专家几经论证发现，知州滕强恕修置的宜春谯楼竟然是我国现存最早的地方天文台，它比现存的帖木儿帝国天文台（现乌兹别克斯坦境内）要早两个世纪；比我国建于1276年河南登封的观象台早五十多年。

# 第十章
# 稻作起源神农源

## 第一节　概　况

　　神农源风景名胜区位于江西省万年、弋阳、乐平三县（市）交界处的黄天峰下。景区由"世界稻作文化发源地"——仙人洞遗址景区、"中国最美的地下河"——神农宫景区、"中国首家原生态洞穴探险地"——玉狮洞探险景区、"中国最神秘的石头城堡"——梦幻石林景区等构成，整个风景区群山环绕，景色秀丽，空气清新，气候宜人。

　　万年县气候属亚热带湿润性季风气候，气候温和，光照充足，雨量充沛，无霜期长。神农源景区荟萃了大自然的形态美、动态美、色彩美、声音美和朦胧美，具有新、奇、灵、秀、幽、险等特点。万年神农源风景区凭借其独特的人文、生态和地质景观优势以及高品质的服务，从旅游行业中脱颖而出，成为国家4A级旅游景区、国家级风景名胜区、江西省地质公园、江西省风景名胜区，成为江西和国内旅游行业的一朵奇葩。

## 第二节　特色景观

### 1.悠久的世界稻作文化发源地

仙人洞遗址景区以展示世界稻作起源文化、中国农耕文明为主，涵盖全国重点文物保护单位仙人洞—吊桶环遗址、仙人洞吊桶环遗址陈列馆等。

万年仙人洞是我国较早发现的一处旧石器时代晚期、新石器时代早期洞穴遗址，其主洞空旷幽深，长60米，宽25米，高3米，可容纳一千余人。早在20世纪60年代初，科学家就进行过两次发掘，发现了不少人类活动遗迹和丰富的文化遗物，曾引起中外学者的极大关注和重视。但是，由于对该遗存的绝对年代和原始经济形态等诸问题的认识存在较大分歧，故该遗存价值淹没了近三十年。

为了探索人工驯化稻的起源，1993年和1995年，中美农业考古队两次对该洞穴和距仙人洞约800米的吊桶环遗址进行了考古取样和发掘，并取得了重大的收获。

裴梅贡米原产地

第一，确凿无误地证实仙人洞和吊桶环洞有着从旧石器末期到新石器时代早期完整而清晰的上下两层地层堆积，据大量碳十四测定数据表明，上层大约距今9000—14000年，下层大约距今15000—20000年。这种完整的地层堆积，在长江以南地区已发现的诸多洞穴遗址中都是罕见的，从而为探讨人类如何从旧石器时代过渡到新石器时代以及新石器革命是在何种环境、何种状态下发生的提供了科学佐证，在学术上具有重大意义。

第二，两次出土人工遗物相当丰富，这在长江以南诸多洞穴中也是出土物最多的。据初步统计，有石器474件（片）、骨器248件、穿孔蚌器19件、原始陶片297块、人骨标本20多块（片）以及数以万块兽骨残片。有的骨器或骨管上刻有一道道划痕，这是中国目前所见较早的记事或表数的刻划痕。原始陶片夹粗砂，胎厚，火候低，陶胎多用泥片分块贴拍，也有近底部采用泥条盘筑法成型。器形主要为直口筒腹圜底罐形器，器表多为错乱甚或叠压着粗绳纹或条纹，也发现有草搓擦的错乱条纹，有的器内壁也饰有横向纹饰。这些陶片最早的年代可追溯到一万二千年前左右，我国是目前发现最早的陶片之一，这无疑对研究陶器的起源有着重要意义。尤其值得一提的是，出土复原的直口圆底罐，被称为"天下第一罐"，成为中国历史博物馆的镇馆之宝。

第三，两洞穴采集标本的孢粉和植硅石细胞分析结果表明，两处遗存都有野生稻和人工稻的线索，尤其吊桶环的下层大量存在野生稻，上层的野生稻虽占多数，但发现有人工栽培稻的扇形体，这就为探索稻作农业起源提供了极重要的线索，也昭示了赣鄱地区在中国乃至世界稻作起源中有着不可忽视的作用和地位。

圜底陶罐

万年大源盆地仙人洞、吊桶环的先民凭着自己的聪明才智，一万年前就开始种植水稻、制造陶器了，他们不愧是世界文明的始祖。万年仙人洞遗址人工栽培水稻和原始陶器的发现，在人类文明进步史上更具有重要意义，它有力地说明万年是迄今为止发现的世界稻作文化发源地。

**2.瑰丽秀美的中国地下河**

神农宫景区由喀斯特地貌的溶洞和地下河组成。该溶洞是亚洲较为年轻的岩洞，钟乳石质地纯净、色泽如玉、形态各异、蔚为壮观，被中国地质科学院评为中国洞穴景观评价一等奖。神农河曲折清幽、色彩斑斓，纳山川之美，融奇峰之秀，被誉为"中国最美地下河"。

岩洞年轻、水质纯净、水源丰富，是造就"中国最美地下河"的"温床"。在这里，不仅各类钟乳石造型各异，品种应有尽有，更难能可贵的是：地下河道随岩洞走势而延伸，形成一种人在岸边走似在水中游的浪漫情景。各种灯饰科学的组合，更让一种神秘之光沿神农河弥漫，让人恍如步入"天上街市"。坐上小船，泛舟神农河，沿途浏览"仙女沐浴""神农扬帆""罗汉迎神"等景点时，游客更觉得是在荡舟"九天银河"了。

神农宫景区洞中各种钟乳石品种繁多，琳琅满目，质地纯净，色泽如玉，景观十分丰富。洞内石瀑悬泻、石幕低垂、石柱擎天、石乳悬吊、石田阡陌纵横，人、神、兽、物等象形石惟妙惟肖，栩栩如生，构成一个神秘的地下世界，或伟岸壮烈，或风光旖旎。置身洞内如临仙境，踏出洞外如梦初醒，惊叹仿佛自异域回故里。

而"中国首家原生态洞穴探险地"——玉狮洞探险景区是神农宫景区的延伸，在这个黑暗而又神秘的原始溶洞中，游客站在二三百米的深处，倾听那来自地心深处的声音，那是一种超越生命和时空的曼妙感受。这里景致优美，溶洞奇观和钟乳石精品让人叹为观止。瀑布从几十米高的地方挥洒而下，轰然作响，披金散玉。由瀑布形成的水潭，深不可测，神秘撩人。而银狮神灵更是神奇，它通体银光闪烁、剔透晶莹，外形酷似一头昂首长啸的雄狮，

其形象在国内外以钟乳石景观为主的溶洞中独一无二，是神农宫的镇洞之宝。

神农宫景区不愧为一处观赏体验价值颇高的地下溶洞穴。

📍 瑰丽的地下河

📍 神农宫

### 3.如梦似幻的石头城堡

梦幻石林景区属于典型的由地表水对可溶性岩石溶蚀而形成的喀斯特地貌。这里怪石林立，青藤悬挂，翠竹摇曳，山花飘香，百鸟和鸣。石林以怪异传神，以清奇为美，以雄浑成势，有的如巨蟒出山，有的似虎啸山林，有的如仙女俏立，有的似玉柱擎天……石林中石中有洞，洞外有天，更有亭台廊桥曲径交错，游览者稍不经意，便生梦幻之感，从而迷失路途；然而此时佳境又总会在眼前出现。梦幻石林既有云南石林的磅礴气势，又兼具苏州园林的玲珑隽秀，有"中国最神秘的石头城堡""原始森林里的石林"的美誉。

## 第三节 人文典故

### 一、名字起源

关于神农源名字的起源，从字面意思大可明了，"神农"即指"神农氏"，"源"是"起源"的意思。据说五千年前华夏始祖炎帝神农氏，耳闻几千年前稻作文明从万年大源盆地起源，就带了得力助手耒神、垂神千里迢迢来寻根问祖。他从神农河抵达大源仙人洞后，搭建神农坛祭祖，既是对先民创造人类文明，实现由食物采集向食物生产根本转变的颂扬，也是对人类由依赖自然向改造自然跨越的一种期盼。

 龙泉湖

## 二、民间传说

### 神农氏的传说

神农氏一说其即炎帝，《大戴礼记·五帝德篇》称其为赤帝，原是西戎族的一支，以牛为图腾。最早居住在大西北的新疆维吾尔自治区和甘肃、青海、陕西等省，炎帝族先于黄帝族自西北进入华北、中原等地区，后来又逐渐向南方转移至湖湘。炎帝族在进入中部地区时，与最早进入中部地区的南方"蛮族"的九个部落联盟的九黎族发生冲突。蚩尤是九黎族的首领，兄弟八十一人，即八十一个氏族的酋长，炎帝族被迫逃到涿鹿，后来炎帝族与姬姓、号轩辕氏（又号有熊氏）的黄帝部落结盟，在涿鹿大战，攻杀蚩尤。继后炎、黄两族在阪泉发生了三次大冲突，黄帝族统帅以熊罴、貔貅、虎的各族打败了炎帝族，之后炎帝族逐渐在中部定居下来，延续了炎帝族的文化。

神农氏族时代，以农业为主，畜牧业也是重要的部门，并有制陶、纺织等手工业，已经使用弓箭，并有货物交换。传说五千年前，神农氏就在万年县繁衍生息，定居劳作。仙人洞遗址出土的大量石器和陶器以及吊桶环耕作遗址发掘的稻种，见证了人类祖先的足迹。

# 第十一章
# 江南石窟通天岩

## 第一节　概　况

通天岩风景名胜区位于赣州市章贡区西北郊，是国家4A级旅游景区、全国重点文物保护单位、江西省十大文明风景旅游区。这里岩深谷邃、树木参天、丹崖绝壁、风景秀丽，是一处十分典型的丹霞地貌景区。

因"石峰环列如屏、巅有一窍通天"而得名通天岩，通天岩开凿于唐朝，兴盛于北宋。现保存下来的唐宋石龛造像有359尊，北宋至民国题刻128品，主要分布在忘归岩、观心岩、龙虎岩、通天岩、翠微岩五个岩穴中。

这里四季分明，春季多雨水，夏季温度适宜，比市区温度低3—4℃，秋季短，冬季不寒，四季均适宜旅游。

自唐朝以来，风光旖旎的通天岩就被开创为石窟寺。至北宋时期，通天岩石窟造像的开创达到了高潮。尽管与我国众多的石窟比较，通天岩石窟造像的分布范围，石龛的体积、数量以及造像尺度、规模都不算大，但相对而言，它却是我国南方最大的一处石窟，是我国地理位置最南端的一处石窟群，因此，通天岩石窟被誉为"江南第一石窟"，是一座珍贵的石窟艺术宝库。

## 第二节 特色景观

通天岩自然与人文合璧，璀璨夺目，具有"丹霞地貌独特，生态景致宜人；石窟文化深厚，文化古迹众多"的鲜明特点。

**1.丹霞地貌独特，生态景致宜人**

通天岩景区属丹霞地貌，形成多处丹霞穿洞，如忘归岩、幽谷、礼佛岩等。忘归岩是因为风化剥落而形成的丹霞穿洞。景区在亿万年的地质变迁中，沧海桑田，经过风雨的侵蚀，形成了现在的面貌。盛夏时节，来到此处，感觉到清风缕缕，令人乐不思归。至今，忘归岩和礼佛岩各有一个贯通的山洞。这里岩深谷邃，石窍玲珑，在红色基岩沟谷的底部，生长着茂密的森林，蕴藏着勃勃生机。景区保留着白桂木、苏铁、丹桂、香樟、罗汉松、白玉兰、斑纹竹、枫香等珍稀树种和植物。密林中鸟语花香，时而可见的竹鸡、野猪、黄麂、黄鼠狼等野生动物仿佛在与游人捉迷藏。

**2.石窟文化深厚，文物古迹众多**

古代文化石刻区是景区的核心和精华部分，摩崖题刻、石窟造像等石窟文化积淀深厚，文化古迹遗存众多。主要体现在观心岩、忘归岩、龙虎岩、通天岩、翠微岩等五个岩洞附近。

明朝著名理学家王阳明在通天岩讲学之处——观心岩，林木茂盛，道路崎岖，大洞套小洞。阳明先生强调自我修心，讲授"致良知"，要求学生强调自我修身，并断言"万事万物之理不外乎吾心""心明就是天理"，故而，后人把他的讲学之处称为"观心岩"。据说，在崖壁上面的两句诗，就是明朝理学大师王阳明先生在观心岩讲学时留下的手迹。

在忘归岩左侧陡峭的山壁上有一品巨大的题刻，这品题刻高约3.5米、宽约2.3米，出自南宋李大正之手，气势磅礴，如日月行空。

龙虎岩，因有金龙和玉虎石雕而得名，是一处丹霞穴洞，长约100米，其

通天岩石刻

中一座佛像是大乘佛教中观派的创始人龙树王，金龙和双虎是其护法。这里是景区中保存摩崖题刻最多的地方。

通天岩是一处天然环形山壁，为石窟的中心景区。在其悬崖峭壁上，雕凿着八尊造像，是通天岩石窟最早的作品。其中有一组石龛造像，佛祖如来作禅定状，一边是骑狮的文殊菩萨，一边是骑象的普贤菩萨，他们面相方圆，神态庄严。由这组造像向两侧延伸的悬崖上刻有层层排列的浮雕五百罗汉像，体态自然，表情各异，形成拱卫格局，气势恢宏，是北宋中期的作品。

紧邻通天岩的翠微岩，相传为宋朝隐士阳孝本的隐居处。岩壁上刻有阳孝本的诗句，也有李大正所题"通天岩"三字。这里还有通天岩年代最早的一品题刻，刻于北宋熙宁六年（1073年），距今已有九百五十余年的历史了。位于翠微岩的大肚弥勒佛造像，其题材特异，完成于南宋，是通天岩摩崖造像的终曲。

沿着忘归岩、龙虎岩、翠微岩一线分布的十八罗汉像是北宋晚期赣州慈云寺僧人明鉴经过多方化缘而雕刻的，这可以说是通天岩的又一精华。

翠微岩

广福寺也是石窟寺，从宋朝开始这里便是通天岩佛事活动的中心，香火不断。寺庙后面的洞穴就是当年寺庙的藏经洞，西侧有一个阳公祠，是为了祭祀阳孝本而设立的。名士阳孝本不愿为官，归隐于通天岩二十余年。苏东坡路过赣州时，专程来到通天岩拜访阳孝本，两人一见如故，成为至交。阳公祠就是为了纪念这段佳话所建。阳孝本的石穴墓位于翠微岩附近的山坡上，为通天岩重要的遗迹之一。

通天岩的新石刻区除有一尊长约23.66米的卧佛外，还有很多名人造像。他们曾经为赣州作出过杰出贡献，上起西汉，下至清朝，其中有北宋大文学家苏东坡，隐居通天岩二十余载的北宋名士阳孝本，南宋抗金名将岳飞，明朝理学大师王阳明……众多石像映入你的眼帘，仿佛在向人们讲述赣州的悠久历史。

# 第三节　人文典故

## 一、民间传说

### 1.通天洞的传说

在通天岩广福寺岩顶有一天然漏水洞，相传古时候这个洞每天都会漏出一些白米来，漏出的白米不多也不少，正好够住寺和尚及香客一天食用，香客多就多漏点，香客少则少漏一些。有一天，一个在厨房烧火的和尚想，如果把洞凿大一些，一定会漏下更多米，米多了就可以换钱，以后就不用再劈柴种地了。于是这个贪心的和尚就动手把洞凿大了许多，可是，从这以后，白米一粒也不漏了，倒是漏了三天三夜的砻糠。赣州民间至今还流传着的一句俗话——和尚心大吃砻糠。

### 2.丹霞穿洞的传说

相传，赣州城自古就是一个山灵水秀的好地方，却一直没有出过一个有名的人物，这是为什么呢？有这样一种说法，就是在于赣江的泄口太大，好

风水留不住，都随滚滚的江水北流而走了，所以赣州城下游的吉安一带倒出了不少名人。古时曾有一位大仙想保住赣州城的好风水，便在蓬莱仙境挑选了两座十分漂亮的仙山，用扁担挑起，想把这两座山放在储潭西岸和东岸的储山一起锁住水口。当这位大仙挑着山走到通天岩附近时，不料被土地公公发现了，这位土地公公看见如此漂亮的两座仙山，心想何不把它留在本地呢？神仙是不能在白天做事的，因为他们怕被凡人看破，那样就回不了仙界了。于是土地公公便学公鸡叫。这位大仙忽闻公鸡报晓，以为天就要亮了，便慌忙将两座山撂在了通天岩。通天岩景区的忘归岩和礼佛岩贯通的山洞，传说就是当年那位大仙挑山时用竹杠穿出来的。

## 二、人文轶事

### 1. 观心岩

观心岩是明朝著名理学家王阳明先生讲学之处。明正德十一年（1516年），王阳明被拔擢为南赣巡抚，他曾在观心岩结庐讲学，收邹守益等人为弟子，讲授他的"致良知"，要求学生强调自我修身，并断言"万事万物之理不外乎吾心""心明就是天理"，所以后人把他讲学之处叫"观心岩"。他在赣州讲学期间，为其发展宋明理学奠定了理论基础。

### 2. 龙虎岩

龙虎岩是通天岩景区中保存摩崖题刻最多的岩穴，共有历代名人题刻三十九品。其文体形式有题名、题记、诗词、造像记、吉祥文字等，其内容涉及政治、历史、宗教、文化等各个方面，是研究我国书法石刻艺术和地方历史的宝贵资料。其中有一篇游记是通天岩文字最多的题刻，全文406字。在这众多的题刻中，宋朝陈世雄的题刻，具有较高的史料价值。这篇游记作于南宋绍兴年间。其时，赣南山区多次发生农民起义，而这篇游记的前半部分，记述的就是朝廷派兵镇压发生在大余县境内的一次农民起义，其时间、地点、人物都确凿可信。这对于农民战争史和赣南地方史的研究，都是一份难得的史料。

# 第十二章
# 神话境地龙宫洞

## 第一节　概　况

　　龙宫洞风景区位于鄱阳湖畔的九江市彭泽县天红镇乌龙山下，是国家4A级旅游景区。龙宫洞得天独厚、幽深旷达、瑰丽神奇，堪称溶洞奇观。作为著名旅游胜地，它创造了"一洞钻入地九层"的奇迹。据考察，庐山地区在远古时期是一片汪洋大海，沉积着厚实的石灰岩。以后海底上升形成陆地，石灰岩藏在地壳里，约在几十万年前的冰河期，地下水下降，溶洞干涸，雪水滴落，慢慢地形成石灰溶洞，龙宫洞由此形成。

　　龙宫洞风景区集观光、休闲、餐饮、娱乐等为一体，游人可探龙宫、品野味、漂激流、登山林、觅梵音，寻觅自我逍遥空间，尽情享受其间乐趣。

## 第二节　特色景观

　　在古生代寒武纪时期，这座独特的喀斯特溶洞就被大自然逐渐溶塑成一座规模宏大、气派非凡的地下艺术宫殿。洞中有众多的以石钟乳、石笋、石柱为基本造型的景点，如"定海神针""龙宫梯田""金钟宝塔""水晶宫殿"等。龙宫洞从龙门进口至出口方向为由西向东，全洞分前部、中部、后部三大部分，走完龙宫洞约需两个小时。洞内四季恒温约18℃，小桥流水，洞内可泛

龙宫洞龙门

钟乳奇观

舟观景，钟乳倒悬，石笋擎天，姿态万千让人目不暇接，令人叹为观止。自然形成的琼楼玉宇、仙坛瑶池、壁画浮雕，惟妙惟肖；虾兵蟹将、龙女宫娥，千姿百态，栩栩如生。据有关部门考察，龙宫洞是我国开发游览的五十多个大洞穴之一，在世界八百多个供游览的洞穴中名列前茅，是山、水、洞、佛相连成趣的著名观光、度假、疗养和避暑胜地。

与龙宫洞相比，玉壶洞则有另一番景象。游人至此乘舟徜徉，犹如置身于人间仙境。宽敞明亮的玉壶大厅曾多次举办过全国性的篮球比赛、武术比赛，开创了在溶洞里进行体育大赛的先例，已被上海吉尼斯总部列为吉尼斯世界纪录。

玉仙洞中由碳酸钙凝聚而成的乳白色钟乳石，如一串串倒挂在洞顶的冰柱冰花，晶莹透亮，熠熠生辉，形成一幅冰天雪地中的北国风光图。玉仙洞顶的千年古刹仙真岩，始建于227年，岩外悬崖峭壁，古树参天，竹影婆娑。天然的小石山似竹笋一样，形成片片石笋林。岩内仙坛古寺，鸣鼓诵经，香火袅绕。

仙真岩

# 第三节　人文典故

## 一、名字起源

因洞内龙宫回廊、仙游楼、鼓乐厅、地下河等许多景观酷似《西游记》中描写的东海龙宫，故名龙宫洞。

## 二、民间故事

长江口外有一个弹丸小岛，叫壶江岛，因其形似倒立的一只酒壶浮在海上，故得名。岛上名胜古迹首推"龙宫洞"，其洞口宽丈余，洞深三丈余，龙宫洞内外有石梯相通，洞底有口水井。这里有一个神奇的传说。

很久以前，岛上有一对相好的青年，男的叫依篮，女的叫依尾，两个人除打鱼织网外，都学得一套打石手艺。依篮身材魁梧，双臂有千斤之力。依尾外表袅袅婷婷，分外标致，性格却异常刚烈。乡亲们都羡慕地称他们是天

生的一对、地造的一双。

那年，老天爷不作美，数月不见滴雨，岛上草枯黄了，树枯死了，所有的井都干涸见底，渔民成群结队到几十里外挑水。一碗水，早上洗脸，中午洗手，晚上洗脚，受旱灾困扰的渔民还舍不得将它倒掉，真是滴水贵如油。依篮和依尾这对恋人虽然也唇齿干焦，口渴得要命，但是他们心中却挂念着缺水的乡亲。每天黎明，太阳刚从海面爬上来，这对恋人早已扛起铁锤、榔头，从岛的西边走到东边，又从岛的北边走到南边，他们把全岛走了个遍，也找了好几个地方打井，可惜是瞎子点灯——白费蜡，所有的井竟渗不出一滴水。可他们并不灰心，依旧天天在岛上转悠，寻找水源。

一天，岛上一位年过百岁的老渔民告诉他们，岛上石洞内长着一片绿草，依篮和依尾一听大喜，依尾说："有草的地方一定有水。"三人即刻赶往石洞，往里一瞧，发现石洞内卧着一条龙，其头大如斗，睛鼓如铃，尾长如寻。怎么办？依篮、依尾同声道："这唯一的水源不能让此龙占据，必须把它赶走！"他们俩能斗得过龙吗？老渔民惊疑参半。依篮坚定地说："乡亲们要渴死了，就是豁上这条命，也要夺回水源。"老渔民握着依篮的手说："孩子，上天会保佑你们的。我小时听前辈说，龙最怕牛筋，你们把牛筋搓成绳，或许有用。"

龙宫编钟

说干就干，乡亲们帮依篮、依尾找来了许多牛筋。但只有依篮、依尾才能把牛筋搓成绳子。他们搓呀搓呀，从日出搓到日落，星移斗转，潮涨潮落，终于将牛筋搓成了一条10多米长的绳子。天刚蒙蒙亮，这对恋人就急不可耐地赶往石洞。依篮大喝一声："孽龙，还我石洞！"话音刚落，依篮便抽绳朝孽龙挥打去。这牛筋绳果然威力无比，洞内砰然作响，如霹雳电闪，可惜牛筋绳短了点，抽不到孽龙身上。正在酣睡的孽龙闻声而惊

📍 水托仙桃

醒，急忙用尾迎击。打斗中，依篮的右眼不小心被龙鳞划伤，顿时血流如注，依篮便瞎了右眼。

　　斗龙失利，依篮并不气馁，依尾见依篮负伤、心痛无比，泪水叭叭直流。但为夺回水源，两人决定将牛筋绳加长。他们搓呀搓，又搓成了一条13米多长的绳子。依尾一丈量，说："这回不怕孽龙了。"两人再次持绳来到石洞，二话不说，依篮挥绳抽打。这下子孽龙可受不了，龙骨被牛筋绳抽断了，孽龙负痛大吼一声窜出洞去，还未等它腾身入海就瘫在沙滩上动弹不得了。可是，依篮过于性急，就在孽龙窜出洞口的刹那间飞奔入洞，从孽龙身上掉落下来的龙鳞又擦过他的左眼，他的左眼顿时鲜血像泉水一样流个不止，即刻昏死在洞里。依尾猛扑在心爱之人身上，号啕大哭，直哭得天昏地暗，日月无光，因急火攻心眼中竟滴出血来，终于倒在了依篮身边。顷刻，依篮、依尾血泪洒落的地方，沙土、石块纷纷陷落，形成一口井。井水汩汩冒出，饮之清冽甘甜。得到甘泉的岛民饮水思源，将洞取名为"篮尾石室"，别称"龙宫洞"。

# 第十三章
# 地下艺廊孽龙洞

## 第一节　概　况

　　孽龙洞位于萍乡市城北15千米处的杨歧山下，是一个形成于1.8亿年前的天然溶洞，蜿蜒曲折，溪水相伴，水随洞转，洞因水活。石与水刚柔相济，构成孽龙洞的独特风景。相传，古代鄱阳湖有条孽龙想把江西变成泽国，到处兴风作浪，残害百姓，后被许真君制伏于杨歧山下这个山洞里，此洞故名孽龙洞。

　　洞内厅廊相连，最大洞厅高约30米，可容纳上千人。洞内石笋、石花、石幔玲珑剔透，千姿百态，形成一座蔚为壮观的天然雕塑艺术长廊。主要景观有千人厅、龙牙穴、擎天柱、知丘田、仙女池、雨打芭蕉、峡谷、鸳鸯池、童子拜观音、洞天飞瀑等。漫步其间，静赏洞观之妙，形象思维之乐，是不可多见的岩溶地质"博物馆"。

## 第二节　特色景观

　　孽龙洞内钟乳石遍布，形态万千。卧龙厅高约6米，其顶部有一钟乳石长约6.6米，形如龙首高昂，龙身则蟠隐于顶内，形象逼真。"茅舍春柳"一石酷似村野茶肆酒馆，紧贴着石壁挑出，顶上流岩，似厚厚一层茅草，檐下可侍立四五人；在其对面，隔一泓清水，一片浓密的钟乳石十分像排列在一起的郁蓊垂柳；茅舍右侧，攀绿石壁往罅隙里望去，一掬琉璃般的水面上，残蚀的石林，痕迹斑驳，仿如一片被海水淹没吞噬的古城堡废墟。"芭蕉春雨"钟乳石如婆娑的蕉叶伸展，立于荫下，倾听从洞顶落下的水滴溅洒的叮咚声，耳边会油然荡起《雨打芭蕉》的旋律。来到"蓬莱仙境"的宽敞洞室里，美景之多，大有顾盼不暇之感。其中央水面上，三山屹立，陡石危岩，小中见大，气势超脱。其右侧，有一白纱状石乳从半壁流挂而下，如一顶硕大的圆帐。再往前看，斜坡上则是互相映掩的柱群，宛若古罗马的神庙遗迹。洞室的后顶，却是另一番景象，千姿百态的石乳，似繁华吊灯，似串串挂饰，似帷幕，似流苏，其美令人叹为观止。在被称为"音乐厅"的洞室里，众多的钟乳石成片状低垂，如同重重帷幕，有的薄如瓷片，暗弱的灯光也能从中透过，轻击之下，竟能发出美妙的声响。洞内还有不少的石笋、石柱，形态各异，千奇百态，有的平地而起，有的从天而降，有的天地相连，在五彩灯光的照耀下，玲珑剔透，色彩缤纷，令人目不暇接，流连忘返。

　　孽龙洞水景独特，声色具备，洞内常年溪水相伴，水随洞转，洞因水活。"洞天飞瀑"为世间奇景，只见清泉从洞中峭壁飞流而下，直注碧潭，潭水被激起飞沫，形成湍流，在潭中辗转回旋。春夏之交多雨季节时，水势如银河倒垂，瀑声如雷，声撼天地，十分壮观。"灵泉"是一椭圆形的清池，面积约4平方米，水深约1米。池的边缘均匀似人工砌筑。池的前面，一组钟乳石形成屏幕，犹如浴室前的遮幕，堪称天工人意的绝妙巧合，池水高出地下河半米而终年不溢不落，实令人费解。"蘑菇山"山高数

🔵 孽龙洞洞天飞瀑

孽龙洞奇观

米，"峰峦"重叠，好似一幅立体山水画。其下清流淙淙，环山而下，迭次汇成无数小瀑，飞沫泻练，水汽氤氲，水声轰隆，百步之外即闻其吼，给"山峦"增色不少。"仙山池"为洞内名景，一块巨如两层楼高的大顽石，色带赭黄，山顶却奇异地"凿"有一个"天池"；山的左右有两根石柱，状如"华表"，柱身龙纹隐约可辨。池的边沿，薄如瓷碟，形同荷花花瓣叠砌而成，边缘嵌满雪白晶莹的小珍珠，池水深约1米，清澈见底，池底几株石花，洁白如霜，似海中珊瑚，璀璨绚丽，伸出水面的几株，恰似片片浮萍，令人拍掌叫绝。

洞内还有众多景观，如"仙女下凡""梯田接云""芙蓉含苞""瓜果飘香""海狮出水""蛟龙探首""石钟长鸣""深洞晴雪"等，无不神奇妙绝，意趣横生。孽龙洞以其深幽奇美而闻名遐迩，吸引了众多中外游客前来观光游览。

# 第十四章
# 溶洞四绝洪岩仙境

## 第一节　概　况

　　洪岩仙境，位于乐平市东北部，是国家4A级旅游景区、江西省级风景名胜区、江西省级森林公园和景德镇市最佳十景之一。其是一亿多年前中生代形成的壶天灰岩溶洞，属岩溶地貌，即以碳酸盐类岩石为主的可溶性岩石在以水为主的内外应力的作用下形成的地貌。洪岩仙境洞室面积达10万平方米，洞长2000余米。其自然风光奇特，人文历史深厚，旅游资源丰富，且交通四通八达，距"世界瓷都"景德镇市区约50千米，离"中国最美的乡村"婺源约80千米，至三清山风景区需约两个小时的车程。周边旅游资源丰富，风格各异。

## 第二节　特色景观

### 1.山顶石林奇如画

溶洞顶部如诗如画的千亩石林，是中生代地壳变动而形成的。山上怪石嶙峋，奇花异草点缀其间，相依丛生，风光明媚，有桃花谷、松漠亭、达开峰、藤穿石、象鼻石、强盗床、双龙戏珠、骑虎难下、八戒戏嫦娥等景观。石林有四大奇妙景观：一为石奇，山顶奇石造型奇特，惟妙惟肖，且石石皆景，景景不同；二为树奇，古树盘踞、丹桂丛聚、翠竹摇曳，与奇石形成了紧紧相拥的奇观；三为藤奇，千年古藤环石缠绕，藤缠树、树缠藤，可谓树有情，木石结缘；四为峰奇，青山幽谷，奇峰耸立，有强盗峰、松漠亭、独秀谷、情人谷、幽情谷、南星岩、仙姑岩、神宝峰、狮啸峰和珍珠岩等。

### 2.岩溶深处有洞天

整个洪岩洞呈圆拱形，全洞主要为厅堂式，最高处高达80余米，最宽处有近百米。

洞中的九天飞瀑、震天雷、仙人田、水中天被誉为神州溶洞四绝，还有擎天柱、金银山、状元拜塔、云岩、五指山、丹凤朝阳、龙门、金钟宝塔、仙人献指、绣花楼；有造型奇特、仪态逼真、惟妙惟肖的人面狮、唐僧取经、观音坐莲、倒挂金龟、诸葛看书、观音送子、金鸡报晓、托塔天王、南海观音、太公钓鱼、仙鹰、神龟、浴佛、珍珠泉、凤凰池、水晶宫、水帘洞、瑶池、西海龙宫、莲花池、万里长城等，如同隐藏于洞府内的人间仙境、世外桃源。

洪岩仙境龙门

九天飞瀑像一匹长长的白练直挂下来，那气势，那声响，不比庐山的瀑布逊色多少。游客来到这里，需要两次通过跨越在飞瀑之上的铁桥。飞瀑在脚下轰鸣，宛如发生了地震，游客若是双手紧扶铁栏杆沿瀑而下，更是如雷贯耳，飞瀑周遭水花四溅，雾气弥漫，又让人仿佛置身仙境。北宋著名地理学家乐史在其《太平寰宇记》中，将此洞描绘为"云气泉声，四时不绝"。

凤凰池因传说曾有凤凰在此池洗浴而得名。池水好似一面巨大的镜子，映照着四周的山水和路过的行人，每一帧都是一片新的天地。人们相信，如果将硬币投入池中，硬币若能漂在水面上，那表示好运一定会到来。

在洪岩洞的山坡上，错落有致地分布着十几层大小不一的梯田，阡陌相通，犹闻鸡犬之声，潺潺流水，俨然是一片世外桃源。先人开垦了这片"仙人田"，并常来这里劳筋骨，种五谷，参加体力劳动，锻炼自己的身体。

# 第三节　人文典故

## 一、名字起源

据说，洪岩仙境的名字起源于一位著名的历史人物——洪皓。洪皓为南宋词人，建炎三年（1129年）奉命出使金国，被扣留长达十余年。他坚贞不屈，不辱使命，被誉为"宋之苏武"，是著名的忠臣。洪皓出生在洪岩仙境溶洞附近的一个村落——岩前村，据说这个溶洞是由洪皓发现的，所以世人将溶洞命名为洪岩洞。又因入此洞犹如进入仙境，故而被称为洪岩仙境。

## 二、民间传说

### 1.洪皓探险巧遇仙的传说

洪皓自幼勤学好问，饱读诗书，琴棋书画，无所不精。他对任何事都喜欢寻根究底。那时候，人们都说洪岩洞中还有个小洞，又黑又深，里面常有轰轰的声响，不知通到何处。洪皓早就想去瞧个究竟，看看洞里到底有什么，洞那边又是通向何处。可是家里人怕他出事，看管得很严，就是不让他去，洪皓只好等待时机。

这天是正月初一，洪皓一大早就起了床，家里叫他去给舅舅拜年。洪皓带上书童，拿着礼物，佯装往舅舅家走去，出门不远，他就带着书童一折，转而到市集上买了一堆蜡烛就直奔洪岩洞而去。

洞里伸手不见五指。书童一进到洞口，不是碰了头，就是绊了脚，急得直叫主人。洪皓赶紧点燃蜡烛，许多奇形怪状的石头霎时出现二人眼前。在昏暗的烛光下，那些石头狰狞恐怖，吓得书童头皮发紧，毛发直竖。洪皓赶紧说："不怕，不怕，有我呢。"书童没办法，只好挑起担子，踉踉跄跄地跟着他继续往前走。

就这样，主仆二人在洞里不知走了多长时间，也不知走了多长路程，蜡烛点了一根又一根，眼看蜡烛已经用去了一半，前面还是黑黢黢的，也不知还有多久才能找到出口。洪皓鼓励书童继续前行。

不知又过了多长时间，忽然，前面传来阵阵下棋落子的声音。他们再走几步，转过一个弯，猛然看见了一束光亮，主仆二人不知看见的是神还是妖，他们鼓足勇气慢慢向前挪去，大气也不敢喘。待到挨近了，他们从石头后面悄悄探出头去一看，只见一只精致的烛台上插着一根蜡烛，那蜡烛将洞内照得透亮，但见两个须发飘飘、仙风道骨的老人正在专心下棋。

洪皓正看得出神，其中一个老人冷不防说："何方野民大胆，竟敢闯我仙境！"洪皓一看藏不住了，索性带着书童走了出来。他先是深施一礼，然后说道："小子洪皓拜见仙翁，请恕我冒闯宝府之罪。"

那老人见洪皓如此礼致彬彬，便不再严厉发难，捻着胡须点了点头问道："嗯，你到这里干什么来了？"

洪皓道："只因心下好奇，误入仙境，迷失路途，还请仙翁指点迷津，小子不胜感激。"

那老人说："这倒也不难，只是你既到得此地，倒要考你一考。"他一指那棋盘："你若解得这残局，自然为你解难。"

洪皓这才注意到，另一个老人一语不发，正对着棋盘苦皱着眉头，显然他的棋局势不妙。洪皓到棋盘前一看，棋势已至收官之势，白棋似是大局已定，黑棋却被团团围困，危机四伏，似垂手待毙。要想挽回败局，谈何容易。洪皓直盯着棋盘，脑子不停地分析着棋路。忽然，他发现白棋虽貌似胜局，但破绽百出，黑棋只要一动，便可反击。他灵机一动，拈起一枚黑子，叭地落了下去，两个老人一看，这一着下得妙，双方形势立刻大变，老人都点头称赞洪皓的高着。

洪皓趁机道："请仙翁指点路途。"

其中一个老人问："不知你是愿享清福呢，还是愿享洪福？"

洪皓问："清福怎么讲？洪福怎么讲？"

老人道："清福嘛，你就留在此地，度你成仙。至于洪福嘛，送你出洞，日后你于国于民定会大有作为，彪炳史册，名垂千秋。"

洪皓道："小子自小立下鸿志，为国家出力，为民众效劳。"

"如此说来，你是要享洪福了。好，有志气。来，赠你一根长明烛，你可拿它出洞。"洪皓连忙称谢，就要告辞，老人又说，"慢，你举着这根蜡烛，只管往前走，切不可在未出洞时回头张望。"

洪皓连忙称是，便带着书童向前走去。一路上，他们一下也不敢张望，连两边有些什么景致也顾不上看。就这样，他们又走了许多时候，才渐渐看见前面有了光亮，还听见了水声以及似乎是船篙的声响。这时洪皓再也忍不住，回头想看看来路。不料刚一回头，手上的蜡烛一下子熄灭了，紧接着轰隆一声巨响，他们被一股巨大的力量推了出去。

等他们再睁眼看时，眼前是一湾绿水，河面上帆过船往。呀，这不是乐安江吗？一打听，原来到了名口镇。他们一算，这里离家已是四百多里了。

后来，当人们听到洪皓的叙述，再进洞去寻找仙翁时，却怎么也找不到了那个洞，只是脚下一阵阵轰轰的响声。原来，那仙翁见洪皓回头张望，怕他记住路途，泄漏天机，赶紧熄灭了他手中的蜡烛，并用震天雷封住了洞府。从这以后，洪岩洞再也通不到了名口镇，而洪皓呢，右手食指也少了一截。原来，仙翁给的蜡烛点的是洪皓的手指。

再后来，洪皓果然功名及第，为朝廷重臣。在国家民族危难之时，他出使金国，被扣留十余载，历尽磨难，全节而归。这所享的洪福，使他名垂

千古。

### 2.八仙齐开仙人田的传说

传说有一回，八仙云游四方，来到洪岩洞落脚。闲得无聊时，你一句我一句地闲聊。张果老说："我等虽已成仙，并不见得比在凡间好，整天所见除了云就是雾，所闻除了风声就是雨声。唉，没做神仙时想做神仙，做了神仙才晓得成了仙并不见得比做凡人好。"

这话一下勾起了其余七位神仙的思凡之情。大家七嘴八舌议起了人间的众多好处来。

汉钟离说："这话不错，人间，山清水秀，鸟语花香，着实快活。"

铁拐李说："就是。你看人间大人呼，小人应，一家大小，和和美美，真乃天伦之乐。"

众仙正说着，忽听洞外山下传来一阵阵山歌之声，于是向山下探头一看，见一个农夫正赶着牛耕地，一边挥着鞭子，一边哼着山歌小调，那自得其乐的样子，令他们羡慕不已。

曹国舅说："众位仙兄既然仰慕人间之乐，何不效仿效仿，聊解寂寞。"

韩湘子问："怎样效仿？也下去耕田种地？"

蓝采和反问道："有何不可？"

吕洞宾听众仙议论着要下去干凡夫俗子干的事，很不以为然，说："堂堂仙家，屈尊做凡夫俗子，传扬出去，岂不让人笑掉大牙？你们丢得起这个人，我可丢不起。"

大家一听，是呀，为这一乐可不要紧，丢了仙家的体面可不值得。这时，何仙姑说："我看这样吧，我们就在这洞中开垦一块田地如何？"大家一听这个主意不错，可是田地怎么个开垦法呢？八仙中只有张果老是种过田的，可年深日久，他早已忘记了。还是何仙姑有办法，她说："山下不是有人在耕地吗？我们边看边学，不就是了？""对呀。"大家都说这个办法好，蓝采和忙争着要跑去看农夫怎样耕种，又告诉大家怎样跟着学。于是，众仙一反平日矜持的样子，一个个嘻嘻哈哈，手忙脚乱起来。

要耕种首先要犁田翻土。曹国舅一晃手中的阴阳玉板，变成了一张犁，铁拐李把拐杖一拗，就变成了套。张果老忙牵过他的驴就要上套，可那驴因张果老倒骑惯了，分不清了倒顺，竟把屁股冲着前方，怎么教也改不过来。没办法，只好把套套在它屁股上，让它倒着拉。吕洞宾把拂尘当作鞭子，照着毛驴叭地一甩，心疼得张果老直叫："哎呀，轻点，轻点，不是你的毛驴，你当然不心疼。"毛驴受这一鞭，飞快地倒着跑起来，转眼就犁了一大片田。

蓝采和在洞口看，又跑进来说该耙田了。于是，众仙又忙着耙起田来。紧接着，又是平整，又是碾压。等到这些都做完，就该下种子。忽然，隐隐传来天鼓之声，原来玉帝要临朝了，众仙顾不得下种，赶紧往灵霄殿上朝去了。

等到他们散朝回来，山下的农夫早已把种子下完了。这下他们可傻了眼。他们谁也不会下种，你望望我，我望望你，无可奈何地让那田荒在了那里。

从此，这里便留下了一片摆弄得井井有条，可就是没长出一棵庄稼的仙人田。

# 第十五章
# 蓬莱仙阁灵岩洞

## 第一节　概　况

灵岩洞位于婺源古坦乡通元观村，属黄山余脉。此处群峰耸峙，景色清幽，是历史上名闻遐迩的道教圣地。它是一个溶洞群，最具有代表性的是涵虚洞、莲华洞和卿云洞。洞内石乳凝成的楼台、高阁、寺塔、垂柳、梅花等争奇斗艳，镇门神将、老君炼丹、西厢待月、雏燕学飞等数十处景物景观栩栩如生。

灵岩洞属国家森林公园、江西省级风景名胜区、国家4A级旅游景区，是一个集自然景观与人文景观为一体的风景名胜区，主要分为灵岩洞群、石城古树群、石林奇观三个景区。

## 第二节　特色景观

### 1.绚丽多彩的溶洞文化长廊

灵岩洞群早在唐朝就已成为游览胜地，洞群胜景因《方舆胜览》而流誉人间，吸引了无数游客来此观赏。至今各洞仍保留着唐、宋以来名人和游客刻墨二千多处，朱熹、岳飞、宗泽、齐彦槐、何执中、张大直、张浚、戴铣和余一龙等历史名人都在洞内留有手迹。不仅如此，在此题墨的还有第二次国内革命战争时期红军所题的"克服困难""全世界无产阶级联合起来""人

◉ 灵岩洞内景观

民有了光明"等革命宣传标语。这些题墨是珍贵的历史文物，已成为灵岩洞群的重要人文景观，灵岩洞因此被世人公认为溶洞文化长廊。

这些溶洞中，最壮观的是涵虚洞，该洞进口海拔高度约288.84米，进洞口处见洞顶崩塌，中间有一大厅状，宽约14米。洞中景色多而奇，历代题墨题词无数，置身其间，绚丽多彩，如入溶洞艺术长廊。洞内的地下长河，泛舟代步，如行山峡，别有情趣。

### 2.四季常青的石城古树名木

灵岩洞风景区的石城村村口拥有一大片古松林群，村边还有古枫、山樱花、银杏、香榧树、红豆杉、三尖杉、楠木、槐树、青栲、糙叶树、杭州榆等珍稀树木。尤其是十七棵玉兰树聚生一处，有的树龄已达千年，实属世间罕见，加之这里群山环抱、流水潺潺，四季常青、鸟语花香，是休闲避暑、疗养度假之胜地。

### 3.千军万马的石林生态茶园

石林生态茶园位于灵岩洞群和石城古树名木景区之间，分布在终年云雾缭绕的高山坡上。镶入茶园的石林，犹如"千军万马""万马奔腾"，可谓是

📍 婺源之春

石林奇观。景区四周高、中间低，形似脸盆，石林从小盆地中拔地而起，有的伟岸独立，有的相抱偎依，有的堆叠成群。历史上，岳飞领兵征讨李成经此过浮梁时，曾立于山岭上俯眺晨雾中的石林，观后连声叫绝，并动情地用长矛在高壁上刻下"观止"两个大字。

生态茶园四周林木郁郁葱葱，鲜花野果四季飘香，空气新鲜，环境幽雅。生态茶园生产的有机名优茶有婺源茗眉、剑峰、天香等系列产品，这些茶以外形秀美、汤色明亮、清香馥郁、滋味鲜浓的品质畅销国内外。生态茶园已成为既可生产加工，又有休闲娱乐的现代茶业观光园。

# 第三节　人文典故

## 一、名字起源

灵岩洞群取名"灵岩"，即来自道家的"空灵"之说。洞群所在地名"通元"，也来自道家宗义。据典籍中解释，"通"者，洞也；"元"者，始也、长也、大也、善也、先天之气也。道家认为，"元"即"气"。此"气"化为开辟世界之人，即盘古；化为主持天界之祖，即元始天尊。为了修道成仙，地上神仙之入住"洞天福地"，是因为"洞"即"通"，在洞中修炼可与神仙接通，与天界相通；"福"的意思是幸福吉祥，居福地可长生不死。道教将洞天福地分为十大洞天、三十六小洞天、七十二福地。通元、求元即可实现清静无为、天人合一，是修道的最高境界。"通元"之意，是向人明示，洞中通元，元在洞中。灵岩洞群就是修真求元、与神连通的清凉世界。由此可见，灵岩洞群和通元道观，实际上都是道教文化在这里的体现。

## 二、历史故事

### 1.灵岩洞道教文化

灵岩洞群是婺源县道教文化的重要载体，唐朝建观，唐开成三年（838年）道士郑全福发现灵岩洞群，修炼于此，并留有题墨，取名洞灵观。南宋绍兴五年（1135年），该观道士进一步扩建，改为通元观。这里一度成为道教名观，虽然与龙虎山、三清山等道教圣地相距不远，但因其贴近民间，往来便捷，有洞有观，有信有史，广大香客信众仍趋之若鹜。到了清朝，由于文人墨客、达官贵人蜂拥而至，弄得民怨众怒，民众连夜堵洞，不传后代。有"三岩九洞绝尘寰"盛誉的灵岩古洞及名人刻墨从此销声匿迹，鲜为人知。

### 2.卿云洞

卿云洞以水见胜。涉水进洞，再登上钓台，在台右壁，唐宋刻墨累累，现存唐大中十一年（857年）歙州太守兼御史中丞卢潘和明嘉靖元年（1522年）授兵科给事中戴铣等摩崖石刻七处。其中一首题墨为"遥想钓鱼台上客，飘然驾鹤白云乡"，表达了游人的真切情感。

### 3.涵虚洞

涵虚洞上下七层，以空见奇。洞内月门对面岩上有"第一东南洞，历观唐宋游"十个大字。在第三层洞中，无愧是"翰墨遗香"，两壁遍布历代游人题记、诗歌。在长达数十米高的石幔上，小到仅容人身的洞窟，无一不是古人墨迹，重叠覆盖，难以计数，至今还能辨认的不下一千余处，漫步其间，如置身于书法长廊。

# 第十六章
# 聂都大理石溶洞群

## 第一节　概　况

    聂都大理石溶洞位于崇义县聂都镇，有大理石溶洞二十八个，其中仙鹤岩、罗汉岩、莲花岩尤其令人称奇。

    仙鹤岩内一对仙鹤栩栩如生，巧夺天工，系岩内钟乳石滴水数万年形成。罗汉岩洞内怪石嶙峋，洞道纵横，石笋、石柱陆离丛生，内有天然形成的十八尊罗汉，鬼斧神工，形象逼真。主洞内有地下阴河，水声呜咽，每到春季水势浩大。莲花岩洞高10米，可容数百人。岩内三厅一楼各有主题，其中莲花厅内两朵垂莲悬挂岩顶，花与蕾相映成趣。绣花厅内有门有窗，有绣花小姐坐过的鼓形石凳；丹田厅内有水有泥有田埂，恰似山洞梯田，因呈紫色，人称丹田。

## 第二节　特色景观

    聂都镇史称四省咽喉、南北要冲，《山海经》称：赣水出聂都东山，东北注江入澎泽西。境内岩洞星罗棋布，幽深莫测，千姿百态各具特色，而且洞洞相通。进入洞内观看，五步一景，十步见奇，脚下流水潺潺，头上"天窗"洞开。

### 1.仙鹤岩

仙鹤岩是聂都溶洞群中成岩时间最早、发育最完整的大理石溶洞，被人们称之为"大理岩溶第一洞"。大理石的上品、洁白无瑕者称汉白玉，仙鹤岩实质是汉白玉溶洞。因其年长日久，表面附生绿藻，绿藻枯死后沉积成黑褐色。仙鹤岩洞深千余米，洞内有七个30—40米长宽的大厅，洞洞相连，洞中有洞。洞内各厅都由水流冲刷而成，"天花板"形态各异，有鱼鳞，有水纹，也有莲花状。洞内钟乳，石柱形态万千，如蝌蚪、鲇鱼、壁虎、蝴蝶……似金牛、神龟、金蛇、飞鹰……有钟，有鼓，有田，有井，有仙，有佛，有老翁，有玉女……其精要，在于"三绝""三宝""三妙"。"三绝"为如来佛指、五爪金龙、天

聂都溶洞群

山飞瀑。如来佛指、五爪金龙均为经过几亿年甚至十几亿年的水磨石砺而形成的巨大的倒石芽，世界罕见。天山飞瀑由经过几万年的汉白玉钟乳溶结形成，气势磅礴，华丽夺目，神韵十足。"三宝"为仙鹤迎宾、观音修禅、洞房花烛。"三妙"为东海神宫、八仙聚会、三重天。灯光装点下的仙鹤岩，富丽堂皇，给人如梦如仙的感觉。

### 2.罗汉岩

罗汉岩位于聂都圩西南两千米的穆姑山下，洞内深邃幽妙，怪石嶙峋，洞道纵横，洞中有洞，神秘莫测。左边岔洞的十八罗汉岩石，天然形成，栩栩如生。再走进洞内，银灰色岩壁上有一尊丈余高褐色大佛，形象逼真。右边主洞，地下河流水潺潺，长廊、沼泽、旱河、深涧，石笋、石芽遍布。

## 第三节  人文典故

### 一、名字起源

聂都大理石溶洞以其所在地"聂都"得名，其中仙鹤岩因门厅有一对钟乳结石，形似仙鹤而得名；罗汉岩旧称砻糠岩，因其洞内天然形成的形似十八尊罗汉的岩石而被称为罗汉岩。

### 二、民间传说

#### 砻糠岩的传说

罗汉岩旧时称"砻糠岩"。传说曾有穆姓财主，因为女儿穆姑不从父命，违反媒妁，被锁三天三夜，后来与心中如意郎君牛娃私奔。两人情急之下藏于洞内，不幸被村内无赖发现，告诉了财主。财主派人进洞搜索，因洞中有洞好似迷宫，为防迷路，他们撒砻糠为记号，刚刚进得洞内搜寻，洞内的穆姑与牛娃听见人声越来越近，两人寻思在人间难成眷属，便双双投身于罗汉岩地下河。村人被穆姑的行为所感动，称该山为穆姑山，称该洞为砻糠岩。

# 第十七章
## 丹霞奇景罗汉岩

## 第一节　概　况

罗汉岩位于江西省瑞金市境内，地处武夷山脉西麓，不仅融佛、儒于一体，还集雄、奇、秀于一身。

罗汉岩景区为国家4A级旅游景区、江西省级风景名胜区、省级森林公园，属典型的丹霞地貌。罗汉岩山水相依，既有大多丹霞地貌奇、险、峻的一面，又具有妩媚婀娜、俊秀多姿的景观特征，融潭、谷、岩、峰为一体，风景资源十分具有代表性。主要景点有"罗汉岩"摩崖石刻、试剑石、蜡烛峰、神龟出水、玄月湖、十八罗汉园、罗汉岩（大岩洞）、丹壁岩、一线天、油箩潭、猴子观井、三叠泉、驼背岩、好汉坡等。

罗汉岩以其弥漫神奇的晓雾、奇特险峻的山势、潇洒壮观的飞瀑、明澈净透的清泉和如诗如画的生态景观饮誉大江南北。

## 第二节　特色景观

### 1.峰奇水异景翩翩

罗汉岩的山峰奇特险峻，以其形态奇特怪异闻名遐迩。蜡烛峰就是一座典型且奇特的山峰。蜡烛峰四周为悬崖峭壁，不与其他山峰相连，是一座独

罗汉山韵

立的石峰。岩体滚圆，色泽光滑，上大下小，峰顶长着一株千年不衰的大枫树。金秋时节，枫叶如火。矗立在入口处的蜡烛峰成了罗汉岩的标志。登上罗汉岩的最高峰罗汉顶，其四周奇峰怪石遍布：或如挽臂的情侣，或如驼背的老人，或如念经的和尚，或如凌空的笔架，栩栩如生，美不胜收。

　　丹霞地貌的瀑布并不多见，罗汉岩却有两大著名的瀑布。其一为马尾水瀑布，其形状恰似奋蹄奔驰的骏马之尾，潇洒而遒劲。马尾水瀑布的右侧，就是能容几千人的罗汉岩（大岩洞）所在。其二为米筛水瀑布，在罗汉岩岩洞的上前方，有一股与马尾水齐名的瀑布——米筛水。米筛水瀑布轻柔飘逸、细密匀称，恰如南方人家常用的"米筛"筛下的白米，是以得名。微风吹过，米筛水瀑布轻轻洒，筛下无数纷扬的飞沫。马尾水瀑布与米筛水瀑布互成掎角之势，一疾一徐，一刚一柔，共同构成罗汉岩奇异水景。

　　2.天接云涛连晓雾

　　云以山为体，山以云为衣，罗汉岩的晓雾弥漫神奇，千姿百态，变幻无穷。当晨钟敲响，罗汉岩群山山巅升起一片浩瀚的雾海。驻足山巅，山林朦朦胧胧、影影绰绰，让人感到山在云里，云在山中，有腾云驾雾、飘飘欲仙之感。朝阳升起之时，豁然开朗，千林似锦，万木披霞，远山近山，大山小山一层层深浅各异的绿色尽收眼底。古往今来，罗汉岩晓雾不知吸引了多少游客如痴如醉，流连忘返。

罗汉岩属典型的亚热带季风性湿润气候，降水丰沛，植被条件优越，雾多、雾浓是这里的一大特色。日东湖和陈石湖就像挂在绵江上的两个宝葫芦，为这一风景区提供了较好的水源。

## 第三节　人文典故

### 一、名字起源

罗汉岩地势险要，历来都是兵家必争之地。相传南北朝时期，陈武帝居住于此，并凭借此山的天险地势，以少胜多，打败了梁王。当时的罗汉岩因陈武帝的驾临而得名"陈石山"。后来，传说神通广大的伏虎禅师途经此地，发现这里是绝妙的道家清修之地，遂在此筑舍布道，掘地得十八罗汉石，人们便将山岩唤作罗汉岩。罗汉岩由于集陈石山风光之大成，久而久之，它就

⊙ 陈石湖

成了陈石山的代名词。

## 二、民间传说

### 1.贪心和尚，米盐不出油化水

罗汉岩左侧有一块通体被乳泉浸润的大石，石头中有两个槽孔，传说当年一个孔能出米，一个孔能出盐，而且出的量刚好够居住在这里的僧侣日用，因此便叫这石为出粮石（又称米堆石）。咫尺之间有一石倒挂，形状如同猪肝、心肺，叫作猪肝心肺石。传说，这石有一孔能出油，曾经有个贪婪的和尚，想着多出点油、米、盐好拿去换钱。有一天，他偷偷地用铁凿凿大了石孔，结果得到报应，石孔中的盐孔再也不出盐了，米孔也不出米了，猪肝心肺石滴的油也变成了水。

罗汉岩千丈崖

### 2.如泣如诉，八音涧里情自痴

传说，清初农民义军领袖许胜可有一个娇柔美丽的妻子，他们非常恩爱，因为许胜可要指挥军事作战，所以他们不能长相厮守在一起，很久才能见上一面，于是，他们相约定期在一座小桥上互诉衷肠。当许胜可起义失败牺牲后，他的妻子伤心欲绝，日夜坐在桥边哭泣，久而久之，她的泪水和着两注清泉水，一起化成了一口水潭。因潭水声音时而如珍珠洒落玉盘，时而又似仙人吹奏玉笛，所以将这口潭称为八音涧。而这位痴情女子也最终化为了一块痴情石，永久地在桥边苦苦守候，盼郎归来。

### 3.烟雾尽散，锁云桥边山水暖

相传，从前锁云桥下的溪涧常常烟雾缭绕，遮挡住行人的去路，人们走到这里，就再也不能往前行走。后来伏虎禅师来到罗汉岩传业播教，为了方便人们能自由出入，便设坛作法，驱除了迷障，并架了座石桥在这里，镇住了云雾，从此溪流得以重见天日，所以这座桥称作锁云桥。春暖花开的时候，锁云桥边小桥流水、桃花翠竹构成一幅美丽的山水风光画，让人如痴如醉。

### 4.情迷陈石，西门开出一线天

传说，罗汉岩的一线天是铁拐李一指划开的。八仙因为留恋陈石山美景，见山中的东门常年不开，便商议在陈石山开个西门。于是，铁拐李口中默念"东门不开，西门裂"，接着用手指一挥，陈石山西边的一座山体立刻被划为了两半，即为如今的罗汉岩一线天奇观。

# 参考文献

［1］全国导游人员资格考试教材编写组.全国导游基础知识［M］.北京：旅游教育出版社，2023.

［2］蒋金法，谢花林.江西生态文明建设与绿色发展研究报告（2019）［M］.北京：经济管理出版社，2019.

［3］中国地图出版社.中国分省系列地图册：江西［M］.北京：中国地图出版社，2016.

［4］九江市旅游局.文画九江［M］.北京：中国旅游出版社，2012.

［5］毛秉华.天下第一山［M］.南昌：江西人民出版社，2011.

［6］江春发，何应葛.武功山［M］.北京：中国旅游出版社，2008.

［7］田勇.新赣鄱百景导游词集粹［M］.南昌：百花洲文艺出版社，2007.

［8］曾广玉，曾洁婷.走马看江西［M］.南昌：百花洲文艺出版社，2007.

［9］田勇，章国宝.江西省红色旅游景区（点）导游词精粹［M］.北京：中央文献出版社，2006.

［10］肖国祥.红色之旅井冈山［M］.长沙：湖南地图出版社，2006.

［11］余乐鸿.江西导游词［M］.北京：中国旅游出版社，2006.

［12］毛小东.铜钹情结［M］.南昌：江西人民出版社，2005.

［13］汪国权，苏茂，方淳．庐山旅游全书［M］．南昌：江西美术出版社，
2004.

［14］刘良源，曾新方，李志萌．东江源区三百山野生生物资源保护与开发研
究［M］．南昌：江西科学技术出版社，2003.

［15］江西省旅游局，中国科学院地理科学与资源研究所旅游规划研究中心．
江西省旅游业发展总体规划（2001—2020年）［M］．北京：中国旅游出
版社，2002.

［16］周佐明．畅游龙虎山［M］．南昌：百花洲文艺出版社，2002.

［17］胡刚毅，龙艳华．巍巍井冈山［M］．南昌：江西人民出版社，2002.

［18］朱湘辉等．井冈山旅游实用图册［M］．广州：广东旅游出版社，2002.

［19］程宗锦．洞天福地——江西道教名山游［M］．南昌：百花洲文艺出版社，
2002.

［20］毛小东，刘志明．山水辉映 神奇秀丽——铜钹山旅游概览［M］．南昌：
百花洲文艺出版社，2002.

［21］仙女湖风景名胜区管委会．仙女湖［M］．南昌：江西美术出版社，2001.

［22］单巍全．走近仙女湖［M］．南昌：百花洲文艺出版社，2001.

［23］聂爱平，刘开连．梅香古驿道·芳留牡丹亭：大余旅游概览［M］．南昌：
百花洲文艺出版社，2001.

［24］刘信中，方福生．江西武夷山自然保护区科学考察集［M］．北京．中国林
业出版社，2001.

［25］周春林．洞天福地麻姑山［M］．南昌：江西人民出版社，2001.

［26］龚国光，涂新华．丹霞龟峰奇绝江南龟峰旅游概览［M］．南昌：百花洲
文艺出版社，2000.

［27］胡兆保．绿色明珠：婺源旅游概览［M］．南昌：百花洲文艺出版社，
2000.

［28］程宗锦．青山吟——江西山川游［M］．南昌：百花洲文艺出版社，2000.

［29］方平，刘伟.江西之旅［M］.广州：广东旅游出版社，1999.

［30］程关森.龙虎山三绝［M］.南昌：百花洲文艺出版社，1997.

［31］周銮书，赵明.庐山游记选［M］.南昌：江西人民出版社，1996.

［32］吴官正.江西省情概论——历史、现实与未来［M］.南昌：江西人民出版社，1995.

［33］陈正永.三清山的传说［M］.北京：大众文艺出版社，1994.

［34］释一诚.云居山新志［M］.北京：中国文史出版社，1992.

［35］刘鹏飞.三清山［M］.杭州：浙江大学出版社，1992.

［36］黄润祥.庐山旅游手册［M］.南昌：江西教育出版社，1985.

［37］陈柏泉.江西风物志［M］.南昌：江西教育出版社，1985.

［38］张琳，王咨臣，彭适凡.南昌史话［M］.南昌：江西人民出版社，1980.

［39］朱虹.千峰之首黄岗山［N］.江西日报，2011-8-26.

［40］卿雄志.江西梅岭旅游景区开发现状及发展对策［J］.国土与自然资源研究，2009年第3期.

［41］姜勇彪等.江西弋阳县龟峰丹霞地貌景观特征与形成机制［J］.山地学报，2008年第01期.

［42］易清传等.江西明月山旅游可持续发展研究［J］.科学技术，2007年第36期.

［43］纪立芳，朱光亚.让诗意洋溢在城市名胜中——从九江琵琶亭景观规划设计说起［J］.建筑与文化，2006年第06期.

［44］李烨，李翠军.浅谈庐山旅游资源可持续发展对策［J］.科技创业月刊，2005年第12期.

［45］王兴中.三清山风景名胜旅游区规划与设计［J］.山地学报，2004年1月.

［46］周秋萍.瑶里镇旅游资源特点和开发建议［J］.华东森林经理，2002年第02期.

［47］李力等.龙虎山旅游资源评价［J］.江西农业大学学报，2001年第02期.

［48］朱思维.江南石窟通天岩［J］.南方文物，2001年第04期.

［49］王伟年.井冈山旅游资源特点评价［J］.井冈山师范学院学报（自然科学版），2000年第5期.

［50］周叶.江西文化旅游研究［D/OL］.武汉：武汉大学，2014. https://cdmd.cnki.com.cn/Article/CDMD-10486-1014249740.htm.

# 后记

在各相关单位的通力合作下，《江西风景独好旅游文化丛书》完成修订，再度脱稿付梓了。

该丛书首次出版是在2012年，作为一套集中反映江西省情的精品读物，其从旅游文化视角出发，以挖掘旅游资源背后的文化资源为主要内容，以旅游和文化相结合的形式最终呈现，前瞻性地切中了我国文旅融合发展的主线，助推了江西旅游和文化产业发展。在文旅融合的大背景下，历经"十二五""十三五"两个发展阶段，江西旅游和文化产业从确立旅游强省战略，到提出"像抓工业化、城镇化一样抓旅游"工作思路，再到形成"以高位推动为引领，以品牌塑造为核心，以市场运作为主导，以集群发展为重点，以互利共赢为前提，以提升服务为抓手"的旅游发展模式，全省逐步构建了"一核三片五城十县百区"旅游目的地体系和"三线八圈"旅游线路框架体系，旅游景区呈现"山、水、城、村"多元发展趋势，"江西风景独好"品牌知名度不断扩大，赣鄱大地焕发出崭新气象。

　　不知不觉该丛书已出版逾十年，受限于编写时的客观条件，丛书在内容上还存在诸多不足之处，编者大多留有遗憾。加之丛书市场反响较好，不少读者反馈这套书在市面上已很难购得。为此，我们再次花费一年多的时间，根据江西文旅近年来的变化情况，结合最新资料，与时俱进对丛书进行系统修订。一是补充记录并客观反映江西文化旅游各方面的新景点和新事物，形成新的基础性积累；二是对原有文章的数据和变化进行了即时更新，提高文化旅游引导的精准性；三是对一些失去推广意义的景点或事物做了删除调整，确保丛书反映的景点或事物具有推荐价值；四是整体提升文字水平，订正文字舛误，改善图书质量，以飨读者。

　　丛书的编写和修订工作，得到了江西各级党委、政府以及文旅、住建、商务、党史研究、档案管理、规划设计、文联、民宗、地方志等部门单位，以及江西省社科院、南昌大学、江西财经大学、江西师范大学、南昌师范学院、江西旅游商贸职业学院等科研院所的鼎力支持，参与丛书编撰的人士很多，不能一一具述。其中，《经典山水》修订过程中，江西省旅游集团、江西省旅游摄影协会给予了大力支持。出版工作由江西教育出版社完成，在此向上述单位和有关专家一并致谢。丛书虽经过精心编写和修订，但由于水平有限，难免有疏漏和不足，敬请读者赐教与指正。

江西省文化和旅游研究推广协会

2024 年 3 月